L'ART

D U

MENUISIER EN MEUBLES.

SECONDE SECTION DE LA TROISIEME PARTIE
DE L'ART DU MENUISIER.

Par M. ROUBO le Fils, Maître Menuisier.

M. DCC. LXXII.

L'ART
DU
MENUISIER EN MEUBLES.

Par M. Roubo le fils, Maître Menuisier.

SECONDE SECTION DE LA TROISIEME PARTIE
DE L'ART DU MENUISIER.

Sous le nom de *Menuisiers en Meubles*, on ne comprend ordinairement que les Ouvriers de cette Profession, qui font des Siéges, des Ecrans, des Paravents & des Lits de toute espece, les autres Meubles étant faits par les Ebénistes, qui, non-seulement font usage des bois précieux, soit en placages, soit par incrustation, ou même en plein (comme je le dirai en son lieu), mais encore font toutes sortes de Meubles de bois commun, tel que le noyer, le hêtre, &c.

Comme cette division, qui est celle des Ouvriers, pourroit apporter de la confusion dans la description que je vais faire de la Menuiserie en Meubles, vu qu'elle m'obligeroit à me répéter, & changeroit l'ordre que, jusqu'à présent, j'ai conservé à mon Ouvrage, j'ai cru devoir comprendre, sous le nom de *Menuisiers en Meubles*, tous ceux qui travaillent aux Meubles, de quelque espece qu'ils puissent être, ne considérant comme Ebénistes, que ceux qui travaillent les bois précieux, & qui font divers ouvrages de placage & de marqueterie ; ce qui constitue véritablement l'Art de l'Ebéniste, dont je donnerai la description à la suite de celle des Meubles, ainsi que je l'ai annoncé dans la premiere Partie de cet Ouvrage.

CHAPITRE CINQUIEME.

De la Menuiserie en Meubles en général, & ses différentes especes.

La Menuiserie en Meubles, dont la description va faire l'objet de cette Partie de mon Ouvrage, n'est pas, ainsi que les autres especes de Menuiseries dont j'ai traité, sujette à des regles certaines, soit dans les formes soit pour la décoration ; au contraire, à quelques dimensions près, (lesquelles ne sauroient changer, puisqu'elles sont relatives à la grandeur humaine,) il semble qu'on ne puisse rien dire d'assuré à ce sujet, les différentes especes de Meubles étant variées presqu'à l'infini, & étant sujettes à des changemens considérables, soit dans leurs formes soit dans leur décoration, laquelle change tous les jours à raison des différens besoins, qui semblent augmenter avec la puissance de les satisfaire ; de sorte que soit esprit d'inconstance ou de mode, soit enfin le besoin qu'ont les Ouvriers de travailler, on voit paroître tous les jours des Meubles nouveaux, ou bien qui sont d'une forme différente de l'ordinaire, auxquels on donne des noms étrangers & extraordinaires, afin d'en avoir plus de débit.

C'est cependant cette multitude de Meubles de toute espece, qui doit engager à plus d'exactitude & de soin dans leur description, afin de laisser à la postérité une idée nette & précise des usages & du luxe de notre siecle, lequel luxe est peut-être nécessaire, quoiqu'ignoré de nos peres, puisqu'il fait vivre une multitude d'Ouvriers de toute espece, comme Menuisier, Sculpteur, Tapissier, Marbrier, Fondeur, Doreur, &c.

D'après ce que je viens de dire, il est aisé de concevoir que la description des Meubles en général, ne peut être qu'une espece de nomenclature, vu que leur construction est toujours à-peu-près la même, du moins à chaque espece ; c'est pourquoi, après avoir traité sommairement des Outils & des Bois propres aux Menuisiers en Meubles, je donnerai la description de tous les Meubles d'usage à présent, lesquels peuvent être considérés comme faisant deux especes distinctes l'une de l'autre ; savoir, les Meubles à bâtis, tels que sont les Siéges de toutes sortes, les Lits, les Ecrans, les Paravents, les Tables & les Bureaux de toutes façons, ce qui constitue la premiere espece : la seconde comprend tous les Meubles à bâtis & à panneaux, tels que sont les Armoires de toutes sortes, les Buffets, les Commodes, les Secrétaires, les Bureaux fermés, &c. Je suivrai cette division dans toute la suite de cette description ; ce qui est d'autant plus naturel, que les Ouvriers qui travaillent aux Meubles à bâtis, ne savent faire, pour la plupart, que cela, ainsi que ceux qui travaillent aux autres especes de Meubles, ne savent non plus faire que ceux auxquels ils ont accoutumé de travailler (*) : de-là vient que tous les Meubles de chaque espece se ressemblent, du moins tant que la mode dure ; puis on y fait quelques changements de temps à autre, jusqu'à ce que d'autres les remplacent ; de sorte que les Ouvriers changent insensiblement leurs façons de travailler, du moins pour la forme de leurs ouvrages, sans se rendre compte du pourquoi, & oublient une mode dès qu'elle est passée ; ce qui est facile à concevoir, puisqu'en changeant

(*) Les Menuisiers en Meubles en général, & sur-tout ceux qui font les Meubles à bâtis, sont de tous les Ouvriers qui travaillent à cet Art, ceux qui ont le moins de théorie, &, si j'ose le dire, de savoir faire ; toute leur habileté ne consistant que dans une routine plus ou moins heureuse, selon qu'ils ont eu des Maîtres plus ou moins habiles, la plupart ne sachant faire qu'une sorte d'ouvrage, & encore avec des calibres que souvent ils n'ont pas le talent de faire eux-mêmes ; de sorte qu'une fois un Meuble à la mode, tous ceux qu'on fait lui ressemblent ou doivent lui ressembler, les Ouvriers ne sachant faire que ce qu'ils voyent faire tous les jours ; ce qui ne peut être autrement, vu qu'ils ne savent presque point dessiner, ou même point du tout, ce qui les prive de toutes les ressources que donne la théorie, & qui les oblige d'abandonner la décoration de leurs ouvrages à des Sculpteurs, qui, non-seulement y font les ornements nécessaires, mais encore y poussent les moulures, les Menuisiers ne faisant qu'assembler & chantourner grossiérement leurs ouvrages, d'où il résulte une infinité de défauts, les moulures étant presque toujours mal faites, inégales, les contours sans grace & jarréteux ; ce qui n'arriveroit pas si les Menuisiers faisoient leurs ouvrages eux-mêmes, & ne laissoient faire au Sculpteur que ce qui est de sa partie ; ou bien si le Sculpteur étoit assez adroit pour bien faire l'ouvrage du Menuisier, ce qui seroit égal ; mais ce qui arrive rarement, ces sortes de Sculpteurs étant pour l'ordinaire de fort mauvais Ouvriers dans leur talent, & pour la plupart sans dessin, ne travaillant que par routine, & ne traçant leurs ouvrages qu'avec des calques, dont souvent ils ne savent pas faire les dessins originaux.

Il faut cependant avouer qu'il se fait de très-beaux Meubles en tous genres, tant pour la Menuiserie que pour la Sculpture ; mais le nombre en est très-petit, parce que ces sortes de Meubles coûtent très-cher, & qu'on trouve peu d'Ouvriers capables de les bien faire, à moins que de les bien payer, ce qui ne peut être que pour des Meubles de conséquence, & appartenants à des gens assez riches pour en faire la dépense, qui est toujours très-considérable, proportion gardée avec le prix des Meubles que vendent les Marchands, lesquels, en s'ingérant de fournir les Meubles tout finis aux Particuliers, trompent ces derniers en leur vendant de mauvaise marchandise (qui, quoique très-peu payée, est toujours trop chere,) & ruinent l'Ouvrier en lui enlevant ses pratiques, & en le forçant, pour ainsi dire, à leur faire de l'ouvrage au prix qu'ils jugent à propos de lui payer ; d'où il s'ensuit que le Menuisier en Meubles, pour avoir de l'ouvrage, & pour pouvoir vivre en le faisant à vil prix, y met tout le moins de façon & de

matiere qu'il lui est possible, & ne donne à son ouvrage qu'une propreté apparente, sans aucune solidité soit dans la façon, soit dans la matiere, qui est souvent mauvaise ou trop épargnée, & quelquefois l'une & l'autre.

C'est aussi à cette entreprise des Marchands sur les Ouvriers fabricants, à quoi on peut & même on doit attribuer le peu d'émulation & de savoir de la plupart des Menuisiers en Meubles, dont toute l'application ne consiste qu'à faire beaucoup d'ouvrage en très-peu de temps, sans s'embarrasser de sa perfection, vu que ce n'est pas eux qui le vendent au Particulier, qui alors ne peut leur faire aucun reproche sur les mauvaises qualités de leur ouvrage.

De plus, ces Ouvriers une fois accoutumés à faire de mauvais ouvrage, que les Marchands leur payent très-médiocrement, ne veulent, & même ne peuvent plus changer leur routine, quand même on voudroit les payer raisonnablement ; de sorte que celui qui paye peu & celui qui paye davantage, sont également mal servis ; ce qui n'arriveroit pas si les Ouvriers vendoient leurs ouvrages aux Particuliers, parce qu'alors ils s'efforceroient de les faire bons, pour acquérir de la célébrité & des pratiques, ce qui exciteroit beaucoup d'émulation entr'eux ; de maniere qu'en peu de temps on verroit se former un nombre de bons Ouvriers, qui, à une pratique consommée, joindroient une théorie lumineuse fondée sur de bons principes, ce qui arrivera toujours toutes les fois qu'on ne mettra pas d'entraves à l'industrie des hommes, & qu'ils seront assurés de pouvoir jouir en sûreté du fruit de leur industrie & de leurs travaux.

Je sai cependant qu'il n'est pas donné à tous d'exceller dans leurs talents, & que quand cela seroit possible, tout le monde, quoiqu'ayant besoin de Meubles, n'est pas en état de les payer fort cher ; mais on pourroit, sans trop dépenser, avoir de l'ouvrage du moins solide, qu'il est toujours facile de faire, même à l'Ouvrier d'un talent médiocre, lequel deviendroit alors l'homme de ceux dont les moyens sont bornés ; au lieu que celui qui excelleroit, ne travailleroit que pour celui qui auroit le moyen de le payer ; de sorte que tout le monde vivroit, & que le Particulier seroit moins exposé à être trompé que chez les Marchands, lesquels, sans connoissance pour la plupart vendent de beaux & bons ouvrages, ce qui n'en a souvent que l'apparence.

J'ai cru devoir à la vérité cette digression, peut-être un peu longue, mais en même temps très-nécessaire, pour précautionner le Public contre une infinité de mauvais ouvrages, peu chers à la vérité, mais en même temps peu solides & mal faits.

de calibres, ils perdent nécessairement jusqu'à l'idée de la mode passée, dont on ne peut avoir de modele que dans quelques anciens meubles, ce qui est encore assez difficile à trouver, vu que ces ouvrages sont de peu de durée, & qu'à chaque changement de mode, chacun se fait un devoir de s'y conformer, dût-on rejetter de bons Meubles pour en avoir de nouveaux, peut-être moins bons, & cela par la seule raison qu'il est presque honteux de ne pas être à la mode tant dans ses Meubles que dans ses habits.

SECTION PREMIERE.

Des Outils & des Bois propres aux Meubles.

LES Outils des Menuisiers en Meubles en général, sont les mêmes que ceux des Menuisiers de Bâtiment, tant pour les Outils d'affûtage que de moulures, du moins pour ceux qui font les gros Meubles, tels que les Armoires, les Commodes, &c. Quant à ceux qui font les Meubles à bâtis, comme les Siéges, &c, non-seulement les Outils des Menuisiers de Bâtiment leur suffisent, mais ils affectent de ne s'en pas servir, puisqu'ils ne corroyent presque point leurs bois, & quelquefois même point du tout, se contentant de les refendre le plus juste possible, & de les assembler sans autre précaution que d'y donner un coup de rape s'ils le jugent à propos, de maniere qu'ils se passent presque toujours d'équerre & de rabots cintrés, du moins pour les ouvrages ordinaires.

Ces Menuisiers se passent aussi d'outils de moulures, puisqu'ils n'en poussent aucune, & qu'ils les abandonnent aux Sculpteurs, qui s'en acquittent comme ils peuvent.

Je ne sai cependant pourquoi les Menuisiers en Meubles dont je parle, ne poussent pas les moulures de leurs ouvrages eux-mêmes, soit à la gouge ou au rabot, ce qui seroit beaucoup mieux, ainsi que font les Menuisiers en Carrosses, (lesquels les font avec tant de propreté & de précision), ce qui seroit très-avantageux, parce que les moulures étant faites par les Menuisiers, ils prendroient plus de précaution en chantournant & en assemblant leurs pieces, lesquelles ne jarreteroient sûrement pas comme elles font ordinairement lorsque les Sculpteurs les poussent, ce qu'ils font à chaque piece séparément, sans s'embarrasser de les bien faire raccorder.

C'est pourquoi je crois que malgré l'usage, les Menuisiers en Meubles de la premiere espece devroient non-seulement prendre beaucoup d'attention en chantournant leurs pieces, mais encore s'accoutumer à pousser leurs moulures eux-mêmes, non-seulement à la gouge, mais encore au rabot, ce qui rendroit l'ouvrage beaucoup plus parfait, & les moulures uniformes & égales entr'elles.

Comme j'ai fait une ample description des Outils du Menuisier en Bâtiment, & de ceux du Menuisier en Carrosses, *page* 52 & *suiv. I. Partie*, & *page* 472 *& suiv.*

& *fuiv. III. Partie*, je n'en parlerai pas ici ; c'eft pourquoi ceux qui voudront s'inf-
truire, pourront y avoir recours. Les Menuifiers en Meubles de la premiere efpece
ne font pas refendre leurs bois comme ceux de Bâtiment ; mais ils le refendent
eux-mêmes avec de petites fcies à refendre, qu'un homme mene tout feul, ce
qu'ils font fort adroitement ; & c'eft, je crois, en quoi confifte une grande
partie de leur favoir-faire, vu qu'ils ne corroyent point leurs bois après qu'ils
l'ont chantourné ; c'eft pourquoi ils ont foin d'avoir beaucoup de ces fcies à
refendre, de différentes longueurs & largeurs de fer, à raifon des différentes
pieces qu'ils ont à refendre.

Quant aux Menuifiers de la feconde efpece, c'eft-à-dire, ceux qui font les
Armoires, &c, ils fe fervent des outils de moulures, ainfi que les Menuifiers
de Bâtiment ; mais il feroit à fouhaiter qu'ils priffent un peu plus de précaution
en les affûtant, afin que leurs profils euffent une forme gracieufe, ce qui eft bien
rare à trouver dans tous les ouvrages de Meubles, dont fouvent les profils font
d'une mauvaife forme, fans dégagements, & ce qui eft pis, inégaux entr'eux,
ceux des battants étant d'une largeur, & ceux des traverfes cintrées d'une autre.

Les bois propres aux Menuifiers en Meubles en général, font le hêtre & le
noyer, foit noir ou blanc, parce que ces bois font d'un grain fin & ferré, & que
d'ailleurs ils font très-liants.

On doit avoir grand foin, quand on fait choix de l'un ou l'autre de ces bois
pour des pieces cintrées, qu'ils foient très-fains, fans aucune efpece de fente
ni de nœuds vicieux, ce qui les feroit caffer ou tourmenter. En général, on
doit avoir foin de n'employer aux Meubles, de quelqu'efpece que ce foit, que
du bois très-fec, fans cependant qu'il foit paffé, parce qu'alors il tendroit à la
vermoulure, ce qui eft fort à craindre. Pour les panneaux des gros Meubles,
comme les Armoires, il faut éviter abfolument de les faire de hêtre, parce que
ce bois ne vaut rien en panneaux d'une certaine grandeur, & que fi fec qu'il
foit, il fe tourmente prefque toujours.

On fe fert quelquefois de chêne dans la conftruction des gros Meubles ; mais
ce ne doit être que pour les derrieres, les fonds & les tiroirs, jamais pour les
dehors ; parce que ce bois, quelque beau qu'il foit, ne prend jamais le poli auffi
bien que le hêtre & le noyer.

On fait cependant des Armoires toutes de chêne ; mais ce n'eft que celles qui
font à l'ufage des Garde-robes, qu'on peint ou vernit plus volontiers, & qu'on
ne polit jamais ; au lieu que les Meubles parants font toujours polis.

Je dis que le bois de hêtre & de noyer font les feuls qu'on doive employer
à la conftruction des Meubles, ce qui n'eft abfolument vrai que dans ce pays ;
car dans ceux où le poirier, l'alifier, & tous autres bois doux & liants font
communs, on fait très-bien de s'en fervir, fur-tout de préférence au hêtre, dont
on ne fe fert ici parce qu'on n'en a pas de meilleur à cet ufage.

Quant au débit des bois, je n'en parlerai pas ici, vu que ce ne feroit qu'une répétition de ce que j'ai dit jusqu'à présent à ce sujet ; tout ce que je puis recommander, c'est d'éviter les bois tranchés autant qu'il sera possible, & de prendre les courbes les unes dans les autres, afin d'éviter la perte du bois : au reste, lorsque je ferai le détail des différentes espèces de Meubles, & des différentes courbes qui y sont nécessaires, je parlerai du débit de ces mêmes courbes selon qu'il sera convenable, pour épargner la matière & faciliter l'exécution de l'ouvrage.

§. I. *Des anciens Meubles en général.*

I L nous reste peu ou même point de lumieres touchant la connoissance des anciens Meubles, tant chez les autres Peuples que chez nous-mêmes. Les Historiens Grecs & Romains parlent quelquefois de Lits pour reposer, de Lits de table, de Buffets, de Trépieds & de Siéges, dont, à la vérité, ils vantent la richesse & le travail, mais dont ils laissent ignorer la forme & les proportions ; ou s'ils en donnent quelques-unes, elles sont si vagues, qu'elles sont plus propres à donner lieu à des conjectures, qu'à instruire ; c'est pourquoi je ne dirai rien de précis à ce sujet.

Il paroît, par les monuments qui nous restent de ces temps reculés, que le nombre des Meubles n'étoit pas fort considérable chez les Romains, lesquels, sur-tout au commencement de la République, faisoient profession d'une grande simplicité, & se bornoient au simple nécessaire, tel que les Lits, les Siéges, les Tables, & quelques autres Meubles fermants, dont le nom & la forme ne sont pas venus jusqu'à nous ; & si les Grecs, tant d'Asie que d'Europe, eurent des Meubles plus magnifiques que les Romains, il ne paroît pas du moins qu'ils en eussent en plus grand nombre.

En général, les Siéges chez l'un & l'autre Peuple, n'étoient, comme à Sparte, que des Bancs ou de simples Placets, à peu-près semblables à nos Ployants garnis de cuir, & plus rarement d'étoffe, sans bras ni dossier, du moins pour l'ordinaire, lesquels étoient soutenus par des pieds terminés par des griffes d'animaux ou autres ornements ; les Trépieds étoient des espèces de siéges à trois pieds (ainsi que leur nom l'indique), & par conséquent d'une forme triangulaire : forme mystérieuse, conservée particuliérement au culte de la Divinité ; aussi les Trépieds n'étoient-ils guere d'usage que dans les Temples. Le dessus de ces espèces de Siéges, ou petit Autel portatif, étoit solide, ce qui étoit nécessaire, puisque la Prêtresse d'Apollon montoit dessus pour rendre ses oracles.

Les Trépieds se faisoient de bois, de cuivre, d'argent & même d'or ; & ils étoient non-seulement de la hauteur ordinaire des Siéges, mais encore d'une très-grande hauteur, sur-tout quand ils étoient consacrés dans un Temple comme une offrande, ou bien qu'ils étoient portés à quelques cérémonies sacrées, comme à la fameuse procession ou pompe de Ptolemée Philadelphe, à laquelle entre un grand nombre de Trépieds, on en portoit un de 13 pieds de haut,

& un autre de 18, pour servir de prix aux Vainqueurs des Jeux donnés à cette Fête.

Quant aux Lits des Anciens, il ne nous en reste aucune description exacte ; mais il est tout à croire, d'après quelques bas-reliefs antiques, qu'ils étoient à peu-près semblables à nos Lits de repos, dont les pieds de devant affleurent le dessus du Lit.

Les Tables anciennes étoient, ainsi que les nôtres, ou quarrées, ou rondes, ou en demi-cercles, autour desquelles on plaçoit des Bancs ou des Siéges pour manger assis.

Quand la coutume se fut introduite de manger couché sur des Lits, les Tables se nommerent *Triclinium*, parce qu'elles étoient entourées de trois Lits, ce qui laissoit un côté de la Table vuide pour faciliter le service.

Chacun de ces Lits de Table ne pouvoit contenir que trois personnes, du moins pour l'ordinaire, ce qui faisoit neuf en tout à chaque Table. Ces Lits devoient avoir 6 pieds de long au moins, sur 3 pieds de large ; quant à leur décoration, ainsi que celle des Tables, on n'a rien de certain à ce sujet, si ce n'est que ces Meubles étoient souvent très-magnifiques, faits de bronze, enrichis d'argent ou d'or, & quelquefois entiérement faits de l'une de ces deux matieres.

Au défaut de monument antique à ce sujet, on peut voir dans un des Tableaux du Poussin, représentant l'institution de l'Eucharistie, le dessin d'une Table en *triclinium*, lequel est estimé des Connoisseurs, comme représentant ces sortes de Tables aussi parfaitement qu'il est possible.

Les Buffets des Anciens étoient des especes de Tables sur lesquelles on plaçoit toute l'argenterie & les vases précieux de ceux qui donnoient les repas. Ces Meubles étoient d'une très-grande magnificence ; mais quant à leur forme & leur décoration, elles nous sont absolument inconnues.

Si les Meubles des anciens Peuples ne nous sont pas parfaitement connus, nous ne sommes guere plus riches en connoissances par rapport à ceux de notre pays, ainsi que je l'ai dit ; car excepté trois à quatre sortes de Siéges anciens, dont la forme nous est conservée dans d'anciens monuments, nous ignorons absolument quelle étoit la forme, le nombre, & même les noms des Meubles de nos peres; tout ce qu'on peut conjecturer, c'est que comme les Gaulois suivoient les coutumes & les usages des Romains leurs vainqueurs, il est à croire qu'ils conserverent les mêmes usages sous la domination des Francs, qui, en conquérant la Gaule, lui laisserent ses usages, comme ils lui laisserent ses Loix, & même sa Religion.

Cela peut faire croire, du moins à mon avis, que les Meubles de nos ancêtres étoient à peu-près les mêmes que ceux des Romains, qui, comme je viens de le dire, n'étoient sûrement pas en grand nombre, mais dont la forme & la décoration nous sont presque entiérement inconnues, faute de Mémoires exacts de ces anciens temps, du moins pour ce qui est du sujet dont je traite.

Les Figures de cette Planche représentent cinq especes de Siéges pris dans différents temps de la Monarchie Françoise, depuis environ l'an 630, jusques vers l'an 1422, lesquels sont tirés de divers endroits, & recueillis à la Bibliotheque du Roi, dans le Recueil des Habits tant des Rois & Princes, que des Particuliers, depuis les premiers temps de la Monarchie, jusqu'au regne de Louis XIV.

La Figure 1 représente un Siége ou Fauteuil, lequel existe encore au Trésor de l'Abbaye de Saint Denis, & qu'on dit avoir servi au Roi Dagobert, lorsqu'il rendoit la Justice; ce qui est certain, c'est qu'il a appartenu aux Rois de la premiere Race.

Ce Siége est de cuivre doré, assez grossiérement travaillé, & a cela de singulier, que le siége représente une forme creuse par le milieu, laquelle étoit vraisemblablement remplie par un coussin, sans quoi on auroit été assez mal à son aise assis dans ce creux, s'il n'avoit été garni que par une simple étoffe, de laquelle il étoit vraisemblablement garni en premier, & qui étoit attachée aux deux branches ou traverses de côté, qui sont assemblées dans les cols des quatre animaux qui servent de pieds à ce Siége.

Il est vraisemblable que ce Siége se ployoit lorsqu'on vouloit le transporter, ce qui étoit assez en usage en ce temps, & comme l'indique la barre qui passe au milieu, laquelle lui servoit sûrement d'axe.

La Figure 2 représente un Siége de l'Empereur Charlemagne, sur lequel ce Prince est représenté assis revêtu de ses habits Royaux. Ce Siége n'est autre chose qu'une espece de Ployant, & est tiré d'un vitreau de l'Eglise de l'Abbaye de Fulde, en Allemagne, vers l'an 771.

La Figure 3 représente un Siége d'un Particulier, vers l'an 900, lequel est assez semblable aux deux premiers, pour sa forme creuse au milieu.

La Figure 4 représente un Siége ou Fauteuil appartenant au Roi Jean II, vers 1360, & est tiré d'une miniature qui est au manuscrit de Froissart. Ce Siége est une espece de Fauteuil, vu qu'il a des accotoirs & un dossier à la hauteur de ces derniers.

Enfin la Figure 5 représente un Fauteuil du Roi Charles VII, vers l'an 1422, lequel est aussi tiré du manuscrit de Froissart. Ce Fauteuil est à grand dossier avec des accotoirs, & a le siége fait en creux, ainsi que ceux ci-dessus: ce qui fait croire qu'on doit regarder ces Figures comme très-véritables, quoique les quatre dernieres n'existent que dans des peintures, où le Peintre auroit pu faire des Siéges d'imagination, sans avoir égard à l'usage, comme il n'arrive que trop de nos jours, ce qui n'est cependant pas ici vraisemblable, parce que s'ils n'avoient pas suivi exactement la coutume de leur temps, ils ne se seroient pas tous accordés à faire des Siéges creux dont on auroit peine à croire l'existence, s'il ne nous en restoit pas un exemple dans le Siége qui, dit-on,

a

a appartenu à Dagobert , repréſenté dans la Figure premiere de cette Planche (*).

Après le Siége repréſenté dans la Figure 5 , je ne connois pas d'autre
monument où on puiſſe trouver de modeles des Siéges qui ont ſuccédé à ceux-
ci juſqu'à environ l'an 1600 , où on trouve diſtinctement diverſes eſpeces de
Siéges à peu-près ſemblables à ceux dont nous faiſons uſage à préſent , tels
que ſont les Fauteuils , les Chaiſes ou Chaires , (ce qui cependant s'entendoit
plutôt d'un Fauteuil que d'une Chaiſe ,) les Tabourets & les Ployants. On n'eſt
pas certain de l'origine de tous ces différents Siéges ; tout ce qu'on peut conjecturer , c'eſt qu'ils furent d'abord de ſimples Ployants , tels que les *Fig. 2 & 3* ,
leſquels étoient à l'uſage de tout le monde ſous la premiere Race de nos Rois ,
qui , dit-on , rendoient la Juſtice dans des Siéges ſans dos ni accotoirs , afin de les
faire reſſouvenir qu'ils devoient une Juſtice prompte & égale à tous.

Petit à petit on a cherché à rendre les Siéges plus commodes , en y ajoutant
des accotoirs & un doſſier très-bas , comme dans la *Fig. 4* , puis un grand doſſier
comme dans la *Fig. 5* ; enfin on a ſupprimé la forme creuſe du ſiége , laquelle
étoit peu commode , pour y en ſubſtituer une droite & même bombée , par le
moyen des garnitures de crin & de bourre , & même de plume qu'on y a ajouté
pour les rendre plus doux & commodes.

Quant aux autres Meubles de nos ancêtres , on n'en a aucune connoiſſance ;
mais il eſt à croire qu'ils étoient d'abord très-ſimples & en petit nombre ; & que
ce ne fut guere que ſous le regne de François I , le Pere & le Reſtaurateur des
Arts en France , qu'on vit paroître ces belles Tables , ces Armoires , & ſur-tout
ces Bureaux d'Ebéniſterie , (Art nouveau du moins pour notre pays , qui le

(*) Dans une Ordonnance rendue par le Roi
Jean II , vers l'an 1355 , au ſujet des voyages de
ce Prince , il eſt dit qu'il lui ſera fourni par les
particuliers , outre les Tables & Tréteaux , des
Formes , eſpece de ſiéges dont le nom eſt reſté aux
Siéges ou Stalles des Chœurs d'Egliſe. Ces Siéges
ou Formes étoient plus grands que les Fauteuils ordinaires; c'eſt tout ce qu'en dit du Cange
dans ſon Gloſſaire , au mot *Forme.*

Il eſt auſſi remarqué , dans les *Recherches des
Antiquités de Paris* , de Sauval , en parlant des
Meubles du quatorzieme ſiecle , que les Siéges mêmes de chez le Roi , étoient des Eſcabelles,
des Bancs (comme les Figures 1 & 2 , de la Planche 223) , des Formes & des Tréteaux ; & qu'il
n'y avoit que la Reine qui eût des Chaiſes de
bois ployantes , & garnies de cuir vermeil & de
franges de ſoie attachées avec des clous dorés ;
mais il n'eſt pas parlé de leurs formes ; tout ce
qu'on en peut conjecturer , c'eſt que tous ces
différents Siéges étoient de bois en entier , &
d'une forme à peu-près ſemblable à celle qu'ils
ont préſentement , du moins pour les Bancs &
les Eſcabelles , qui ne pouvoient ſervir qu'à une
perſonne , ainſi que les Tabourets , qui ne different de ces dernieres , qu'en ce que leur ſiége eſt
garni d'étoffe , & que leurs pieds ſont perpendiculaires ; au lieu que ceux des Eſcabelles étoient

évaſés , ainſi que le ſont encore ceux des Bancs.
Quant aux Tréteaux , ce pouvoit être quelques
Siéges peu différents des Bancs , peut-être parce
qu'ils n'avoient pas de doſſier , & étoient plus
étroits de ſiége , quoiqu'ils fuſſent , ainſi que ces
derniers , d'une longueur capable de recevoir
pluſieurs perſonnes.

Cette ſuppoſition eſt d'autant plus vraiſem-
blable , que dans les anciens Chapitres & les
Ecoles , revêtus de Menuiſerie ancienne , on appelle du nom de *Banc* , tous les Siéges placés au
pourtour : nom qui leur a été donné lors de leur
conſtruction , & qui leur eſt reſté juſqu'à préſent.

On n'eſt pas plus inſtruit ſur la forme des Lits
de ce ſiecle , & de ceux qui l'ont précédé ; il
eſt ſeulement parlé dans le même Ouvrage (*Sauval* , Tome II , Liv. VII , page 179 ,) des Couches
qui avoient quelquefois 12 pieds de long ſur 11
de large , (ce qui devoit être ſuffiſant pour coucher toute une famille ,) & des Couchettes qui
n'avoient que 6 pieds de long , ainſi que nos Lits
ordinaires , auxquels ce nom eſt reſté. Le nombre des autres Meubles ſe réduit à peu de choſe ,
puiſqu'il n'en eſt fait aucune mention nulle part ,
ſi ce n'eſt des Dreſſoirs ou Buffets , où on mettoit
la vaiſſelle & le vin du Roi renfermé dans une
outre de cuir. *Mé. de Lit. Tom. XVI , pag. 229.*

reçut de l'Italie, où il fut apporté par les Romains après leur conquête d'Afie,)
Ouvrages qui ont fait & feront toujours l'admiration des connoiffeurs.

PLANCHE
223.

Les Meubles, & fur-tout les Siéges, furent d'abord l'ouvrage des Menuifiers,
qui les firent tout de bois, & très-ornés de moulures & de divers chantour-
nements percés à jour comme la *Fig.* 3, & on en orna les montants
d'ouvrages de tour, & les doffiers de baluftres tournés; enfuite on
abandonna tous ces ornements pour faire des Siéges plus fimples, mais dont les
doffiers & le fiége furent garnis d'étoffe, ce qui les rendoit beaucoup plus commodes. *Voyez les Fig.* 4 & 5. Ces Siéges ainfi garnis ne furent d'abord qu'à
l'ufage des gens aifés, le commun du peuple fe fervant de Siéges faits par les
Tourneurs, lefquels les garnirent en paille de diverfes couleurs; & à leur
imitation les Menuifiers s'avifèrent de faire des garnitures de Chaifes avec du
jonc ou roting, connu fous le nom de *canne*, ou *rofeau des Indes* (*). *Voyez*
la Fig. 6.

Non-feulement les diverfes efpeces de Siéges fe multiplièrent à l'infini, mais
encore devinrent fufceptibles de beaucoup de richeffes, tant dans leurs formes
que dans leur décoration; on y employa les cintres, les ornements de Sculpture, les dorures & les étoffes les plus précieufes; de forte que cette partie du
Meuble, qui ne faifoit autrefois qu'une très-petite partie de l'Art du Menuifier,
en eft devenue maintenant une branche très-confidérable, laquelle demanderoit
beaucoup de connoiffance du côté de la théorie, & de précifion dans l'exécution;
ce qui eft affez rare parmi les Menuifiers en Meubles, dont toute l'habileté
ne confifte, pour l'ordinaire, que dans une routine plus ou moins heureufe,
ainfi que je l'ai dit plus haut.

Ce que je dis par rapport aux Siéges, doit s'entendre de tous les autres
Meubles, à l'exception que fi les Siéges d'ufage à préfent font plus commodes
& d'une meilleure forme que les anciens, il n'en eft pas de même des autres
Meubles, qui, s'ils font plus élégants que les anciens, ont le défaut d'être
moins folides, & moins bien finis que ces derniers, ainfi que je le prouverai en
fon lieu.

§. II. *Des différentes efpeces de Siéges d'ufage à préfent.*

LE nombre des Siéges d'ufage, quoique très-confidérable par rapport à leurs
différents noms, peut néanmoins fe réduire à trois efpeces diftinctes les unes
des autres; favoir, premiérement les Siéges proprement dits, lefquels n'ont

---

(*) Je ne parlerai pas ici de la garniture des
Siéges en étoffe, vu que c'eft l'affaire du Tapiffier, ni de celle en paille, qui eft celle du
Tourneur, laquelle fera décrite dans l'Art du
Tour, par M. Hulot; je ne traiterai que de celle
en canne, parce qu'elle regarde plus particuliérement le Menuifier en Meubles, qui, quelquefois la fait lui-même, quoiqu'il y ait des gens
qui ne font que cet ouvrage, & qu'on connoît
fous le nom de *Canniers*, lefquels font attachés
aux Menuifiers en Meubles, qui les occupent
toute l'année.

ni dossiers ni accotoirs; secondement, ceux qui ont des dossiers & point d'accotoirs; troisiémement enfin, ceux qui ont des dossiers & des accotoirs.

Dans la premiere des trois especes sont compris les Ployants, les Tabourets,
les Marche-pieds & les Banquettes de toutes formes & grandeurs.

Dans la seconde espece sont comprises les Chaises de toutes sortes.

Dans la troisieme enfin on comprend les Fauteuils de toutes façons, les
Bergeres, les Duchesses ou Chaises longues, les Canapés, les Sofas, les
Veilleuses, les Ottomanes, les Paphôses & autres especes de Lits de repos, &
généralement tous les autres Siéges servants aux appartements privés, comme
les Baignoires, les demi-Baignoires, & les Bidets de toutes sortes.

Quoique tous les Siéges qui constituent les trois différentes especes dont je
viens de parler, soient à peu-près d'une même forme, ou du moins peu différents
les uns des autres, il est cependant très-nécessaire d'en indiquer toutes les
différences, tant dans la décoration que dans les proportions, qui, quoique
assujetties à la grandeur humaine, laquelle est à peu-près toujours la même, sont
sujettes à divers changements, en raison de leurs différentes formes & usages,
lesquels sont infiniment variés, & susceptibles de beaucoup de richesses ou de
simplicité, selon qu'on le juge à propos, ou pour mieux dire, selon l'opulence
ou la volonté de ceux pour lesquels ils sont faits, laquelle volonté sert souvent
de loi tant pour leurs formes que pour leur décoration; de-là viennent tant de
sortes de Siéges, dont la forme est différente les uns des autres, ou tant d'autres
qui ne different que de nom, & qui servent aux mêmes usages, leur différence
de formes ou de décorations étant presqu'insensible, & ne gissant souvent que
dans l'idée de ceux qui les font, ou de ceux qui les font faire.

En général la commodité est ce qu'on doit le plus rechercher dans la compo-
sition des Siéges; c'est pourquoi on doit avoir soin de ne rien déterminer
touchant leurs formes & proportions, avant de s'être rendu compte de l'usage
auquel on les destine, & si cet usage est général, comme par exemple,
les Siéges qui sont placés dans un appartement pour servir indistinctement à
toutes sortes de personnes, ou bien s'ils sont destinés à l'usage particulier d'une
seule personne, ce qui fait une très-grande différence; parce que dans le premier
cas il faut qu'ils soient assujettis à la grandeur générale; au lieu que dans le
second il faut qu'ils le soient à celle de la personne qui doit en faire usage,
laquelle peut être plus ou moins grande, & par conséquent exiger plus ou moins
de grandeur qu'à l'ordinaire. D'après ces connoissances, & avant de rien déterminer sur la grandeur des Siéges, il faut aussi se rendre compte de la maniere
dont ils seront garnis, parce qu'alors leur hauteur change à raison de leurs
différentes garnitures; c'est pourquoi il est très-nécessaire que les Menuisiers
prennent quelques connoissances de cette partie de l'Art du Tapissier, & en
général de toutes les autres parties de cet Art qui ont rapport au leur, afin de
ne rien faire qui puisse nuire au travail de ce dernier; mais qu'au contraire ils

en facilitent l'exécution, afin de tendre réciproquement à la perfection de l'ouvrage (*).

C'est pourquoi dans la description que je vais faire, non-seulement des Siéges, mais encore des autres Meubles dont la garniture est du ressort du Tapissier, j'aurai soin d'indiquer la forme & les dimensions des différentes garnitures ; des changements & des soins qu'elles exigent de la part du Menuisier, tant pour la décoration que pour la construction, afin de ne rien laisser à desirer à ce sujet, du moins autant qu'il me sera possible.

Ces diverses connoissances acquises, on pourra avec sûreté déterminer la grandeur & la forme des Chaises (& de tous autres Siéges en général,) auxquelles on tâchera d'allier la solidité de la construction avec la grace de la décoration, qui est malheureusement trop négligée par beaucoup de Menuisiers ; c'est pourquoi, dans la description de chaque espece de Meubles, je donnerai des regles sûres pour les construire avec toute la perfection possible, & cela en raison de leur différente forme, laquelle rend quelquefois absolument vicieuse une espece de construction employée ailleurs avec succès.

SECTION SECONDE.

Description des Ployants, Tabourets, Banquettes, &c ; de leurs formes, proportions & construction.

LES Ployants sont les Siéges les plus anciens & les plus simples de ceux dont on fait usage à présent ; ils ne consistent qu'en deux chassis quarrés, lesquels entrent l'un dans l'autre, & sont arrêtés ensemble au milieu de leur hauteur par des axes ou boulons qui leur laissent la liberté de se mouvoir autant que peut le permettre l'étoffe, qui est arrêtée aux deux traverses ou emboîtures du haut, de *A* à *B*, *Fig.* 1, laquelle étoffe forme le dessus du siége, qui est nommé *Ployant* à cause de la facilité qu'il a de se mouvoir & de se ployer en deux en relevant l'étoffe en dessus ; de sorte que les deux extrémités intérieures des emboîtures *C D* viennent se rencontrer en un même point lorsqu'on

---

(*) Les connoissances que j'exige que les Menuisiers en Meubles prennent de l'Art du Tapissier, doivent aussi s'appliquer à tous les autres Arts qui concourent à la solidité & à la décoration des Meubles, comme la Sculpture, la Serrurerie, la Fonte, ou mieux dire, la forme des bronzes dont on les orne quelquefois, afin que ces connoissances acquises les mettent dans le cas de disposer leurs ouvrages, non pas selon la coutume, mais avec connoissance de cause. Si ces connoissances sont nécessaires aux Menuisiers, elles ne le sont pas moins aux autres Ouvriers, dont le travail dépend du leur, ou l'accompagne, ainsi que je l'ai recommandé dans les autres Parties de cet Ouvrage ; ce que je ne répete ici que pour convaincre, s'il est possible, les Ouvriers combien la connoissance, du moins élémentaire, des différents talents qui sont relatifs au leur, leur est nécessaire tant pour la perfection que pour l'accélération de leurs ouvrages, lesquels sont souvent imparfaits ou même peu solides, par le défaut d'ordre & d'harmonie qui se trouve dans le travail des différents Ouvriers qui les construisent ; c'est pourquoi j'ai cru devoir insister ici sur la nécessité de ces connoissances, que presque tous les Ouvriers en général négligent comme peu nécessaires & même inutiles à la perfection de leur Art, ne faisant pas réflexion que de très-belles parties qui ne sont pas faites les unes pour les autres, ou placées sans ordre & sans raisonnement, ne peuvent former qu'un mauvais ensemble, soit pour la décoration, soit pour la construction, ce qui est encore pis, puisque ce défaut détruit la solidité de l'ouvrage.

le

le juge à propos ; les boulons *E* qui retiennent les deux chassis, ne font pas apparents pour l'ordinaire, mais font placés à moitié bois dans des trous percés en dedans du chassis le plus large, & par conséquent en dehors du chassis le plus étroit, ce qui est très-propre, vu que ce boulon n'est apparent en aucune maniere ; mais en même temps ce qui devient difficultueux dans le cas que le boulon vienne à casser, parce qu'alors il faut démonter le grand chassis pour replacer un autre boulon, & par conséquent défaire tout l'ouvrage du Tapissier, du moins du côté du grand chassis ; c'est pourquoi on a préféré de mettre des boulons qui passent au travers des pieds, & dont la tête est ornée, de maniere qu'elle ne fait pas de mauvais effet.

Le boulon est de fer, de 3 lignes de diametre au moins, & s'arrête en dedans avec un écrou faillant, comme on peut le voir aux *Fig.* 1 & 4, qui représentent le Ployant vu en dessus ; cependant on pourroit éviter cette faillie en plaçant l'écrou dans l'épaisseur du pied intérieur ; de forte qu'il n'y auroit plus que la tête du boulon d'apparente, laquelle pourroit faire partie des ornements du pied, comme on peut le voir aux *Fig.* 2 & 3.

Les Ployants furent d'abord très-simples ; ensuite on les orna d'ouvrages de tour, enfin de sculptures ; & pour les rendre d'une forme plus agréable, non-seulement on en chantourna les pieds, mais encore on les fit entrer en entaille les uns dans les autres, afin que les deux chassis fussent d'une égale largeur, (comme les *Fig.* 2, 3 & 6), mais en même temps ce qui en a empêché le mouvement, lequel ne peut se faire que de l'étendue de l'arc *a b*, *Fig.* 2, compris entre les deux pieds, lequel ne peut être très-grand, vu le petit diametre du cercle qui sert à faciliter le mouvement du Ployant. A cette difficulté près, on ne sauroit disconvenir que les Ployants faits de cette maniere ne fassent beaucoup mieux que les autres pour la décoration ; quant à leur construction, ils n'ont rien de particulier ainsi que le premier, si ce n'est l'entaille de leurs pieds, laquelle se fait au milieu de leur épaisseur & de la grandeur du rond du milieu ; de forte que quand ils sont ensemble, ils ne semblent faire qu'une seule piece. *Voyez la Fig.* 5, qui représente un pied du premier Ployant, *Fig.* 1 & 4, avec la coupe de la traverse du bas & de celle du haut, dans laquelle le pied entre à tenon & à mortaise, ce qui est commun à tous les Ployants.

Voyez pareillement la *Fig.* 7, qui représente un pied du Ployant *Fig.* 2, vu fur l'épaisseur ; & les *Fig.* 8 & 9, qui représentent ce même pied vu de face & par derriere. Voyez aussi la *Fig.* 10, qui représente un pied ou battant du Ployant *Fig.* 3, lequel est à peu-près semblable à celui représenté *Fig.* 2, à l'exception que ce dernier n'a pas de traverse par le bas, & que son axe passe tout au travers pour entretenir l'écart des pieds, ce qui est moins solide que des traverses, & qui en même temps devient très-compliqué, parce qu'il faut qu'il y ait deux axes, l'un creux, qui est placé entre les pieds, afin de les empêcher de rentrer en dedans, & l'autre qui paffe au travers des pieds & de l'axe creux, lequel retient le tout enfemble.

La hauteur des Ployants eft ordinairement de 14 à 16 pouces, ce qui donne environ 18 à 20 pouces de longueur au battant, y compris l'emboîture; quant à leur largeur, elle eft à peu-près la même, en quarré, que leur hauteur; cependant il y en a qui font plus larges de 3 à 4 pouces, ce qui augmente la longueur des battants à proportion.

En général, les Ployants étoient fort en ufage dans le dernier fiecle, tant pour les Grands que pour les Particuliers; mais à préfent ils ne fervent plus que chez le Roi, ou chez les grands Princes & les Ambaffadeurs, & généralement tous ceux qui font obligés de garder ce qu'on appelle l'*Etiquette*, c'eft-à-dire, les ufages attachés aux différents rangs des perfonnes; de plus, ces efpeces de Siéges font peu commodes, c'eft pourquoi on leur a préféré les Tabourets, dont je vais donner la defcription ci-après, lorfque j'aurai donné celle d'une efpece de Ployant propre à placer dans les Eglifes, parce qu'il fait tout à la fois l'office de Fauteuil, de Tabouret & de Chaife à dos.

Le Siége ou Ployant dont il eft ici queftion, *Fig.* 11, 12, 13 & 14, eft compofé de deux bâtis en forme d'*x*, de deux bras & d'un doffier, lequel eft affemblé avec l'extrémité fupérieure des bras, à tenon & mortaife; l'autre extrémité des bras entre à charniere dans un des bouts des montants de côté; de forte que quand on veut fe fervir de ce Ployant comme d'un Fauteuil, on laiffe le doffier rabattu comme dans la *Fig.* 11, qui repréfente ce Fauteuil vu de côté; & dans la *Fig.* 12, qui en montre la moitié vue de face. Lorfqu'on veut au contraire qu'il ferve de Chaife à dos, & s'agenouiller deffus le fiége, on releve le doffier, lequel, en mouvant fur la charniere des bras des accotoirs, forme une tablette ou appui, ainfi qu'on peut le voir dans la *Fig.* 13, qui repréfente la moitié de ce Ployant, dont le doffier eft ainfi relevé; & dans la *Fig.* 14, qui repréfente ce Siége vu de côté. Quant au fiége de ce Ployant, il eft immobile & élevé à 12 pouces de haut au plus, afin qu'on puiffe s'agenouiller deffus plus aifément, & eft d'une forme circulaire par fon plan, pour qu'il ne déborde pas les côtés Voyez la *Fig.* 15, qui repréfente la moitié de ce fiége vu en deffus.

Les côtés du Ployant dont je viens de parler, font immobiles & reçoivent le fiége qui y eft affemblé à tenon & mortaife; cependant fans rien changer à fa forme, on pourroit le faire mouvoir comme les autres Ployants, defquels il ne différeroit en rien que par le doffier.

Pour ce qui eft des proportions de cette efpece de Ployant, je n'en parlerai pas ici, vu qu'on doit les faire plus ou moins grands à raifon de la grandeur de la perfonne pour laquelle ils font faits; de plus, on pourra avoir recours à l'échelle qui eft au bas de la Planche, fur laquelle il a été conftruit d'une proportion propre à une perfonne d'une taille ordinaire.

Les Tabourets font de petits Siéges fans doffier ni accotoir, compofés de quatre pieds, de quatre traverfes de ceinture ou de fiége, & quelquefois d'une entre-toife par le bas, pour retenir l'écart des quatre pieds, ainfi qu'on peut le voir à la *Fig.* 1, qui repréfente l'élévation perfpective d'un Tabouret d'une décoration très-fimple, tel qu'on s'en fert dans les anti-chambres & autres lieux de peu de conféquence.

Les Figures 2 & 3 repréfentent deux autres Tabourets plus ornés, l'un à pied de biche, & l'autre d'une forme quarrée, qu'on appelle *à l'antique*, auxquels, pour plus de folidité, on fait paffer les bouts des pieds pour ne point faire d'épaulement à la traverfe, afin de conferver de la force à l'affemblage, qui en a d'autant plus befoin, qu'on ne met point d'entre-toife à ces fortes de Tabourets, afin de les rendre plus légers; ce qui fait affez bien, à la vérité, mais en même temps leur ôte beaucoup de folidité: c'eft pourquoi je crois que malgré l'ufage, on feroit très-bien de mettre des entre-toifes, non-feulement aux Tabourets & Banquettes, mais encore à tous autres Siéges expofés à être remués fouvent; lefquelles entre-toifes pourroient être en diagonale droite, comme la *Fig.* 4, ou bien chantournées & ornées de moulures & de fculptures, felon qu'on le jugeroit à propos, comme les *Fig.* 5 & 6.

La hauteur des Tabourets eft ordinairement de 13 à 17 pouces du deffus des traverfes, fur à peu-près la même largeur en quarré, qui eft leur forme ordinaire; il n'y a que chez le Roi où ces Siéges font très-bas, n'ayant pas plus de 8 à 10 pouces de hauteur.

On fait encore des petits Tabourets ou Marche-pieds de 6 pouces de haut, lefquels fervent ou à pofer les pieds ou à s'agenouiller.

La groffeur des pieds de Tabourets, eft depuis un pouce & demi jufqu'à 2 pouces; & la largeur de leur traverfe de ceinture, de 2 pouces & demi à 3 pouces, fur un pouce d'épaiffeur, afin d'y faire un affemblage raifonnable, qu'on aura foin de faire le plus jufte poffible, tant fur l'épaiffeur que fur la largeur.

Quant aux entre-toifes, *Fig.* 1, 4, 5 & 6, on les affemble à tenon & mortaife dans les pieds; & lorfqu'elles font affemblées diagonalement, elles paffent en entaille l'une fur l'autre, à moitié de leur épaiffeur, en obfervant de placer leur joint à la rencontre de quelque contour, comme je l'ai obfervé aux Figures ci-deffus.

Les Banquettes font des efpeces de Tabourets, dont la longueur eft prolongée depuis 3 jufqu'à 9, 12, & même 15 pieds: elles ne different en rien des Tabourets pour la conftruction & la décoration, à l'exception que les pieds placés entre ceux des bouts, entrent à tenon dans la traverfe (laquelle paffe droit d'un bout à l'autre,) derriere laquelle le refte de l'épaiffeur de leurs pieds paffe en enfourchement, ainfi qu'on peut le voir aux *Fig.* 7 & 8.

L'écart des traverfes de Banquettes, eft retenu en deffus par des barres à queue, qu'on place à environ 18 pouces les unes des autres, afin qu'elles ne

repouſſent pas la garniture lorſqu'on eſt aſſis deſſus, & qu'au contraire elles ſe
trouvent entre deux perſonnes ; on doit auſſi obſerver de cintrer le deſſus de
ces barres à queue, ou du moins d'en arrondir fort les arêtes en deſſus, de peur
qu'elles ne coupent le deſſous de la garniture ; ce qu'on doit obſerver à toutes
les arêtes intérieures de toutes ſortes de Siéges, comme je le dirai en ſon lieu,
en parlant de la maniere de diſpoſer toutes ſortes de Siéges, en raiſon de leurs
différentes garnitures.

Je ne m'étendrai pas davantage ici ſur la forme & la conſtruction des parties
qui compoſent les Tabourets & les Banquettes, parce que j'aurai ſujet de le faire
avec plus d'avantage, en parlant des Chaiſes & des Fauteuils de toutes ſortes,
dont les Tabourets ſont la partie inférieure, & dont je donnerai non-ſeulement les différentes formes & ornements, mais ſur la conſtruction deſquels je
m'étendrai beaucoup, afin de ne rien laiſſer à déſirer à ce ſujet, & de raſſembler
ſous un même point de vue, tout ce qui a rapport à la conſtruction & au débit
des bois, dont le choix & l'économie ſont des choſes eſſentielles tant pour les
Acquéreurs que pour les Ouvriers.

SECTION TROISIEME.

Deſcription de toutes ſortes de Chaiſes ; de leurs décorations, formes ; proportions & conſtruction.

LES Chaiſes proprement dites, different des Tabourets dont je viens de faire
la deſcription, en ce qu'elles ont des doſſiers, leſquels montent de fond de
deſſus les pieds de derriere juſqu'à la hauteur de 18 à 19 pouces du deſſus du
ſiége, afin qu'on puiſſe s'y appuyer commodément les épaules ſans que la tête y
porte en aucune maniere, de crainte de déranger la coëffure ſoit des femmes ou
des hommes (qui ne ſont pas moins curieux de ſa conſervation), ou de gâter
avec la poudre ou la pommade le haut de la garniture de ces mêmes ſiéges ; c'eſt
pourquoi, dis-je, on a diminué la hauteur des doſſiers des Chaiſes qui, dans le
dernier ſiecle, alloient juſqu'à trois pieds, de ſorte qu'ils ſurpaſſoient encore la
tête de ceux qui étoient aſſis deſſus, laquelle alors pouvoit s'y appuyer commodément.

Les Chaiſes, ainſi qu'on l'a pu voir plus haut, *page 608*, étoient d'une
décoration très-ſimple, du moins pour ce qui eſt de la partie de la Menuiſerie,
d'une forme quarrée, tant dans le plan que dans l'élévation ; enſuite on les
cintra par en haut ſeulement ; enfin d'encore en encore on les cintra non-ſeulement ſur l'élévation, mais encore ſur le plan ; & on y fit des pieds d'une forme
cintrée, nommés *pieds de biche*, (à cauſe qu'on les taille quelquefois par le bas
en forme d'un pied de cet animal, ou bien qu'on y rapporte un ſocle de cuivre
d'une même forme), & des traverſes de ceinture, cintrées ainſi que les battants,
qu'on

qu'on orna de moulures & de fculptures ; de forte que la partie du Menuifier, qui étoit confidérée comme peu de chofe depuis que les Siéges furent revêtus d'étoffes, de broderies & de franges, devint très-confidérable, & n'a ceffé d'augmenter jufqu'à ce jour, qu'on a donné la préférence à deux fortes de Chaifes, l'une dont le fiége eft évafé & cintré en plan, & dont le doffier, quoi- que cintré au pourtour, préfente une furface droite, qu'on nomme *Chaife à la Reine* : l'autre forte de Chaife a le devant du fiége d'une même forme que la première ; mais le derriere de ce même fiége fe termine en demi-cercle, ce qui oblige par conféquent à faire le doffier d'une forme creufe : cette forte de Chaife fe nomme *Cabriolet* ; je ne fai pas trop pourquoi, n'imaginant aucun rapport entre une Chaife cintrée en plan, & les voitures qu'on nomme de ce nom ; mais enfin c'eft la mode, une Chaife pouvant auffi bien reffembler à une voiture que la coëffure d'une femme.

Les Chaifes à la Reine, ainfi que toutes les autres, font compofées de deux pieds de devant *A B*, *Fig*. 4, qui ne vont qu'à la hauteur du fiége ; de deux pieds de derriere *C D*, *Fig*. 2, qui montent de toute la hauteur de la Chaife, & par conféquent du doffier ; de quatre traverfes de ceinture, dont deux de côté *E E*, *Fig*. 10, une de devant *F*, *Fig*. 4, & une de derriere *G*, *Fig*. 2 ; le doffier, outre ces deux battants & la traverfe de ceinture *G*, *même Figure*, (qu'on nomme auffi *piece de derriere*), eft encore compofé de deux traverfes, qu'on nomme *de doffier* ; favoir, celle *H*, grand doffier ou cintre ; & celle *I*, petit doffier.

Le plan des Chaifes à la Reine eft évafé fur le devant d'environ 3 à 4 pouces au plus ; cet évafement n'eft pas droit, mais forme deux parties en S, qui, venant rejoindre les pieds de devant, y produifent un angle arrondi, ce qui fait beaucoup mieux que s'il étoit droit ; le devant eft bombé pareillement en S, d'un pouce ou un pouce & demi, ce qui eft néceffaire pour qu'on puiffe être affis commodément, parce que les cuiffes tendant naturellement à s'évafer lorf- qu'on eft affis, il eft bon qu'elles portent non-feulement par-tout, mais encore plutôt en dedans, qui eft la partie la plus charnue, qu'en dehors, qui eft le côté des os, & par conféquent le plus expofé à être fatigué.

Le doffier des Chaifes ne doit pas être droit, c'eft-à-dire, perpendiculaire au fiége, parce que cette fituation gêneroit trop celui qui feroit affis deffus, en l'obligeant de fe tenir exactement droit, pofture très-fatiguante, dont il ne pourroit fortir qu'en s'avançant fur le devant du fiége, qui alors n'auroit plus affez de profondeur ; ou s'il en avoit affez, il arriveroit toujours un inconvé- nient, parce que les reins de la perfonne affife ne portant plus, la fatigueroient encore plus que fi elle fe tenoit exactement droite ; c'eft pourquoi il eft néceffaire d'incliner les doffiers des Chaifes en dehors de 3 pouces au moins, pris du deffus du fiége jufqu'au haut, ainfi que l'indique la ligne *a b*, *Fig*. 3.

Le bas des pieds de derriere eft exactement égal à ceux de devant ; quant au haut, comme il fatigue beaucoup par le poids de la personne qui s'appuie deſſus, il eſt bon de lui laiſſer de la force par en bas, afin qu'il puiſſe mieux réſiſter, & de le réduire par le haut à l'épaiſſeur d'un pouce ou 15 lignes, qui eſt la plus forte épaiſſeur ordinaire ; & s'il arrivoit qu'on fût forcé pour quelque raiſon de le diminuer également du bas comme du haut, il vaudroit mieux le faire par derriere que par devant, parce que le fil du bois ſe conſerveroit davantage ; au lieu que ſi on le diminuoit en dedans, il ſe trouveroit coupé par l'aſſemblage qui ſe trouve en deſſous, ce qui eſt très-facile à concevoir, par l'inſpection ſeule de la *Fig.* 3.

Les pieds de derriere des Chaiſes à la Reine, ſe prennent ſur la face, dans du bois d'égale largeur, & ſont paralleles entr'eux, comme l'indiquent les lignes *c d*, *e f*, *g h* & *i l*, *Fig.* 2, ce qui fait que toutes les traverſes ſont d'une longueur égale d'araſement, & viennent s'y aſſembler quarrément, ainſi que toutes les autres du pourtour du ſiége, leſquelles s'aſſemblent quarrément dans les pieds, d'où il réſulte un très-mauvais effet, ſur-tout pour ces dernieres, lorſqu'elles ſont cintrées comme ici, parce qu'alors l'extrémité du cintre des traverſes ſe trouvant à bois de bout, eſt ſujet à s'égrainer & ne ſe raccorde jamais bien, quelque précaution que l'on prenne, ce qui donne naiſſance à mille défauts, dont les moindres ſont les jarrets, qu'on eſt obligé de faire au cintre pour regagner les éclats faits au bois de bout, ce qui ſeroit facile à éviter, en faiſant une petite coupe au devant des pieds de la largeur du premier membre des moulures ſeulement, ce qui n'affoibliroit pas le pied, (puiſque cette entaille ne ſe feroit que par devant & à rien du haut,) & cela ne demanderoit qu'un peu d'attention de la part du Menuiſier, lequel alors ſeroit obligé de ralonger une barbe au devant de ces traverſes, ainſi que je l'ai obſervé aux *Fig.* 5, 7 & 8, qui repréſentent les élévations de côté, de face & de derriere de la Chaiſe dont je fais la deſcription, & plus particuliérement à la *Fig.* 6, où le haut du pied eſt deſſiné plus en grand.

Il eſt ſingulier que de tous les Menuiſiers qui font des Chaiſes, pas un ſeul ne faſſe cette obſervation ; & que tous ceux auxquels j'en ai parlé, ne veuillent pas la faire, par la ſeule raiſon que ce n'eſt pas leur coutume, comme ſi la ſolidité & la propreté de l'ouvrage ne devoit pas l'emporter ſur une mauvaiſe habitude qu'ils ne ſauroient défendre par aucune bonne raiſon, ſe contentant de chantourner les traverſes, tant bien que mal, après qu'elles ſont aſſemblées. Le chantournement du doſſier n'eſt pas fait avec plus de ſoin & d'exactitude que celui des traverſes du ſiége ; & ſi les arêtes des bouts des traverſes ſont moins égrainées, ce n'eſt que parce que leur coupe devient preſque perpendiculaire avec leur extrémité ; toute la ſcience des Menuiſiers Faiſeurs de Chaiſes, ſemblant ne devoir conſiſter que dans leur adreſſe à bien refendre leur bois, ſans s'embarraſſer de bien aſſembler leur ouvrage, & de chercher tous les moyens qui pourroient tendre à ſa perfection, ce dont ils s'embarraſſent fort peu, puiſqu'ils laiffent à des Sculpteurs (fouvent mal-adroits) le foin de pouffer les moulures,

qu'ils fe contentent de ragréer le mieux qu'ils peuvent, temps où fouvent il n'eft
plus poffible de raccommoder les fautes de ces derniers, & de donner aux
cintres de leurs ouvrages la grace qui leur eft néceffaire; c'eft pourquoi, je ne
faurois trop le répéter, après l'affemblage des Siéges en général, rien n'eft fi
important que d'en bien faire les contours, en obfervant avec foin de faire toutes
les pieces bien paralleles (du moins celles qui doivent l'être,) & d'en rendre
toutes les parties bien d'équerre, afin que lorfqu'on vient à en pouffer les moulures, foit le Menuifier ou le Sculpteur, on ne trouve pas, en faifant les ravalements ou autres opérations néceffaires, des inégalités qui dérangent le paral-
lélifme des moulures, dans lequel confifte toute leur perfection.

C'eft pourquoi lorfqu'on chantournera quelque piece que ce puiffe être, on
fera très-bien, avant de les terminer tout-à-fait, de les affembler avec celles où
elles doivent aller, afin de les achever de chantourner enfemble.

On aura la même précaution lorfqu'on pouffera les moulures, qu'on ne terminera par les extrémités que les deux pieces enfemble, ce qui empêchera toute
efpece d'éclat & de jarret.

Quant à la maniere de pouffer ces moulures, on le fait ordinairement à la
main avec des gouges & autres outils; mais je crois que malgré la coutume on
feroit très-bien de les pouffer au fabot, ce qui feroit très-avantageux, parce
que non-feulement l'ouvrage en feroit plutôt fait, mais encore le feroit beaucoup mieux, vu que les moulures feroient beaucoup plus liffes, d'une largeur
& d'une faillie égale par-tout, ce qui eft fort difficile à faire felon la méthode
ordinaire, c'eft-à-dire, avec la gouge & autres outils; mais quelqu'avantageufe
que foit la méthode que je propofe ici, il eft fort difficile que les Menuifiers en
Chaifes puiffent ou veuillent s'en fervir, parce qu'ils ne font pas dans l'ufage de
le faire, ce qui eft, du moins pour eux, une très-bonne raifon, & que de plus
ils ne favent pas fe fervir d'aucun outil de moulures, dont la plupart ignorent
même jufqu'au nom.

En général, la forme des cintres des fiéges eft affez arbitraire; c'eft pourquoi
je ne peux pas donner beaucoup de regles certaines à cet égard; tout ce que
je puis recommander, c'eft de les faire les plus doux & les plus coulants
poffibles, & de ne pas les arrêter fans avoir déterminé la largeur & la forme des
profils, afin de fe rendre compte fi les cintres feront auffi bien en dedans
comme en dehors, ce que j'ai fait *Fig.* 1, qui repréfente le profil de la Chaife
que je décris ici, dont j'ai pris la largeur, que j'ai portée fur la *Fig.* 2, avant de
déterminer au jufte la forme des contours, que j'ai faits tous au compas, en
obfervant de tracer toutes les opérations par des lignes ponctuées, lefquelles,
en marquant la place des différents centres, donnent en même temps la rencontre des différents arcs de cercles qui forment les contours, lefquels ne
peuvent faire aucun jarret, puifque chaque centre eft placé fur une ligne

perpendiculaire au bout de chacun des arcs qui viennent y correspondre, ce qui, je crois, n'a pas befoin d'aucune efpece de démonftration, laquelle, d'ailleurs, feroit inutile ici, puifqu'elle ne feroit qu'une répétition de ce que j'ai dit au commencement de la premiere Partie de cet Ouvrage, dans les *Eléments de Géométrie-Pratique*, que j'ai donnés, *page 4 & fuiv.*, & dans la premiere Section de la troifieme Partie, en parlant *de la maniere de déterminer la forme des Voitures, page 517 & fuiv.*; de plus, en donnant les différents contours des autres Siéges, j'aurai foin de tracer toutes les opérations, pour faciliter ceux qui n'auroient pas les autres Parties de cet Ouvrage, ou qui n'auroient pas affez d'intelligence pour entendre les démonftrations géométriques, ce qui n'eft pas rare parmi les Menuifiers en Meubles.

La Chaife dont je fais la defcription, eft difpofée pour être garnie de canne; c'eft pourquoi le fiége eft plus haut qu'aux autres de 2 pouces au moins, pris du deffus du chaffis du fiége, lequel a ordinairement 10 lignes à un pouce d'épaif-feur; ce chaffis fe rapporte à plat, tant fur les pieds de devant que fur les traverfes de ceinture, & entre en entaille dans les pieds de derriere, tant par le devant que par les côtés, du moins intérieurs, comme on peut le voir aux *Fig. 2 & 3*, où ces entailles font faites de toute l'épaiffeur du chaffis, fur la profon-deur de 2 à 3 lignes au plus, afin de ne point affoiblir le pied.

Lorfque la Chaife, & tous les Siéges en général font garnis de canne, le petit doffier eft élevé du deffus du fiége d'environ un pouce à un pouce & demi; au lieu que quand ils font garnis d'étoffe, on ne met que 9 lignes à un pouce de diftance entre le deffous de cette derniere & le deffus de la traverfe de ceinture, de maniere qu'il ne paroiffe pas de vuide entre le deffous de cette traverfe & le deffus de la garniture, dont la faillie eft peu confidérable fur le derriere.

La hauteur, tant des Chaifes que des Fauteuils, eft de 12 à 14 pouces du deffus des fiéges lorfqu'ils font garnis d'étoffe, & de 14 à 16 pouces lorfqu'ils le font en canne; & la hauteur totale du doffier doit être de 2 pieds 8 à 10 pouces au plus.

La largeur du fiége doit être, pour les Chaifes, de 17 à 18 pouces par devant, & de 13 à 14 pouces par derriere, & 15 à 16 pouces de profondeur; quant aux pieds, ils doivent être de 2 pouces quarrés au moins, & la traverfe de 2 & demi à 3 pouces de large, fur un pouce & même 15 lignes d'épaiffeur au moins.

Lorfque les Chaifes font garnies de canne comme celle-ci, on fait le chaffis du fiége à part, de 2 pouces de largeur au plus, & on le difpofe de maniere qu'il déborde le pourtour des traverfes de ceinture de 6 à 9 lignes, & de le faire affleurer à la traverfe de derriere; quelquefois cette traverfe eft plus large que les autres, d'environ 15 lignes, & on y fait une rainure dans laquelle le chaffis du fiége entre tout en vie, ainfi qu'on le verra ci-après, dans la defcription d'un

Fauteuil

Fauteuil en cabriolet ; dans ce cas on tient la traverse de derriere du chassis, moins large qu'à l'ordinaire, ou du moins on raccourcit le chassis dont on assemble la traverse du devant en chapeau, pour lui donner plus de solidité.

L'arête supérieure de ce chassis doit être arrondie, & on ne le cheville sur les traverses, tant de côté que du devant de la Chaise, qu'après qu'il est tout garni.

En chevillant les chassis, on doit faire attention de percer les trous en pente ou en contre-sens les uns des autres, afin que si les chevilles venoient à se décoller ou à se retirer, ils ne puissent pas sortir aisément.

Les Chaises, & généralement tous les Siéges, sont susceptibles d'être ornés de sculptures, tant aux dossiers qu'aux pieds & aux traverses des siéges ; & si j'ai fait celle dont je viens de donner la description, toute unie, ce n'est que pour en faire mieux sentir l'ensemble, réservant à donner ci-après plusieurs formes de Chaises, tant en plan qu'en élévation, ornées de moulures & de sculptures dans le goût actuel.

Avant de passer à la description des Fauteuils, je crois qu'il est nécessaire de donner quelques regles touchant la forme & la construction des pieds de biche, lesquels sont sujets à beaucoup de difficultés pour être traités avec toute la perfection dont ils sont susceptibles, vu premièrement leur changement de plan & de grosseur (lequel est indiqué dans les *Fig. 9 & 11*, qui représentent deux profils à moitié d'exécution aux deux extrémités opposées, & auxquels j'ai indiqué, par des lignes ponctuées, la véritable grosseur de la piece dans laquelle le pied de biche est pris) ; secondement, par la difficulté d'en faire le raccord en face avec les traverses de ceinture.

Je parlerai tout de suite de la maniere de disposer les siéges pour recevoir les garnitures d'étoffe & de canne, ce qui entraînera nécessairement la description de l'Art du Cannier, dont je traiterai tout de suite dans la Section suivante, afin de terminer tout ce qui regarde la garniture des Siéges.

La hauteur des pieds de biche en général ne peut être déterminée, puisqu'on en fait à l'usage des Tables, des Bureaux & des Siéges de toutes sortes, dont la hauteur varie en raison de leurs différents usages ; c'est pourquoi je ne puis donner que des regles générales touchant leurs formes & proportions, lesquelles regles pourront être applicables à tous les cas possibles.

Lorsqu'on veut déterminer la forme d'un pied de biche, il faut d'abord se rendre compte de sa hauteur totale, laquelle varie depuis un pied pour les Siéges les plus bas, jusqu'à 26 à 27 pouces au plus haut, afin de leur donner une grosseur relative à leur hauteur : cette grosseur varie depuis 2 jusqu'à 3 pouces, & doit être augmentée ou diminuée à raison que la hauteur variera, comme je l'ai observé à la *Fig. 1*, où j'ai marqué par des lignes *a b* & *c d*, la grosseur du pied de biche représenté dans cette Figure. Après s'être rendu compte de la grosseur totale du pied, il faut en déterminer la largeur à l'endroit le plus gros, laquelle doit être les deux tiers du tout au moins, comme de *e* à *f*, par lequel point on fait paffer la ligne *g h* ; ce qui étant fait, on détermine le contour intérieur du pied, en obfervant qu'il fe contourne bien avec la traverfe, & que la partie rentrante vienne toucher au nud de la ligne *c d*, ainfi qu'on peut le voir dans cette Figure.

Le contour intérieur étant ainfi déterminé, on chantourne la partie extérieure, laquelle doit toujours diminuer jufqu'au deffus de la volute, où la groffeur du pied ne doit être que le tiers au plus de fa groffeur totale, comme l'indique la ligne *i l* : cette proportion rend le bas du pied un peu gros, à la vérité ; mais cette groffeur eft néceffaire pour la folidité du pied, parce qu'alors il y refte une partie de bois plein & de fil entre les nuds des courbures intérieures & extérieures, repré-fentées par les lignes *m n* & *g h*, ce qu'il eft très-effentiel d'obferver à tous les pieds de biche fujets à fatiguer & à être fouvent changés de place, ainfi que les Siéges, auxquels cette obfervation eft abfolument indifpenfable.

Le bas des pieds de biche fe termine ordinairement en volute, laquelle ne pofe ordinairement pas à terre, mais eft élevée d'environ un pouce de haut, fur un petit focle, ce qui les expofe moins à être endommagés par le frottement des pieds, ce qui eft, à mon avis, la feule raifon pour laquelle la volute des pieds de biche eft ainfi élevée ; car je crois qu'elle feroit beaucoup mieux fi elle pofoit immédiatement fur le plancher. De plus, ce focle éloigne trop le point d'appui des perpendiculaires *m n* & *g h*, & par conféquent expofe les pieds à fe caffer facilement.

Le haut des pieds fe termine ordinairement en plinthe droite, au nud de l'arrafement de la traverfe, contre laquelle plinthe la faillie du pied vient s'arrondir & former un angle au point *o*, ce qui ne fouffre aucune difficulté quand les traverfes & les pieds font liffes, ou lorfqu'elles ont des moulures, elles ne tournent pas autour de la traverfe & du pied, comme à la *Fig.* 2 ; mais quand elles y tournent, comme dans la *Fig.* 1, la plinthe des pieds ne peut plus être droite & former un angle avec la rencontre du deffus du cintre du pied, mais au contraire, on doit la faire creufer & adoucir avec le deffus de ce cintre, ce qui facilite le contour des moulures & leve toutes les difficultés, ainfi qu'on peut le voir dans la *Fig.* 3.

Cette maniere de terminer le haut des pieds de biche, eft très-commode, & ne change rien à la conftruction des Siéges, fi ce n'eft qu'on eft obligé d'en tenir les traverfes plus épaiffes pour leur faire fuivre le contour de la plinthe du pied, ce qui eft peu de chofe en comparaifon du bien qui réfulte de la méthode que je propofe ici, & qu'on fuit toujours fans y faire attention, puifque les Sculpteurs font obligés de fouiller les traverfes par le haut, pour mieux faire tourner leurs moulures.

Les pieds de biche fe débitent dans des bois d'une épaiffeur convenable, c'eft-à-dire, égale à leur groffeur, en obfervant de leur conferver le bois de fil autant

qu'il eft poffible ; & on les refend les uns dans les autres , pour éviter la perte
du bois, comme je l'ai obfervé *Fig.* 4.

Quand les pieds de biche font refendus (ce que les Menuifiers en Meubles
font fort adroitement,) on doit les corroyer en dedans ou en dehors, puis on
les chantourne des deux autres côtés, après les avoir tracés avec le même calibre
qui a fervi à les tracer du premier côté, en le faifant ployer le long du cintre ,
ce qui eft la coutume, mais en même temps ce qui eft une très-mauvaife
méthode, parce qu'en faifant ainfi ployer le calibre, on le raccourcit, ce qui
change la forme du pied, laquelle doit cependant être la même des deux côtés ;
c'eft pourquoi je crois qu'il eft bon, pour tracer les pieds de biche , qu'après
les avoir chantournés d'un côté comme dans la *Fig.* 5 , on faffe un calibre
ralongé, fuivant l'étendue du cintre, ce qui fe fait de la maniere fuivante :

On divife un des côtés du premier calibre *Fig.* 5 , en autant de parties égales
qu'on le juge à propos, en fuivant le contour du pied, comme les points *a* , *b* ,
c , *d* , *e* , *f* , &c , par lefquels on fait paffer autant de perpendiculaires à la ligne
a 17.

Enfuite on trace à part, *Fig.* 6 , la ligne *m x* , fur laquelle on éleve les
perpendiculaires *m* , *n* , *o* , &c , dont les diftances entr'elles, & fur cette ligne
droite , font égales à celles prifes fur la ligne courbe *a b c d* de la *Fig.* 5 ; enfuite
les points *a* & *m* étant les mêmes aux deux Figures, on prend fur celle 5 la
diftance *b* 1 , qu'on porte de *n* à 2 , *Fig.* 6 ; celle *c* 3 , de *o* à 4 ; celle *d* 5 , de
p à 6 ; celle *e* 7 , de *q* à 8 ; celle *f* 9 , de *r* à 10 ; celle *g* 11 , de *s* à 12 ; celle
h 13 , de *t* à 14 ; celle *i* 15 , de *u* à 16 ; enfin celle *l* 17 , de *x* à 18.

On fait la même opération pour le dehors que pour le dedans, ce qui termine
le calibre ralongé pour le dedans, lequel eft fuffifant, parce que le pied étant
une fois tracé en dedans, fe chantourne aifément, en obfervant de le mettre
d'équerre fuivant les lignes perpendiculaires des Figures 5 & 6.

Les Menuifiers en Chaifes ne prennent pas tant de précautions pour la conftruction des pieds de biche, qu'ils fe contentent de refendre le plus jufte
poffible, fans changer de calibres, (ce même à quoi ils ne penfent pas,) mais
auffi fans les corroyer en aucune maniere ; de forte qu'ils les affemblent tout
brutes, fans s'embarraffer s'ils font juftes ou non, ou fi leur contour eft exactement le même, non-feulement des deux côtés de chaque pied, mais encore fi
celui des quatre pieds eft le même, ce qui arrive rarement. Cette inégalité de
contour fe rencontre non-feulement aux pieds de biche, mais encore à toutes
les autres pieces des Siéges, dont les contours ne font pas faits avec plus d'exactitude, ce qui ne paroît pas beaucoup dans les Siéges ordinaires, mais dont la
différence eft très-fenfible aux Siéges à chaffis, lefquels font quelquefois cintrés
fi irréguliérement, que le chaffis d'un Fauteuil, par exemple, ne peut pas fervir
à un autre de même forme & grandeur ; c'eft pourquoi (du moins aux Siéges
de quelque conféquence) je crois qu'il eft abfolument néceffaire de corroyer

avec foin toutes les pieces des Siéges quelles qu'elles foient, parce qu'alors les contours feront plus juftes & fujets à moins de jarrets, l'ouvrage plus folide, vu qu'on ne fera pas obligé d'affoiblir les joues des affemblages pour le redreffer ou le dégauchir; & qu'enfin les profils feront plus réguliers, foit qu'ils foient pouffés par les Menuifiers ou par les Sculpteurs, auxquels les premiers les abandonnent, comme s'ils n'étoient Menuifiers que de nom, & que toute leur fcience ne confiftât qu'à favoir refendre du bois, ouvrage qui eft plus propre à un Manœuvre qu'à un Ouvrier adroit & intelligent, tel que devroit être un Menuifier, & comme il ne s'en trouve malheureufement que trop peu, fur-tout dans la partie dont je traite, laquelle a été jufqu'à préfent la plus négligée de toutes celles qui compofent cet Art.

§. I. *Maniere de difpofer les Siéges pour recevoir les garnitures d'étoffes.*

J'ai dit plus haut que les Siéges en général étoient garnis ou d'étoffe ou de canne, ce qui en change en quelque forte la difpofition, du moins par rapport à la forme de leurs profils & à la hauteur de leurs fiéges, felon qu'ils font garnis de l'une ou de l'autre maniere, dont la premiere eft la plus ufitée, & totalement du reffort du Tapiffier; la feconde étant l'ouvrage du Menuifier, ou, pour mieux dire, du Cannier, comme je l'expliquerai ci-après.

La garniture d'étoffe telle qu'on la fait préfentement, eft de deux fortes; favoir, celle qui eft adhérente aux bâtis des fiéges fur lefquels on l'attache, & celle qui s'attache fur des chaffis, lefquels entrent tout en vie dans des feuillures pratiquées tant dans les fiéges que dans les doffiers.

Quand les garnitures font adhérentes aux bâtis, on les attache fur les doffiers, dans des feuillures ou ravalements qu'on y fait d'après la largeur du profil, en obfervant de faire ce ravalement d'une bonne ligne plus profond que s'il fervoit de fondaux moulures, afin que l'épaiffeur de la toile de derriere, la fangle & l'étoffe, ne diminue pas de la faillie de ces mêmes moulures.

Ce que je dis pour les doffiers, doit auffi s'appliquer aux fiéges, parce que quand on n'y fait point de feuillure comme à la *Fig.* 7, on eft obligé d'attacher la fangle deffus, pour empêcher la trop forte épaiffeur qu'elle feroit par le côté étant jointe avec l'étoffe, ce qui eft moins folide que quand elle eft attachée fur le côté, ce qui eft la meilleure maniere & la plus folide, & qui ne demande d'autres foins de la part du Menuifier, que de faire le ravalement des moulures plus profond que leurs reliefs, de l'épaiffeur de la fangle, de celle de l'étoffe, & une partie de l'épaiffeur de la tête du clou, laquelle doit auffi être comptée pour quelque chofe. *Voyez la Fig.* 8 (*).

(*) J'ai confulté plufieurs Tapiffiers touchant la garniture des Siéges, & la maniere de placer | la fangle; le plus grand nombre a été d'avis que l'ufage d'attacher la fangle fur les Siéges étoit

Quand

Quand il arrive que la partie supérieure de la traverse du siége n'a pas de moulure en saillie, on y fait toujours une petite feuillure, dont la profondeur doit être un peu moindre que l'épaisseur de la sangle de la toile & de l'étoffe, afin qu'en plaçant les clous, ils mordent plus sur l'étoffe que sur le bois, où il est bon qu'une partie de leur tête porte, afin de cacher le joint que forme la rencontre du bois avec l'étoffe. *Voyez la Fig. 9.*

Ce que je viens de dire touchant le ravalement des Siéges, doit aussi s'appliquer aux dossiers, ce qui, je crois, n'a pas besoin d'autre explication, ce que j'ai dit à ce sujet étant suffisant.

Lorsque la garniture des Siéges est faite à chassis, elle est attachée sur ces derniers ; de sorte qu'on peut en changer autant de fois qu'on le juge à propos, ce qui est un très-grand avantage, sur-tout dans le cas d'un appartement magnifique, dont on change plusieurs fois les meubles selon les saisons.

Les siéges des Chaises ou des Fauteuils à chassis, n'ont rien de différent des autres pour la construction, si ce n'est que la moulure monte jusqu'au dessus de la traverse, & qu'on y fait une feuillure de 5 à 6 lignes de profondeur pour recevoir le chassis, auquel il ne faut laisser de jeu au pourtour que l'épaisseur de la garniture, qui doit tourner autour & être attachée dessous. *Voyez la Fig. 10*, qui représente le profil d'une traverse de ceinture, avec la coupe de la traverse de chassis, éloignée de la feuillure de ce qui est nécessaire pour placer la garniture, laquelle doit remplir exactement le joint de la feuillure, & même saillir un peu en dessus. Les chassis des dossiers entrent à feuillure dans ce dernier, & on doit avoir soin qu'il reste au moins 3 lignes de jeu au pourtour, entre le chassis & le fond de la feuillure, afin que la garniture & les clous qui l'attachent sur le champ du chassis, puissent y être contenus. Ces chassis s'arrêtent en place par le moyen de petits tourniquets de fer ou de cuivre poli, qui sont attachés avec des vis sur le bâti de la Chaise ou du Fauteuil. *Voyez la Fig. 11*, qui représente la coupe d'une traverse de dossier, & celle d'une traverse de chassis, disposée à sa place avec le jeu convenable tant pour la garniture du devant & du côté, que pour celle de derriere, qu'on met presque toujours à ces sortes de Siéges. *Voyez la Fig. 12*, qui représente le tourniquet vu de face avec sa vis.

Les chassis tant des dossiers que des siéges, doivent suivre le contour de leurs bâtis ; & comme il arrive que les traverses de ceinture sont cintrées sur le champ, on doit en disposer les feuillures de maniere qu'elles aient 3 à 4 lignes de profondeur au moins au plus creux de ses contours, qu'on doit avoir soin de

meilleur que de le faire sur le côté ; d'autres sont convenus que quoique ce ne soit pas la coutume de les faire autrement, on pourroit cependant l'attacher sur le côté, ce qui seroit très-solide, à condition toutefois qu'on feroit le ravalement de face plus profond, ou seulement un second ravalement sur la face des traverses,

pour placer l'épaisseur de la sangle & la tête du clou qui la retient, afin que l'étoffe passe lisse par-dessus à l'ordinaire, comme je l'ai observé aux *Fig.* 8 & 9, auxquelles j'ai supposé assez de largeur de ravalement pour pouvoir placer les clous des sangles, de la toile de garniture & l'étoffe.

faire très-doux, afin que la feuillure qu'on doit faire dans le bout des pieds, ne rétrécisse pas trop l'assemblage des traverses, & qu'il y reste un peu d'épaulement. *Voyez les Fig.* 13, 14 *&* 15, qui représentent une partie de traverse de siége à chassis avec son pied, vue en face & par derriere, ainsi qu'une partie du plan de ce même siége.

Quand la garniture est adhérente aux siéges, & que leurs traverses sont cintrées, comme aux *Fig.* 13 *&* 14, on observera en faisant le ravalement pour placer l'étoffe, qu'il y reste au moins 6 lignes de largeur au point le plus haut du cintre, afin qu'on puisse y attacher solidement la garniture.

En général, il faut arrondir les arêtes de toutes les parties des siéges qui doivent être entourés d'étoffe, afin qu'elles ne la coupent point; il faut aussi observer d'abattre en pente en dedans le dessus des traverses des siéges, ainsi que les dossiers & les chassis, afin que les sangles ne se coupent pas, & que ne portant pas sur l'arête intérieure de ces derniers, elles soient plus élastiques, & rendent par conséquent les siéges & les dossiers plus doux. *Voyez les Fig.* 7, 8, 9, 10 *&* 11, où j'ai fait cette observation, laquelle, sans être absolument essentielle, ne laisse pas d'être bonne, sans pour cela rendre l'ouvrage plus difficile à faire, puisqu'elle ne demande qu'un peu d'attention de la part de l'Ouvrier.

SECTION QUATRIEME.

De la Garniture des Siéges avec la Canne, & de l'Art du Cannier en général.

L'INVENTION des garnitures de Siéges, faites de canne, est peu ancienne en France, & y a été apportée par les Hollandois, lesquels ont fait long-temps seuls le commerce des Indes orientales, d'où viennent les cannes ou roseaux nommés *rotings*, lesquels sont de plusieurs especes; savoir, celles nommées *bambou*, qui sont très-grosses; celles qui sont nommées *cannes* ou *joncs des Indes*, lesquelles servent à porter à la main; enfin celles connues simplement sous le nom Hollandois de *rotings*, lesquelles sont une espece de roseau menu & rampant à terre à différentes longueurs, qui vont quelquefois à 2, 3 & même 4 toises, lequel se fend comme l'osier, & sert aux Indes & à la Chine pour faire des Panniers, des Lits, des Chaises entieres, des Tables & des Jalousies de croisées. On ne s'en sert guere en France que pour garnir les Siéges, ce qui est en même temps plus solide & plus propre que la paille ou le jonc. On s'en sert aussi pour garnir les Voitures de campagne, les Chaises à porteurs, ainsi que je l'ai indiqué en son lieu, ce qui se fait de la même maniere que la garniture des Siéges, dont la description va faire l'objet de cette Section, laquelle sera divisée en trois Paragraphes. Dans le premier, je traiterai de la maniere de disposer les Siéges pour recevoir la canne; dans le second, de la maniere de fendre la canne, & les outils destinés à cet usage; & dans le troisieme

enfin, j'expliquerai la maniere de garnir les Siéges, en fuivant toutes les opérations néceffaires à ce fujet, ce qui conftitue ce qu'on appelle l'*Art du Cannier.*

§. I. *De la maniere de difpofer les Siéges pour recevoir la canne.*

D E U X chofes font néceffaires dans la difpofition des Siéges pour recevoir la
canne; favoir, la maniere de placer les trous deftinés à la recevoir, & la maniere
de percer ces mêmes trous.

La premiere de ces deux obfervations a pour objet la beauté & la folidité de
l'ouvrage du Cannier, & eft fouvent la plus négligée, parce qu'elle dépend
tout à fait du Menuifier qui, en perçant fes trous, s'embarraffe fort peu de ce
que deviendra l'ouvrage du Cannier, qu'il regarde comme étranger à fon objet.

La feconde, qui a pour objet la folidité du Meuble, eft un peu mieux
obfervée, mais fouvent fans propreté, ainfi que je l'expliquerai ci-après.

Lorfque les Menuifiers font, fur un Siége quelconque, la divifion des trous
deftinés pour recevoir la canne, ils commencent par en marquer le milieu,
d'après quoi ils font partir leurs divifions, (en obfervant un vuide au milieu,)
fans s'embarraffer où elles finiront, foit que l'ouvrage foit droit ou cintré, ce
qui eft fujet à beaucoup de difficultés ; parce que dans le premier cas, c'eft-à-
dire, quand l'ouvrage eft droit, comme la *Fig.* 1, il faut faire en forte que les
dernieres divifions fe trouvent dans un demi-efpace, afin que les trous reçoivent
tous les brins de canne, tant perpendiculaires qu'horifontaux & diagonaux, fans
les écarter ni les uns ni les autres, ce que j'ai obfervé à cette Figure, où les
lignes *a b*, *b d*, *c d* & *a c*, repréfentent les divifions des trous faites fuivant cette
méthode, lefquels trous reçoivent tous les brins de canne à leur jonction, ce qui
ne les dérange en aucune maniere, & ce qui ne pourroit être fi les divifions des
extrémités étoient égales aux autres, comme, par exemple, les lignes *e f*, *f h*,
g h & *e g*, où il faudroit que les brins diagonaux fe reployaffent en dedans pour
rencontrer les trous qui feroient fur ces lignes, ce qui les dérangeroit beaucoup, & qui obligeroit à percer d'autres trous entre-deux pour les recevoir, ce
qui affoibliroit trop les bâtis, & par conféquent rendroit cet expédient impoffible ; c'eft ce qui doit faire adopter la méthode que je propofe ici, laquelle,
quoique différente de l'ordinaire, ne demande qu'un peu d'attention, afin de
faire des divifions relatives à la grandeur de l'ouvrage, ce qui ne feroit qu'ouvrir
ou refferrer un peu les divifions ordinaires, lefquelles font difpofées de maniere
qu'il fe trouve 9 à 11 lignes de diftance du milieu de deux trous en deux trous,
ou quelquefois 10 lignes, ce qui fait 5 lignes du milieu d'un trou au milieu de
l'autre, ainfi que je l'ai obfervé à la *Fig. 3*, laquelle eft grande comme
l'exécution.

Lorfque les Siéges font d'une forme cintrée comme la *Fig.* 2, on ne peut pas
s'affujettir aux mêmes regles pour la divifion des extrémités, ainfi qu'aux figures

quarrées ; c'est pourquoi les Menuisiers, après avoir pris le milieu de la piece de chaque côté, font les divisions égales entr'elles ; de sorte que les lignes qui viennent y tendre ne sont plus d'une distance égale entr'elles, celles des extrémités du cintre étant plus serrées que celles du milieu, ce qui est tout naturel ; ou bien si elles sont égales entr'elles au milieu, elles forment des lignes courbes ainsi que celles *a b, c d, e f, g h, i l* & *m n*; & celles *o e, p i, q r, s m, t u* & *x y*, ce qui non-seulement fait un mauvais effet, mais encore est peu solide, parce que petit à petit la canne tend à se redresser, vu le poids de la personne qui est assise dessus, ce qui cause en partie le relâchement de tous les Siéges de canne dont la forme est circulaire.

Ainsi je crois que malgré l'usage on feroit très-bien de tracer des lignes droites & égales entr'elles sur les parties cintrées, & de percer les trous à la rencontre de ces dernieres avec la ligne circulaire qui en borne la distance par rapport au devant du bois, ainsi que je l'ai observé dans la partie supérieure de cette Figure, où les lignes 1, 2 3, 4 5, 6 7, 8 9, 10 11, 12, & celles 13, 14 15, 16 17, 18 19, 20 21, 22 23 24, donnent la place des trous sans avoir égard aux divisions faites en parties égales.

Cette observation est essentielle, sur-tout quand les parties sont beaucoup cintrées ; mais lorsqu'elles le sont peu, on peut suivre l'usage ordinaire, qui est cependant moins bon que la méthode que je propose ici, & selon laquelle j'ai disposé les trous de la *Fig.* 9, cote *A*, lesquels sont faits à la rencontre des divisions perpendiculaires *a, a, a*, & des horisontales *b, b, b*, avec la ligne courbe *c d e*, qui est le devant des trous, & celle *f g h*, le derriere, desquelles lignes les trous ne s'écartent de ce côté, qui est le derriere de l'ouvrage, que pour des raisons de solidité, dont je vais parler tout de suite.

Les trous propres à recevoir la canne, doivent avoir environ 2 lignes de diametre, & être percés en parement à 4 lignes au moins du bord de la piece, & suivant les divisions qu'on a faites par la méthode que j'ai donnée ci-dessus.

Ces trous ne se percent pas perpendiculairement, mais au contraire les uns en dedans & les autres en dehors alternativement, afin que ces trous étant ainsi écartés, coupent moins le fil du bois, & qu'il reste du bois plein entre les deux rangées de trous, ainsi qu'on peut le voir à la *Fig.* 4, (qui représente le derriere de celle *Fig.* 3,) où il reste un intervalle de bois plein entre les deux rangées de trous, lequel intervalle est indiqué par les lignes *d e* & *f g*.

Il faut faire attention qu'une partie des trous de cette Figure, sont percés perpendiculairement, comme l'indique la ligne *a b c*, qui passe par le milieu des trous des deux *Fig.* 3 & 4, ce qu'on pourra faire à tous les dessus de Siéges, & généralement toutes les fois qu'on ne sera pas gêné pour la largeur de la piece. *Voyez la Fig.* 5, qui représente la coupe des deux *Fig.* 3 & 4, dans laquelle le trou perpendiculaire est apparent, & l'autre indiqué par les lignes *i l* & *m n*.

Quand le derriere de l'ouvrage garni de canne est apparent, ce qui arrive à

tous

tous les derrières de Siéges, on y pratique des rainures, dans lefquelles paffent les brins de canne, qu'on recouvre enfuite par des morceaux de bois collés ; de forte que la canne n'eſt apparente en aucune maniere.

La profondeur de ces rainures eſt de 4 lignes au moins, afin que la barre qu'on y met ait 3 lignes au moins d'épaiſſeur, la canne en prenant bien une.

Quant à la largeur de ces barres, elle eſt ordinairement de 8 à 9 lignes, à moins qu'on ne fût gêné par les cintres, ce qui obligeroit de les faire quelquefois plus étroites, ce qu'il faut cependant éviter, afin de conferver la folidité de l'ouvrage. Ces barres fe rapportent en deux parties dans les traverfes cintrées, ainſi qu'on peut le voir à la *Fig.* 9, cote *A*, où la rainure eſt découverte, & les trous percés en biais pour les raifons que j'ai dites ci-deſſus. Voyez cette même Figure, cote *B*, où la barre eſt toute placée, & fous laquelle j'ai fait paſſer des lignes qui indiquent la place des trous en devant de l'ouvrage. Dans les battants ces barres fe rapportent d'une feule piece, à moins toutefois qu'ils ne foient trop cintrés, alors on y mettroit la barre de deux ou même trois pieces, felon qu'il feroit néceſſaire, à moins qu'on n'aimât mieux y faire des rainures, & par conféquent des barres cintrées, ce qui alors leveroit toute efpece de difficulté. De toute façon il faut que ces barres ne defcendent pas plus bas que le nud des traverfes, afin de n'en point couper les aſſemblages, ce que j'ai obſervé aux deux battants de la *Fig.* 9, cote *A* & *B*.

Voyez la *Fig.* 6, qui repréfente la coupe d'un battant avec fa rainure & fa barre, & les deux trous percés en biais, chacun vers les deux côtés de la rainure.

Il y a des Menuifiers qui, pour épargner l'ouvrage, ne rapportent point de barres aux traverfes de doſſier tant du haut que du bas, mais qui, en perçant leurs trous, les font defcendre en deſſous de la traverfe, à laquelle ils pratiquent une petite rainure pour pouvoir cacher la canne, qu'ils recouvrent enfuite de maftic, ce qui eſt en même temps peu propre & peu folide ; c'eſt pourquoi on fera très-bien de ne jamais faire ufage de cette méthode, que je n'ai repréfentée ici dans la *Fig.* 7, que comme un exemple à éviter, même dans les ouvrages cintrés en plan, où les Menuifiers en Chaifes ne font jamais de rainures, fous prétexte que l'ouvrage eſt moins folide, ce qui n'eſt pas vrai ; la meilleure raifon qu'ils aient à donner, c'eſt que cela rend l'ouvrage plus long & plus difficile à faire. *Voyez la Fig.* 8, qui repréfente une traverfe du haut d'un doſſier, avec une rainure pratiquée dedans à l'ordinaire.

En général, lorfqu'on difpofe des Siéges & tous autres ouvrages pour recevoir de la canne, il faut avoir foin, en faifant le ravalement du devant des moulures, de le faire plus profond que la faillie des moulures, d'environ une ligne, afin que l'épaiſſeur de la canne ne diminue pas de la faillie de ces dernieres ; il faut auſſi avoir foin de faire ce ravalement en pente en dehors, afin que s'appuyant fur la canne, les arêtes du ravalement ne marquent pas deſſus & ne le caſſent pas , ce qui arriveroit ſans cette précaution , ce que j'ai obſervé aux *Fig.* 5, 6, 7 & 8.

§. II. *Du choix de la Canne ; de la maniere de la fendre ; & des Outils du Cannier.*

LORSQU'ON achete de la canne , il faut la choiſir la plus longue & la plus égale poſſible , parce que plus elle eſt longue , & moins il y a de perte en l'employant ; il en eſt de même de ſon égalité , laquelle donne des brins d'une égale largeur d'un bout à l'autre , ce qui , par conſéquent , ne fait aucune eſpece de perte ſur la groſſeur.

Il faut auſſi avoir ſoin que la canne ne ſoit point trop ſeche , parce qu'alors elle ſe fend difficilement , & eſt d'un mauvais uſage.

Les Canniers remédient à ſa trop grande ſéchereſſe en la mouillant lorſqu'ils l'ont refendue & qu'ils veulent l'employer ; mais cette humidité n'étant que momentanée , ne peut jamais lui rendre celle de ſa ſeve , qui ſe trouve totalement expulſée , l'expoſe à la vermoulure , & par conſéquent la rend plus facile à ſe rompre.

Pour connoître ſi la canne n'eſt pas trop ſeche , il faut faire attention ſi , lorſqu'on la ploie de différents ſens , l'eſpece de vernis naturel qui eſt deſſus , ne ſe fend pas en beaucoup d'endroits , & ne s'enleve pas facilement , ce qui eſt une marque de ſa trop grande ſéchereſſe (*).

Il faut auſſi , lorſqu'on achete de la canne , choiſir celle qui eſt la plus groſſe , c'eſt-à-dire , qui ait 4 à 5 lignes de diametre au moins , afin qu'en la fendant elle donne plus de morceaux , quoiqu'il reſte plus de moëlle ou partie intérieure , laquelle , quoiqu'une perte réelle ſur le poids de la canne , n'eſt pas à comparer avec le bien qui réſulte d'avoir de la canne d'une groſſeur raiſonnable , laquelle eſt d'abord plus ſolide que la petite , ayant acquis toute ſa force , & étant plus aiſée à fendre , ce qui eſt fort à conſidérer.

Lorſqu'on a fait choix de la canne , avant de la fendre , il faut en ôter tous les nœuds ou inégalités que forment les jets *a, Fig.* 1 : opération que les Canniers appellent *ennoyer* ou *éneyer*, c'eſt-à-dire , ôter les nœuds , ce qu'ils font en ratiſſant la canne avec un couteau à contre-ſens du nœud , ainſi qu'il eſt repréſenté dans la *Fig.* 3 , en obſervant de tenir le couteau un peu panché le dos en dehors , afin qu'il ne coupe pas le jonc , mais ne faſſe que le ratiſſer.

Lorſque le jonc ou canne eſt éneyé , on le fend , ce qu'on fait de la maniere ſuivante :

(*) La canne ou roting ſe vend à la livre , depuis 7 à 8 ſols , qui eſt le prix ordinaire , juſqu'à 30 ſols qu'elle vaut dans le temps de guerre , ou bien quand les Marchands n'en apportent pas une quantité ſuffiſante , ce qui fait que les Canniers hauſſent ou baiſſent le prix de leurs ouvrages , ou bien en diminuent la largeur pour en prendre une plus grande quantité ſur un poids égal , lequel poids eſt conſidérablement diminué par la moëlle qu'ils enlevent , laquelle n'eſt cependant pas tout-à-fait perdue pour eux , puiſqu'ils la vendent pour faire des balais propres aux cours , aux cuiſines , & autres lieux de peu de conſéquence.

On commence d'abord par confidérer quelle eft fa groffeur, & par conféquent combien il pourra contenir de brins fur fa circonférence ; enfuite on le
fend au couteau en trois ou quatre parties, qu'on refend enfuite elles-mêmes au
couteau, jufqu'à ce qu'elles n'aient que la largeur de deux brins, après quoi on
ôte la moëlle du dedans de la canne pour la fendre à fa véritable largeur, ce que
l'on fait par le moyen du fendoir *Fig.* 5, lequel n'eft autre chofe qu'un morceau
de buis ou tout autre bois dur d'environ un pouce de diametre, fur 2 à 2 pouces
& demi de largeur au plus, lequel eft arrondi par le bas & refendu ou évuidé
en angle par le haut, de forte qu'il préfente quatre parties aiguës, dont on fe
fert pour fendre les brins de canne, qu'on commence d'abord au couteau ;
enfuite on prend le fendoir de la main gauche, un des angles en en-haut, dans
lequel on fait entrer le jonc commencé à fendre au couteau, & qu'on tire
en contre-bas de la main droite, en obfervant d'appuyer le pouce de la main
gauche fur le jonc à l'endroit où il fe fend, afin de l'empêcher de fortir du
fendoir. *Voyez la Fig.* 6.

Il faut auffi avoir attention, lorfqu'on fend ainfi la canne, de fe garnir le
pouce d'un doigtier de cuir, afin que le frottement & les inégalités de la canne
ne le bleffent pas, ce qui arriveroit par la force du frottement.

Voyez la *Fig.* 4, laquelle repréfente le plan d'un jonc de 4 lignes & demie
de diametre, refendu d'abord en trois, ce qui donne le triangle ou moëlle *a b c* ;
enfuite chacune des trois parties refendue en deux, chacune aux points *d e f*,
defquelles on enleve enfuite la moëlle indiquée par les lignes *g*, *h*, *i*, ce qui eft
égal pour toutes les autres parties ; après quoi on fait la derniere fente indiquée
par des points feulement, ce qui donne douze brins dans un jonc d'environ 15
lignes de circonférence, lefquels brins ont une ligne & demie de large, lorfqu'ils fe fendent bien droit fans s'arracher, ce qui eft la largeur ordinaire des
brins dont on fe fert pour garnir tranfverfalement ; les autres, qui doivent être
plus étroits, fe font avec des joncs plus petits, ou bien avec des brins qui fe font
mal refendus.

Lorfque la canne eft refendue à la largeur néceffaire, on la met d'épaiffeur à
la plane, laquelle eft une efpece de boîte de fer *a b*, *Fig.* 10, découverte en
deffus, dans laquelle eft placé un morceau d'acier *c d*, *Fig.* 12,) qui repréfente
la coupe de la plane vue fur fa longueur,) lequel morceau eft attaché aux deux
côtés de la boîte par une goupille ou axe, de maniere qu'on eft libre de le faire
mouvoir du côté *c*, ce qu'on fait par le moyen d'une vis *e*, placée au deffous de
la boîte, & par le moyen de laquelle on fait monter ou baiffer le morceau
d'acier qui eft proprement la plane, qu'on approche du couteau *Fig.* 9, autant
qu'on le juge à propos. Ce couteau eft un morceau d'acier de la largeur de
la plane, taillé en bifeau, & fortement attaché à un des côtés de la boîte, dans
laquelle il entre en entaille pour l'empêcher de fe mouvoir, & où il eft arrêté par
le moyen d'un écrou *h*. Le taillant de ce couteau ne doit pas être parallele au

deſſus de la plane, mais être un peu relevé ſur le devant, afin qu'en paſſant la canne entre le couteau & la plane, on commence par ôter les groſſes inégalités, & qu'on finiſſe de la mettre d'épaiſſeur en la rapprochant du fond. *Voyez la Fig.* 14, qui repréſente la coupe de la boîte & de la plane, avec le couteau vu du côté du tranchant.

Comme la plane pourroit s'uſer par le frottement continuel de la canne qu'on paſſe deſſus, on peut non-ſeulement la retourner ſens deſſus deſſous, le trou étant placé au milieu de ſon épaiſſeur, mais encore bout pour bout, ce qui eſt fort aiſé, puiſqu'elle eſt, à cet effet, percée des deux bouts.

La boîte de la plane eſt arrêtée ſur un banc ou petit établi, par le moyen d'une vis *i*, qu'on ſerre en deſſous de l'établi avec un écrou *l*. *Voyez les Fig.* 10, 11, 12, 13, 14 & 15, qui repréſentent la plane vue par devant, par derriere, en coupe longitudinale, en deſſus, en coupe tranſverſale, & le couteau tout démonté tant en deſſus qu'en coupe.

Le Banc ou Etabli du Cannier, *Fig.* 7, eſt d'environ 2 pieds de long ſur 2 pieds de haut, & 8 à 9 pouces de largeur, à un des bouts duquel on perce un trou *m*, pour paſſer & arrêter la vis de la boîte de la plane *Fig.* 9, (qui repréſente le plan de cet Etabli,) un peu ſur le derriere & à une diſtance convenable, pour que la vis, ſervant à faire hauſſer cette derniere, ſoit hors de l'Etabli dont l'angle eſt arrondi, afin que la plane *q*, *Fig.* 7, puiſſe tourner au gré de l'Ouvrier, lequel eſt aſſis devant l'Etabli qu'il tient ferme en paſſant le pied ſur l'entre-toiſe du deſſous. Enſuite pour mettre la canne d'épaiſſeur, après avoir hauſſé la plane à la hauteur convenable, qui eſt environ un tiers de ligne ſur le fond, il prend un brin de canne de la main droite, & le fait paſſer entre la plane & le couteau, (le côté du vernis, qui eſt le devant de l'ouvrage, du côté de la plane,) en appuyant avec les doigts de la main gauche ſur la canne, & le plus près poſſible du taillant du couteau, afin qu'en la relevant elle ne ſoit pas coupée par ce dernier. On répete la même opération à diverſes repriſes, juſqu'à ce que la canne ſoit parfaitement d'épaiſſeur. On doit avoir ſoin, en mettant la canne d'épaiſſeur, de ſe garnir les deux premiers doigts de la main gauche, ou au moins un, avec un doigtier de cuir, lequel empêche les coupeaux de frotter ſur ce doigt, & par conſéquent de le couper. *Voyez la Fig.* 10, où la canne *n o* eſt repréſentée paſſant ſous le couteau, lequel, au point *g*, forme un coupeau *p*, qui, en ſe relevant, pourroit couper les doigts de la main gauche de l'Ouvrier, s'ils n'étoient pas garnis de doigtiers, ainſi que je viens de le recommander.

Après avoir mis la canne d'épaiſſeur, on la met de largeur, en la faiſant paſſer entre des lames de couteaux, leſquelles ſont placées verticalement dans un morceau de bois *r*, *Fig.* 7, lequel eſt à l'autre bout de l'Etabli, & y eſt arrêté en deſſous par le moyen d'une clef. Ces lames de couteaux ſont diſpoſées à une diſtance donnée par la largeur de la canne, & ſont un peu ouvertes par le haut,

afin

afin que la canne y entre plus aifément. *Voyez la Fig.* 2, qui repréfente le plan
de cet outil ; & celle 8, qui le repréfente en élévation.

Les outils dont je viens de faire la defcription, ne fervent que pour la pré-
paration de la canne ; refte à décrire ceux qui fervent à fon emploi, lefquels
font en très-petit nombre ; favoir :

Un Poinçon, *Fig.* 16, lequel fert à déboucher & aggrandir les trous lorfqu'ils
ont déja reçu deux ou trois brins de canne. La Figure 18 eft une Cheville pour
arrêter les premiers brins de canne dans les trous, en attendant qu'on y faffe
paffer les autres, & qu'on les y arrête tout-à-fait par une cheville à demeure.

La Figure 17 repréfente un outil nommé *Reprife*, lequel fert à tirer les brins
de canne au travers des mailles, lors de la derniere opération du Cannier.

Les Figures 19 & 20 ne font autre chofe que des brins de canne appellés
libertés, d'environ 3 lignes de largeur, qui fervent à élever & baiffer les brins
de canne pour faciliter le paffage d'une aiguille de même matiere, laquelle fert
à introduire la canne, comme je le dirai en fon lieu.

§. III. *De la maniere de garnir les Siéges de Canne ; & les diverfes opérations du Cannier.*

Lorsque les Siéges font préparés, ainfi que je viens de le dire, on les donne
au Cannier, lequel, après avoir préparé fa canne, commence la premiere opération, qu'il appelle *ourdir*, ce qu'on fait de la maniere fuivante :

On commence par prendre le milieu de la piece, *Fig.* 1, cote *A*, fur le plus
grand fens ; puis on arrête un brin de canne au trou du milieu, au point *a*, en y
faifant un nœud dont je donnerai la defcription ci-après ; enfuite on fait paffer la
canne en deffus du trou oppofé, au point *b*, laquelle, en paffant en deffous,
reffort au point *c*, & va rentrer à l'autre côté au point *d*, ce qui ne donne qu'une
travée de fils, qu'on double en faifant paffer la canne du point *d*, cote *B* (*),
en deffous de la piece, & la faifant repaffer par le premier trou *a*, au point *e* :
de-là on mene le filet de *e* à *f*, ce qui fait le premier filet doublé ; puis pour
doubler le fecond, on fait paffer le filet en deffous, & on le fait reffortir au
point *g* ; on le mene en deffus, ainfi que tous les autres, de *g* à *h* ; puis on
recommence l'opération de deux filets fimples, en faifant paffer la canne de *h* à *i*,
& la menant de *i* à *l*, puis en la faifant paffer (toujours en deffous) de ce point
au point *m*, duquel on la mene au point *n*, ce qui finit la feconde opération
fimple, qu'on double en faifant repaffer la canne de *n* à *o*, & la portant de *o* à *p* ;
puis en la faifant paffer de *p* à *q*, & la menant de *q* à *r*, ce qui finit la feconde
opération double : on fait la même chofe jufqu'à la fin ; puis on recommence l'autre

---

(*) On obfervera que j'ai fait d'abord l'opération des filets fimples du côté de la Figure 1,
cote *A* ; & qu'enfuite j'ai reporté cette opération
de l'autre côté *B*, que j'ai coté des mêmes

lettres, afin qu'on puiffe mieux reconnoître la
fuite de cette opération, qui auroit été trop
embrouillée fi je ne l'avois pas fait double.

Y y y y y y

moitié, & la piece est ourdie; à l'exception que quand elle est parfaitement quarrée, comme la *Fig.* 1, & que le dernier trou se trouve le premier d'une nouvelle opération, comme dans cette Figure, on ne peut point doubler le dernier filet avec le même, qu'on fait alors passer de *t* à *u*, où on l'arrête avec une cheville jusqu'à ce qu'on garnisse: on prend un autre brin de canne qu'on noue en dessous & qu'on fait passer au point *x*, duquel on le mene au point *y*, puis on le fait passer en dessous au point *z*, où on l'arrête avec une cheville. Il est à remarquer dans cette opération, que les cannes passent non-seulement deux fois par chaque trou, mais encore qu'elles passent différemment en dessous de l'un ou l'autre côté; parce que par en haut, c'est-à-dire, par où on commence, les filets passent simples dans tous les intervalles, au lieu qu'ils passent deux fois dans les intervalles du bas, dont ils laissent un vuide entre-deux, lesquels intervalles vuides j'ai marqués par une croix, pour faciliter l'intelligence de ce que je viens de dire à ce sujet, ce qui est facile à concevoir, pour peu qu'on veuille faire attention aux divers mouvements de la canne, lesquels sont cependant plus aisés à faire qu'à expliquer.

Avant de passer à la seconde opération du Cannier, je crois qu'il est nécessaire de donner la maniere de nouer la canne; ce qui est d'autant plus naturel, qu'on ne sauroit ourdir une même piece sans employer plusieurs brins de canne, & par conséquent sans les nouer, ce qui se fait de la maniere suivante.

Lorsqu'un brin de canne est fini, c'est-à-dire, qu'il n'est pas assez long pour faire une longueur entiere, on le fait entrer dans un trou *b*, *Fig.* 4, en dessus à l'ordinaire, & on le passe en dessous par le trou prochain; ensuite on prend un autre brin de canne *c*, qu'on fait passer par le trou *a*; puis dans l'espace qui est entre les deux trous & le premier brin de canne, on fait passer le bout *d* du second, qu'on reploie ensuite en dessus du premier & en dessous du second, c'est-à-dire, de lui-même; de sorte qu'en tirant le bout *c* de ce dernier, on serre le nœud. *Voyez les Fig.* 3 & 5, dont l'une représente deux brins de canne noués, vus en dessous; & l'autre ces mêmes brins pareillement noués, vus en dessus, c'est-à-dire, du côté qui touche au bois. Ces deux Figures sont cotées des mêmes lettres que la *Fig.* 4, afin de faciliter l'intelligence du discours.

Lorsqu'on noue les brins de canne, il faut faire attention si le brin qui finit n'excede pas de beaucoup ce qui est nécessaire pour le nouer, parce que le bout qui reste ne peut servir à rien, à moins qu'il n'ait 8 ou 10 pouces au moins de longueur; c'est pourquoi quand on s'apperçoit que ce qui reste a plus d'un pouce & moins de 8 ou 10, on fera très-bien de faire le nœud à l'autre bout du filet, dont le restant pourra servir à lier des parties plus courtes, où il pourra faire deux longueurs, ce qui épargnera la matiere dont on perd toujours assez.

La seconde opération du Cannier s'appelle *monter*, & se fait de la maniere suivante:

On prend une petite tringle de canne *C D*, *Fig.* 2, (nommée *liberté*

restante, parce qu'elle reste en place jusqu'à la fin de l'ouvrage ;) on la fait passer
entre les filets de canne déja ourdis, en observant de faire hausser l'un & baisser
l'autre ; ensuite on passe une autre liberté *E F*, en contre-sens de la premiere ;
puis des deux coins de la piece prête à monter, on fait passer deux brins de
canne, le premier *a b*, qu'on introduit dans une aiguille *G H*, laquelle le fait
passer entre tous les filets, selon qu'est disposée la liberté *E F* ; puis on ôte
cette derniere, & on fait passer l'autre brin de canne 1, 2, avec une autre
aiguille, ou la même, ce qui est égal, selon qu'est disposée la liberté restante ;
ensuite on remet la seconde liberté, & on fait passer les brins en dessous de
l'ouvrage ; savoir, le premier désigné par des lettres, de *b* à *c* ; & le second
désigné par des chiffres, de 2 à 3 ; puis on recommence l'opération en faisant
passer, par le moyen de l'aiguille, le premier brin de canne de *c* à *d*, & le second
de 3 à 4, en observant d'assurer les brins de canne avec une cheville, à chaque
fois qu'ils ont été passés dans les trous de dessus en dessous, afin que l'ouvrage se
maintienne ferme. Le reste de la monture se fait de même, ainsi qu'on peut le
voir dans cette Figure, où les lettres & les chiffres indiquent la route des brins
de canne, laquelle est facile à suivre, d'après ce que je viens de dire.

La troisieme & derniere opération du Cannier, est la garniture, laquelle
consiste à placer des filets de canne d'un tiers plus larges que les autres (*),
diagonalement aux précédents, ce qu'on fait de la maniere suivante.

On prend un filet de canne qu'on fait sortir par deux trous *a*, *b*, du milieu de
la piece, *Fig.* 6 ; puis on les dirige diagonalement, soit parallélement entr'eux,
comme ceux *a c* & *b d*, ou en s'écartant à angle droit, comme ceux *a e* & *b d*,
ou *c a*, *f g* & *e h*, ce qui est égal, lesquels brins se passent en dessous avec la
main gauche, & se retirent en dessus avec la droite, par le moyen de l'outil
nommé *reprise*, comme on peut le voir dans la *Fig.* 8, qui représente cette
opération, qu'on double de la même maniere, ainsi que le représente la *Fig.* 7,
où l'ouvrage est totalement fini.

En général, lorsqu'on fait les diverses opérations nécessaires pour garnir les
Siéges de canne, il faut avoir soin de bien tendre les brins à chaque fois qu'on
les passe, sur-tout aux derniers, qu'on doit arrêter avec de petites chevilles qu'on
feroit très-bien de coller pour qu'elles ne ressortent pas, & ne laissent par conséquent pas détendre la canne, comme il arrive souvent, lorsque les Canniers ne

(*) Quoique je dise qu'il faut que les brins
diagonaux soient plus larges que les autres, il ne
faut cependant pas que cette différence soit trop
considérable, ainsi que le font plusieurs Canniers, qui mettent, pour ourdir & pour monter,
des brins de canne d'une trop petite largeur, ce
qu'ils font pour épargner la matiere, & non pas,
comme ils disent, pour rendre l'ouvrage plus
parfait, perfection dont on doit toujours se
méfier, sur-tout lorsqu'elle est acquise aux dépens
de la solidité, & qu'elle n'a d'autre fondement
que l'avidité du gain & l'épargne de la matiere ;

défaut qui est très-commun, non-seulement dans
les ouvrages dont je parle, mais encore dans
toutes les especes de Meubles, qui n'ont, la
plupart, que l'apparence de solidité, & auxquels, sous le prétexte de la mode, on ne donne
de façon & de matiere, que la moitié de ce qui
leur seroit nécessaire : de-là tant de gens trom-
pés, si cependant il est possible de l'être, lorsqu'on ne paie, & même on ne veut payer les
choses qu'environ la moitié ou les trois quarts
de ce qu'elles vaudroient si elles étoient bonnes
& bien faites.

prennent pas cette précaution, laquelle eſt très-néceſſaire, & qu'ils négligent à preſque tous les doſſiers, dont ils ne chevillent que les extrémités qu'ils ne peuvent pas nouer, ce qui porte un grand dommage à l'ouvrage ; lequel devient lâche & ſe détruit aiſément.

Voilà à peu-près. tout ce qu'on peut dire touchant l'Art du Cannier, du moins pour le général, ce que j'en ai dit étant applicable à tous les cas, pour peu qu'on veuille y faire attention, tant pour les parties droites, qui ont ſervi à faire les démonſtrations des différentes opérations du Cannier, que pour les parties creuſes ou rondes, auxquelles les mêmes principes ſont applicables.

En général, les Siéges de canne ſont devenus fort à la mode en France, ſur-tout depuis 25 à 30 ans, & ſont d'un très-bon uſer, & beaucoup plus propres que ceux qui ſont garnis de paille ou de jonc, ſoit que les bâtis de ces derniers ſoient faits par les Menuiſiers, ce qui eſt très-rare à préſent, ou par les Tourneurs, qui ſont preſque les ſeuls qui font de ces ſortes de Siéges, qui ne ſont que pour les gens du commun, ou pour des appartements de peu de conſé-quence. Les Siéges garnis de canne ont auſſi l'avantage d'être beaucoup moins chers que ceux garnis d'étoffe, & moins ſujets à ſe tacher ; c'eſt pourquoi on en préfere l'uſage dans les ſalles à manger, & généralement dans tous les lieux humides.

CHAPITRE SIXIEME.

Deſcription de toutes ſortes de Fauteuils ; leurs formes, proportions & conſtruction.

L E Fauteuil dont je vais faire la deſcription, eſt un de ceux qu'on nomme *en Cabriolet*, à cauſe de la forme circulaire de ſon plan, différente de celle des Fauteuils à la Reine, laquelle eſt droite du côté du doſſier, ainſi qu'on a pu le voir lorſque j'ai fait la deſcription d'une Chaiſe à la Reine, *page 614 & ſuiv.*

J'ai choiſi cette forme, afin que dans la deſcription des Chaiſes & des Fauteuils, je ne ſois pas obligé de me répéter ; ce que j'ai dit des Chaiſes à la Reine pouvant s'appliquer aux Fauteuils de la premiere eſpece ; & ce que je vais dire des Fauteuils en cabriolet, pouvant de même s'appliquer aux Chaiſes de la ſeconde.

Les Fauteuils en cabriolet ſont les Siéges les plus à la mode à préſent, & en même temps ceux qui demandent le plus d'attention de la part de l'Ouvrier, ſur-tout par rapport à la conſtruction & au débit des bois du doſſier, lequel étant ſur un plan circulaire & évaſé, forme une partie de la ſurface d'un cône, ce que les Menuiſiers appellent *faire la hotte.*

Pour

Pour parvenir à faire de ces fortes de Fauteuils avec toute la perfection dont ils peuvent être fufceptibles, il faut d'abord commencer par fe rendre compte de la forme de leur plan, qui, pour l'ordinaire, eft en S par devant, & en demi-cercle, ou, pour mieux dire, en demi-ovale par derriere, ainfi que la *Fig.* 5 & la *Fig.* 8, qui repréfentent la moitié du plan *Fig.* 5, moitié plus grand que ce dernier, afin d'en rendre les opérations plus fenfibles.

Après avoir ainfi tracé ce plan *Fig.* 8, (la moitié pouvant être prife pour le tout,) à environ 15 pouces du devant du fiége, fur la ligne du milieu, *a b*, on éleve une perpendiculaire *c d*, à laquelle on donne 11 pouces de hauteur ; puis du point *d* au point *e*, qui eft le centre de la partie de cercle du derriere du fiége, on mene une ligne *e f*, qui repréfente le milieu du battant, aux deux côtés de laquelle ligne on trace la largeur du battant parallélement à cette derniere ; de forte que quel que foit l'évafement, ou, pour parler comme les Ouvriers, le renvers du doffier, la face du battant doit toujours fe préfenter perpendiculairement au cintre du fiége, dont le contour extérieur eft indiqué par les lignes *g*, *g*, *g*, & l'intérieur (du moins des traverfes) par celles *h*, *h*, *h* ; enfuite refte à tracer fur le plan la longueur des traverfes & leur évafement, ce qui ne peut être qu'après s'être rendu compte de la hauteur du doffier & de la forme de fes contours, qu'il faut d'abord tracer à part fur la furface développée du doffier, ce qui fe fait de la maniere fuivante :

L'évafement du doffier étant déterminé, comme de *a* à *b*, *Fig.* 5, de ces points on éleve deux perpendiculaires fur la ligne du milieu du fiége, lefquelles paralleles on prolonge indéfiniment hors de la Figure. Du point *e*, (qui eft le centre de l'arc du derriere du plan) on éleve pareillement une perpendiculaire parallele à ces dernieres, qu'on prolonge indéfiniment des deux côtés ; enfuite à une diftance quelconque, comme la *Fig.* 4, on éleve fur cette ligne les perpendiculaires *f h* & *g d*, dont la diftance *f g*, eft égale à la hauteur du doffier ; enfuite du point *d*, on fait paffer une ligne oblique par le point *h*, qu'on prolonge jufqu'à ce qu'elle rencontre la ligne *g f e i* au point *i*, (lequel fe trouve hors la Planche), duquel point comme centre, & des diftances *i f* & *i g*, on décrit les arcs de cercle *f m* & *g n*, *Fig.* 4 ; ce qui étant fait, on prend fur le plan *Fig.* 5, la diftance *a l*, qu'on porte, *Fig.* 4, de *f* en *o* ; duquel point & du point *i*, on fait paffer la ligne *o p*, qui alors eft le milieu du battant, qu'on trace enfuite à l'ordinaire, tant pour les cintres que pour la rencontre des traverfes, foit que ce cintré foit d'une forme ordinaire comme le côté *A*, fur lequel je viens de faire la démonftration, ou bien qu'il foit un ovale comme le côté *B*, cela eft indifférent ; à l'exception toutefois que le battant doit être plus large en dedans, comme je le dirai en fon lieu.

Le cintre du doffier étant ainfi tracé fur fon développement, on trace à part, *Fig.* 7, le battant de doffier, (lequel eft de la proportion du double que la *Fig.* 4, afin de répondre au plan *Fig.* 8,) qu'on prolonge jufqu'à la hauteur totale du doffier ; enfuite on porte fur le battant la rencontre de toutes les traverfes, tant du haut que du bas, à leur plus grande largeur, comme l'indiquent les points *a , b , c , d*, defquels points on abaiffe fur la ligne *i l*, autant de perpendiculaires dont les diftances fur cette ligne, fe reportent fur le plan *Fig.* 8; favoir, celle *i h, Fig.* 7, de 1 à 2 ; celle *i g*, de 1 à 3, ce qui donne l'évafement de la traverfe du bas ; celle *i f*, de 1 à 4 ; & celle *i e*, de 1 à 5 ; ce qui donne l'évafement de celle du haut, qu'on trace, ainfi que l'autre, par des arcs de cercles décrits du centre *e, Fig.* 8.

Le bas de ces battants n'a rien de différent des autres, dont j'ai déja parlé, fi ce n'eft que le pied de biche eft plus évafé en dehors, afin de donner plus d'affiette au fiége, ce que les Menuifiers nomment *arcboutage*, lequel doit être de 2 pouces au moins.

J'ai dit plus haut que les Fauteuils différoient des Chaifes, en ce que les premiers ont des accotoirs deftinés à appuyer les coudes de ceux qui font affis dedans. Ces accotoirs font compofés d'un bras *a, Fig.* 3, & d'une confole *b*, laquelle eft affemblée d'un bout dans la traverfe de côté du fiége, & de l'autre dans le bras, lequel s'affemble lui-même à tenon & mortaife dans le battant, avec lequel on doit avoir foin de le faire raccorder d'une maniere douce & gracieufe, ainfi que je l'ai obfervé aux *Fig.* 1, 2 & 3.

L'affemblage des bras avec les battants, fe fait quarrément ; mais je crois que malgré l'ufage, on feroit très-bien d'y faire une coupe, laquelle, en prévenant les inconvéniens des coupes quarrées dont j'ai parlé plus haut, rendroit l'ouvrage plus folide, en ce que la coupe du deffous foutiendroit le bras & l'empêcheroit de redefcendre en contre-bas.

Les bras de Fauteuils fe tracent en plan, ainfi que les traverfes de doffier, à l'exception qu'ils ne font évafés que du bout qui raccorde au battant, l'autre devant être perpendiculaire, ce qui lui donne une forme gauche, felon laquelle il faut le mettre d'équerre, ce que j'ai indiqué par des lignes ponctuées *m n* & *o p, Fig.* 7. Voyez auffi les *Fig.* 5 & 8, où ces bras font tracés en plan, ainfi que les confoles, dont je donnerai une defcription plus étendue ci-après, en parlant des différentes fortes de bras de Fauteuils & de leurs confoles.

Le Fauteuil dont je fais ici la defcription, eft difpofé pour recevoir un fiége de canne, comme on peut le voir *Fig.* 1, qui le repréfente vu de côté; celle *Fig.* 2, qui le repréfente vu de face, le côté *A* tout défaffemblé & prêt à chantourner, & l'autre côté *B* tout chantourné & affemblé, mais fans le fiége, qui ne s'y place que quand il eft garni de canne, parce que le tenon de la confole paffe au travers de ce dernier pour être chevillé dans la traverfe de ceinture.

Voyez auffi la *Fig.* 6, qui repréfente la traverfe de derriere du Fauteuil, qui reçoit le fiége tout en vie, comme je l'ai dit plus haut ; & la *Fig.* 8, où j'ai indiqué par des lignes ponctuées *i , i , i*, le dehors du chaffis du fiége, dont la

faillie fe termine aux deux battants, & dont l'intérieur indiqué par les lignes *l, l, l,*
vient en s'élargiſſant ſur le derriere, pour laiſſer du bois plein d'après le devant
du battant.

J'ai dit plus haut que les chaſſis de ſiéges s'aſſembloient en chapeaux par
devant ; cependant je crois que pour la propreté de l'ouvrage, il ſeroit beaucoup
mieux de les aſſembler d'onglet par devant, comme la ligne *l i*, & par derriere
lorſqu'ils ſont cintrés, comme dans cette occaſion, en enfourchement, à l'endroit de l'entaille des battants ou pieds. La hauteur des Fauteuils eſt à-peu-près
la même que celle des Chaiſes, excepté que le ſiége doit être un peu plus bas,
& par conſéquent le doſſier plus haut à proportion, ſur-tout quand ils ſeront
beaucoup évaſés.

Quant à leur largeur, elle doit être plus conſidérable que celle des Chaiſes,
vu qu'il faut que la perſonne qui eſt aſſiſe dedans, ſoit contenue commodément
avec ſes habits ; c'eſt pourquoi on donne de largeur de ſiége aux Fauteuils, depuis
22 juſqu'à 26 pouces, ſur 18 à 20 pouces de profondeur, du moins pour les
Fauteuils ordinaires, c'eſt-à-dire, d'appartement ; car pour ceux qui ſervent
particuliérement à une ſeule perſonne, il faut, ainſi que je l'ai dit plus haut,
conſulter là-deſſus ſon goût & ſes beſoins.

La groſſeur & le débit des bois des Fauteuils ordinaires, n'ont rien de différent de ceux des Chaiſes, ſi ce n'eſt que dans le cas des cabriolets, les traverſes
des doſſiers doivent être refendues ſelon leur inclinaiſon, ou, pour mieux dire,
leur évaſement, ce qu'on peut faire en les traçant deſſus & deſſous avec des
calibres, dont on aura le cintre ſur le plan, & en les reculant de ce qu'il eſt
néceſſaire ; de plus, on pourra, ſans aucune eſpece de perte, prendre l'une
derriere l'autre la traverſe du haut & du bas, ce qu'il eſt très-facile de faire, vu
qu'elles ſont de différents cintres, de ſorte que le dehors de l'une peut faire le
dedans de l'autre, du moins à peu de choſe près.

Voilà à peu-près le détail d'un Fauteuil, (& par conſéquent d'une Chaiſe à
cabriolet,) d'après lequel on pourra conſtruire toutes ſortes de Siéges, de
telle forme qu'ils puiſſent être, vu que la méthode que je viens de donner
pour la conſtruction & la maniere de tracer ceux-ci, eſt applicable à tous, à
quelques différences près ; ce qui a fait que je me ſuis fort étendu ſur la maniere
de tracer, tant le plan que l'élévation, de ces ſortes de Siéges, afin d'être à la
portée du plus grand nombre, lequel ne m'auroit pas ſi bien entendu ſi j'euſſe dit
ſimplement, comme il ſembloit tout naturel, que le développement des doſſiers
des Siéges en cabriolet, n'étoit qu'une partie de la ſurface d'un cône tronqué,
dont l'inclinaiſon eſt donnée par celle du doſſier, & prolongée juſqu'à ce qu'elle
rencontre le centre du ſiége repréſentant l'axe du cône, ce qui en détermine le
ſommet, & par conſéquent le centre de ſon développement ; mais cette ſimpli-
cité ſuppoſeroit dans mes Lecteurs, (du moins les Menuiſiers ordinaires) des
connoiſſances qu'ils ne peuvent ou ne veulent pas acquérir, quoique j'en aie

PLANCHE
231.

donné des principes élémentaires dans la seconde Partie de cet Ouvrage, au commencement de l'Art du Trait ; c'est pourquoi j'ai cru nécessaire, pour être à la portée de tous, de faire toutes les démonstrations qui m'ont paru convenables pour épargner le temps de ceux qui n'auroient pas celui d'acquérir d'autre connoissance que celle de la pratique, laquelle, pour peu qu'elle soit raisonnée, est à peu-près suffisante dans la partie dont je traite (*).

De plus, les Menuisiers en Chaises ne prennent pas toutes les précautions que je recommande ici, pour tracer soit le plan ou l'élévation de leurs ouvrages, qu'ils ne font que refendre le plus juste possible, & qu'ils assemblent sans les corroyer, pour les chantourner ensuite après avoir été assemblés, en quoi ils font fort mal ; mais enfin c'est leur coutume, & ils ne s'en déferont pas aisément.

PLANCHE
232.

La commodité est ce qu'on doit le plus rechercher lorsqu'on détermine la forme des bras des Fauteuils, ou de tous autres Siéges où l'on fait usage de ces derniers ; c'est pourquoi avant de rien arrêter, tant pour leur forme que pour la hauteur des consoles qui les soutiennent, il faut d'abord se rendre compte de la maniere dont le Siége sera garni, de sa hauteur, de la forme de son plan, & de la plus ou moins grande inclinaison de son dossier, afin que de quelque maniere qu'il soit disposé, la personne qui est assise dedans ait les bras commodément appuyés dessus les bras ou accoudoirs, dont le dessus doit être un peu creux, & baisser sur le devant d'environ un demi-pouce, comme je l'ai observé aux *Fig.* 1 & 3, où cette inégalité de hauteur est indiquée par des lignes *a b* & *c d*.

La longueur des bras des Fauteuils ordinaires, doit être d'environ un pied ; c'est pourquoi à ceux qui sont cintrés en plan, il faut diminuer cette longueur de ce que le dossier a de creux, comme je l'ai observé à la *Fig.* 1, laquelle représente un bras de Fauteuil en cabriolet, dont le plan est représenté *Fig.* 4. La grosseur des bras de Fauteuils varie depuis un pouce jusqu'à un pouce & demi ou même deux pouces, selon qu'ils sont ornés & garnis d'étoffe, ce qui se fait de deux manieres différentes ; savoir, des garnitures adhérentes aux bras, que les Tapissiers nomment *Manchettes*, *Fig.* 3, & celle de rapport, *Fig.* 5

(*) Ce que j'avance ici semble être une contradiction de ce que j'ai dit jusqu'à présent dans toute la suite de cet Ouvrage, où j'ai toujours recommandé la connoissance, du moins élémentaire, de toutes les Sciences qui peuvent concourir à former ou à perfectionner la théorie des Ouvriers, comme étant essentiellement nécessaire ; ce qui, en général, est très-vrai pour toutes les especes de Menuiseries, sur-tout pour celle d'assemblage & pour celle des Voitures, lesquelles Menuiseries étant composées de parties courbes & gauches, avec bâtis & panneaux, ont besoin, pour être traitées avec succès, de toutes les ressources d'une théorie lumineuse, & fondée sur des principes aussi constants que ceux de la Géométrie & de la Stéréotomie. Mais comme la Menuiserie dont

il est ici question n'a point de panneaux, n'ayant que des bâtis d'une très-médiocre largeur & épaisseur, on peut ne pas exiger à la rigueur, des Ouvriers qui travaillent à cette partie de la Menuiserie, les mêmes connoissances que pour les autres parties ; quoique s'ils les acquéroient, ils ne feroient que très-bien ; une théorie raisonnée étant toujours préférable à la pratique la plus consommée, qui n'a souvent que la coutume pour guide : c'est pourquoi malgré ce que je dis ici, je ne cesserai jamais d'exhorter les jeunes gens de travailler à acquérir des connoissances, lesquelles, en joignant l'agréable à l'utile, les mettent dans le cas de perfectionner leurs ouvrages, & d'en accélérer l'exécution, ce qui est un double avantage.

& 6,

Planche 232.

& 6, qui font néceffaires aux fiéges à chaffis, afin de pouvoir changer la garniture des bras, ainfi que celle des fiéges & des doffiers. Dans le premier cas, le Menuifier, ou pour mieux dire, le Sculpteur réferve au milieu du bras un efpace d'environ 6 pouces de longueur au moins, chantourné en creux comme celui *e f g*, *Fig.* 3, autour duquel on fait régner un membre des moulures du bras, & qu'on ravale enfuite pour que la garniture, qu'on attache deffus laiffe à cette moulure une faillie fuffifante, & que les clous ne la débordent pas, ainfi que je l'ai expliqué en parlant de la maniere de difpofer les Siéges pour recevoir les garnitures d'étoffes. *page* 622.

Quand les garnitures des bras fe levent, on prépare les bras de la même maniere que ci-deffus, à l'exception que quand ils font ainfi préparés, on refend le dedans du bras fuivant le contour de la moulure, afin de le garnir féparément, & de pouvoir changer la garniture d'étoffe quand on le juge à propos, ce qui eft fort aifé à faire, cette derniere n'étant que coufue en deffous. *Voyez les Fig.* 5, 6 & 8. Cet accoudoir de rapport s'arrête dans le bras par le moyen d'un goujon de fer *h*, *Fig.* 5, dont le bout, qui eft taraudé, paffe au travers du bras fous lequel il eft arrêté par le moyen d'un écrou qu'on enterre dans l'épaiffeur du bras, afin qu'il ne foit apparent en aucune maniere; & on met aux deux extré-mités de l'accotoir deux petites chevilles *i, i*, lefquelles entrent dans le bras, & par conféquent empêchent l'accotoir de fe déranger; quelquefois on fait dans le deffus du bras un ravalement d'environ 3 lignes de profondeur, & d'une largeur convenable, pour que l'accotoir entre dedans, avec fa garniture, le plus jufte poffible, ce qui fait très-bien, parce qu'alors on ne voit point de joint entre cette derniere & le bras, & que l'accotoir eft arrêté très-folidement, fans qu'il foit néceffaire d'y mettre de petites chevilles aux deux bouts. *Voyez la Fig.* 8, où j'ai obfervé ce ravalement.

De telle forme que foit le plan des Fauteuils, il eft toujours néceffaire que leurs bras foient évafés & retournent en dehors par le bout, ce qui fait qu'ils ne font prefque jamais droits fur le plan, mais plutôt d'une forme creufe, comme la *Fig.* 4, (dont le plan du fiége eft indiqué par la ligne *l m*), ou bien en S par le bout qui s'affemble dans le doffier, comme la *Fig.* 8, qui repréfente le deffus d'un bras de Fauteuil à la Reine, dont le plan eft pareillement indiqué par la ligne *n o p*.

La hauteur des bras de Fauteuils doit être de 9 pouces au plus haut du deffus du fiége, quand ce dernier eft garni de canne comme la *Fig.* 1; & quand ils font garnis d'étoffe, cette hauteur doit être de 11 pouces, pour regagner la hauteur ou, pour mieux dire, l'épaiffeur de la garniture.

Les confoles qui foutiennent les bras, font cintrées en S fur les deux fens, comme aux *Fig.* 1 & 2; & on doit obferver de ne jamais déterminer leur cintre de face, fans auparavant avoir tracé le plan du fiége & du bras, comme je l'ai fait ici, afin d'avoir au jufte l'écart de la confole, laquelle doit être gauche fur la longueur, afin de regagner l'évafement du bras, lequel eft tracé fur le plan *Fig.* 4; cependant les Menuifiers les chantournent d'équerre à l'ordinaire, & laiffent aux Sculpteurs le foin de leur donner la forme qu'ils jugent à propos, ce qu'ils font affez adroitement.

Les confoles s'affemblent à tenon tant dans les bras que dans les traverfes des fiéges; & on obferve, à ceux qui font garnis de canne, de faire les tenons du bas d'une longueur fuffifante pour paffer au travers du deffus du fiége, & venir s'affembler dans la traverfe de ceinture avec laquelle ils font chevillés. *Voyez les Fig.* 1 & 2, où j'ai indiqué par des lignes *q r* & *s t*, l'épaiffeur du chaffis du Siége deftiné à être garni de canne. Quand les Siéges font garnis d'étoffe & que cette derniere eft attachée deffus, le bas des confoles s'affemble toujours dans les traverfes de ceinture, & on y obferve fur la face *Fig.* 7, un ravalement d'une forme circulaire d'environ 2 pouces de hauteur en dedans, afin de recevoir la garniture qui vient s'attacher deffus, & qui retourne quelquefois par le côté d'environ un pouce de hauteur; la profondeur de ce ravalement doit être égale à celle des accoudoirs, c'eft-à-dire, qu'il faut qu'ils puiffent contenir l'épaiffeur de la garniture & des clous, pour que ces derniers n'excedent pas les moulures ou les ornements du bas de la confole.

Aux Fauteuils à chaffis, on ne fait point de ravalement au bas des confoles; mais on obferve feulement de laiffer liffe la place de ces derniers, ce qui eft tout naturel, puifque la faillie de la garniture de rapport cacheroit les ornements qu'on pourroit y faire.

Il y a des Fauteuils nommés *Bidets*, auxquels le pied de devant & la confole de l'accotoir font d'une même piece, ce qui ne fouffre aucune difficulté, tant pour la décoration que pour la conftruction; fi ce n'eft que les Fauteuils où l'on fait ufage de ces fortes de pieds, font moins profonds que les autres, ou bien font beaucoup cintrés en plan par devant, ce qui oblige alors à y mettre un pied au milieu pour foutenir le devant de la traverfe, ainfi qu'on le pratique aux Siéges de cabinets, dont je ferai la defcription ci-après. *Voyez la Fig.* 10, qui repréfente un pied de Bidet avec une partie de fon accotoir.

Je ne m'étendrai pas davantage touchant la forme des accoudoirs & de leurs confoles, vu qu'abftraction faite de leur longueur & hauteur, on peut en varier les ornements, & par conféquent la forme & la groffeur, que je n'ai donnée aux Figures ci-deffus que comme la plus ordinaire, & qui peut fervir à tous autres bras de Fauteuils de quelque forme qu'ils foient, du moins tant qu'ils ne s'écarteront pas de celle qui leur eft la plus ordinaire; car pour ceux qui fervent aux malades, qu'on nomme *Confeffionnaux* ou *Fauteuils à joues*, & les Bergeres ou Chaifes longues, les accotoirs font d'une forme différente, comme on le verra ci-après.

Les Fauteuils de malades, repréfentés *Fig.* 8, n'ont rien de particulier pour ce qui eft de leur décoration, vu qu'ils font tout-à-fait garnis d'étoffe, tant en dedans qu'en dehors; les accotoirs de ces Fauteuils montent des deux côtés, &

forment ce qu'on appelle des *joues*, fur lefquelles on peut s'appuyer la tête, de maniere toutefois que les bras puiffent auffi être commodément appuyés ; c'eft pourquoi il faut avoir attention que les joues foient bien creufes à l'endroit des coudes, afin de ne point gêner le malade. Le doffier de ces Fauteuils doit avoir environ 2 pieds & demi de hauteur, pour que la tête puiffe s'appuyer deffus ; & il eft bon de lui donner un peu plus de pente qu'aux Fauteuils ordinaires, pour que les reins de la perfonne affife portent deffus, ce qui la foulage beaucoup. Il y a de ces Fauteuils dont le doffier eft mobile du deffus du fiége, ce qui eft fort avantageux, parce qu'alors on leur donne la pente qu'on juge à propos, felon que l'exige l'état du malade, lequel alors peut y repofer, & même y dormir à fon aife.

Lorfque les doffiers font mobiles, on les ferre avec des charnieres qu'on attache au fiége, & on les retient en place avec deux branches de fer, taillées en forme de cremaillée, lefquelles font attachées avec le doffier, & viennent s'accrocher à des efpeces de boutons ou clous placés aux deux côtés ; de maniere que pour augmenter ou diminuer la pente du doffier, on fait avancer ou reculer les cremaillées, ce qui eft fort aifé à concevoir. Cette maniere de faire mouvoir les doffiers des Fauteuils eft la plus ufitée ; cependant comme elle fuppofe de la force pour le faire, elle devient incommode pour des malades qui auroient peine à le faire eux-mêmes fans beaucoup fe fatiguer, ou même s'expofer à laiffer échapper le doffier tout-à-fait ; c'eft pourquoi je crois qu'il feroit néceffaire que le mouvement de ce doffier pût fe faire par le moyen d'un rouage placé dans l'épaiffeur de l'accotoir, lequel feroit très-facile à faire mouvoir, & retiendroit le doffier à telle inclinaifon qu'on le jugeroit à propos, fans avoir befoin de beaucoup de force, de maniere qu'un malade pourroit le faire mouvoir lui-même, ce qui feroit d'un très-grand avantage.

Lorfque les doffiers font mobiles, ils forment un chaffis à part, qu'on fait entrer à feuillure dans les pieds de derriere, qui montent toujours de fond, & dans lefquels font affemblées les joues, ainfi qu'à la *Fig*. 8. *Voyez la Fig*. 12 ; où j'ai tracé à moitié de leur grandeur, le battant de doffier *A*, & celui de côté *B*, dans lequel eft une feuillure deftinée à recevoir ce dernier avec fa garniture.

Le fiége de ces Fauteuils n'a rien de différent des autres, fi ce n'eft que quelquefois ces Fauteuils fervent de Chaifes de commodité, comme je l'ai obfervé *Fig*. 8 & 11 ; dans ce cas on y fait un deffus plein, dans lequel on perce un trou rond ou lunette *C*, de 8 à 9 pouces de diametre, à environ 6 pouces du devant, qu'on remplit par un couvercle qui y affleure, afin qu'il ne nuife pas au couffin qu'on met deffus le fiége du Fauteuil à l'ordinaire, & qu'on ôte lorfqu'on veut faire ufage de la Chaife percée ; on met pareillement un fond au bas de ce Fauteuil pour porter un feau de fayence qu'on retire par derriere ou par les côtés, felon qu'on le juge à propos.

On a auffi la coutume de mettre des roulettes fous les pieds de ces Fauteuils, afin de pouvoir les mouvoir plus aifément fans fatiguer les malades, ce qui ne change rien à leur conftruction, fi ce n'eft qu'on eft obligé de les faire de 2 pouces à 2 pouces & demi plus bas qu'à l'ordinaire, pour que cette hauteur, qui eft celle des roulettes, n'augmente pas celle du fiége, laquelle ne doit être que d'un pied au plus; quant à fa largeur, elle doit être d'environ 2 pieds, fur 20 à 22 ou même 24 pouces de profondeur; la hauteur de leurs accotoirs doit toujours être de 10 à 11 pouces; la faillie de leurs joues doit être de 10 pouces au plus large en dehors, & de 6 à 7 pouces au plus étroit.

La conftruction de ces Fauteuils n'a rien de particulier; il fuffit qu'ils foient affemblés folidement; & on doit éviter d'y mettre de trop gros bois, de crainte de les rendre trop lourds; c'eft pourquoi 10 lignes d'épaiffeur feront fuffifantes pour leurs bâtis, excepté les traverfes de ceinture, qu'on pourra faire plus épaiffes, & les pieds, qui doivent avoir environ 2 pouces de gros par le bas, & qu'on évuide au-deffus de l'appui. *Voyez les Fig.* 8 & 11.

Les Bergeres ou Chaifes longues different des Fauteuils ordinaires, par la grandeur du fiége, qui a quelquefois 2 pieds de largeur, fur 20 à 22 pouces de profondeur, & par les accotoirs, qui non-feulement font tout-à-fait garnis d'étoffe en deffous, comme ceux dont je viens de parler, mais encore font quelquefois cintrés en adouciffant jufqu'environ les deux tiers de la hauteur du doffier, ainfi que la *Fig.* 9.

Dans ce cas la moulure du doffier regne au pourtour de l'accotoir, & on obferve d'y laiffer du bois en dedans pour porter la garniture; on prend la même attention pour le deffus de l'accotoir, qui, dans ce cas, doit être garni d'un pied de long au moins. Ces efpeces de Siéges font quelquefois très-riches, tant pour les ornements que pour les formes de leur fiége & de leur doffier; cependant comme ils fervent quelquefois de Ducheffes, en y ajoutant un ou deux bouts fur la longueur, on les fait quarrés par leur plan, afin qu'ils fe raccordent plus aifément. En général, la conftruction de ces Siéges n'a rien de particulier, ce que j'ai dit jufqu'à préfent, en parlant des Chaifes & des Fauteuils, pouvant s'appliquer à tous les Siéges.

Quant à la décoration des Bergeres, elle peut être plus ou moins riche, felon qu'on le jugera à propos, n'y ayant rien de fixe à ce fujet; c'eft pourquoi je me contente de donner ici le détail de leurs formes, qui eft la feule différence fenfible qu'il y ait de ces Siéges aux Fauteuils ordinaires, dont, au fond, ils ne font guere différents que par la grandeur & le peu de hauteur de leur fiége, qui n'a quelquefois que 9 à 10 pouces, & la pente de leur doffier, qu'on fait plus incliné qu'à l'ordinaire.

Il y a encore des efpeces de Fauteuils nommés *Bergeres*, qui ne different des Fauteuils ordinaires que par la hauteur de leur doffier, qui n'a guere que 12 à 13 pouces au plus, & par la largeur de leur fiége, qui a quelquefois 30 pouces de largeur. Ces fortes de Bergeres ou Fauteuils, fe placent dans les Salles de
compagnie,

compagnie , & ne servent qu'aux Dames , dont l'ajustement exige cette forme pour n'être point trop froissé , & pour qu'elles soient assises commodément.

J'ai dit plus haut qu'on nommoit quelquefois *Chaises longues* , les Siéges dont je viens de parler , c'est-à-dire , les Bergeres ; cependant ce nom ne leur est propre que quand leur siége a assez de profondeur pour , qu'étant assis dedans , les jambes portent tout en entier sur le siége , lequel alors doit avoir depuis 3 pieds & demi de longueur , jusqu'à 5 pieds , ce qui ne change rien à leur décoration ni à leur construction , si ce n'est que l'on est obligé de mettre une barre à queue entre les traverses de ceinture , pour en retenir l'écart , ce qui est très-peu de chose , comme je le dirai ci-après.

Les Chaises longues prennent le nom de *Duchesses* , lorsque leur siége passe 5 pieds de longueur , & qu'on y fait à l'autre bout une espece de petit dossier de 12 à 15 pouces de hauteur.

Il est encore des Siéges dont les accotoirs different de ceux dont je viens de faire la description , en ce que la traverse de dossier se continue jusqu'aux accotoirs , de maniere que le dossier semble être continué tout autour du siége. Ces

sortes de Siéges se nomment *Fauteuils de Cabinet* , & different de ceux dont je viens de parler , non-seulement par les accotoirs , mais encore par la forme de leur plan , lequel forme un angle arrondi en saillie par devant , ce qui est très-commode pour ceux qui sont obligés d'être assis long-temps & penchés en devant , comme le sont tous ceux qui écrivent , parce qu'alors les cuisses , qui , en cette occasion se trouvent écartées , portent également par-tout , & ne sont pas blessées extérieurement par le devant de la traverse de ceinture , laquelle étant creusée , laisse toute la portée du corps sur le devant du siége , & par consé-quent sur l'intérieur des cuisses , qui étant la partie la plus charnue , résiste mieux à la fatigue , comme je l'ai déja dit en parlant des Chaises à la Reine.

Les Fauteuils de Cabinet sont de l'espece de ceux qu'on appelle *Bidets* , parce que les pieds de devant & les consoles des accotoirs tiennent ensemble , ce qui est d'autant plus naturel que le cintre de la traverse de devant diminue de beaucoup la profondeur du siége à l'endroit des pieds , dont la saillie doit être d'environ 6 pouces pris du devant de ces derniers. *Voyez la Fig.* 3 , qui repré-sente le plan du Fauteuil dont je fais la description ; & celle 4 , qui représente ce même Fauteuil vu en dessus.

Le cintre des traverses du devant de ces Siéges est d'une forme en S ; & pour plus de solidité , on les fait ordinairement de deux pieces , qu'on assemble à tenon & à mortaise dans un pied qui est placé au milieu du devant du Fauteuil , lequel est nécessaire pour soutenir le devers de la traverse du devant du siége , soit qu'elle soit d'une piece ou de deux , ce qui est la meilleure maniere pour éviter le bois tranché , comme je l'ai observé à la *Fig.* 1 , qui représente l'élévation d'un Fauteuil de Cabinet vu de face ; & à la *Fig.* 2 , qui représente ce même Fauteuil vu de côté. Les Fauteuils de Cabinets n'ont ordinairement que quatre pieds ; savoir, les deux de côté, celui de devant & un derriere, opposé à ce dernier, dans lequel viennent s'assembler les traverses de ceinture & les accotoirs, lesquels forment dossier ; quelquefois on y met deux pieds par derriere, comme aux Fauteuils ordinaires, ce qui fait très-bien, mais en même temps devient plus difficile à faire, parce que les dossiers de ces Fauteuils ne sont évasés que sur un sens, c'est-à-dire, sur le derriere, & représentent la moitié d'un cylindre incliné, ce qui change nécessairement le plan des battants, leur donne du gauche, & les oblige d'être cintrés sur la hauteur, ce que je vais expliquer.

Pour bien entendre cette difficulté, il faut supposer, comme je l'ai fait ici *Fig.* 3, que le dossier est égal de hauteur au pourtour ; alors il est aisé de voir que le demi-cercle *a b c*, ne peut être parallele à celui *d e f*, (qui est le nud du siége) que sur la ligne des centres *b e g h* ; d'où il suit qu'il faut nécessairement que les battants, qui ne se trouvent pas sur cette ligne, soient gauches, à moins qu'on ne leur fasse suivre l'inclinaison du dossier, indiquée par les lignes ×, × ; ce qui est impossible, puisqu'il faut nécessairement que les battants soient disposés perpendiculairement au pourtour du siége, & que par conséquent la direction de leur milieu tende à son centre *h*, *Fig.* 3 ; de sorte que la ligne *i l*, qui tend au centre *h*, ne peut être perpendiculaire à l'arc de cercle *b c*, dont le centre *g* se trouvant plus élevé, donne, sur l'épaisseur du battant, le gauche exprimé par la ligne *m i*, ce qui donne en même temps le hors d'équerre *m n*, lorsqu'on ne gauchit pas le battant selon qu'il est nécessaire.

Pour ce qui est de la maniere de déterminer ce gauche sur la largeur du battant, elle est très-aisée, puisqu'après avoir déterminé la largeur du battant, il ne faut qu'élever, au plus haut point de ce dernier, une ligne perpendiculaire *o p*, à un rayon mené de ce point au centre qui y répond, laquelle ligne n'étant point parallele à celle *q r*, donne le gauche demandé.

Les battants de dossier ainsi disposés, ne peuvent être droits sur la hauteur ; mais ils creusent & forment une portion d'ellipse très-allongée, qui se trouve de la maniere suivante :

On divise la distance qui se trouve entre les deux centres *g*, *h*, en autant de parties égales qu'on le juge à propos, comme les points *u* & *x*, desquels points & d'une ouverture de compas égale à la distance *h e* ou *g b*, on fait sur la ligne *li*, dont on veut avoir la courbure, les deux sections *s*, *t* ; ensuite on trace à part, *Fig.* 7, une ligne perpendiculaire, dont la hauteur *A B* doit être égale à celle du battant pris perpendiculairement du dessus du siége ; puis on divise cette ligne en pareil nombre de parties égales que la distance *g h*, *Fig.* 3, aux points *C*, *D*, auxquels points on éleve autant de perpendiculaires ; ce qui étant fait, on prend, *Fig.* 3, la distance *l s*, qu'on porte de *C* à 1, *Fig.* 7 ; celle *l t*, de *D* à 2 ; & celle *l i*, de *B* à 3 ; & par les points *A*, 1, 2 & 3, on fait passer une ligne courbe qui est le cintre demandé, lequel change à mesure que la ligne *i l* change de place.

Ce cintre est très-peu de chose, & doit même se compter pour rien, quand les dossiers sont totalement garnis d'étoffe ; cependant il est bon d'y faire attention, sur-tout quand ils sont apparents & ornés de moulures, parce qu'alors ils feroient un très-mauvais effet s'ils n'étoient pas cintrés sur la hauteur & qu'ils ne fussent pas dégauchis suivant leurs différents plans, comme je viens de l'expliquer.

Les accotoirs des Fauteuils de cabinet & leur dossier tiennent ensemble, comme je l'ai dit plus haut, & sont composés de deux ou de trois pieces, selon qu'il y a deux ou un seul pied au dossier. Ces accotoirs s'assemblent à l'ordinaire dans les consoles, & à tenon & mortaise dans les battants, lesquels sont alors partie du dossier ; d'où il résulte deux inconvénients considérables pour la propreté & pour la solidité de l'ouvrage ; parce que quand les battants sont ainsi partie des traverses de dossiers, & que ces derniers viennent à se retirer, ce qui arrive presque toujours, le bois de bout des battants, qui ne se retire pas, desaffleure les traverses, ce qui fait un très-mauvais effet, auquel on ne peut remédier qu'en retouchant sur le bois de bout, dont alors il faut arracher la peinture ou la dorure, ce qui est fort disgracieux, sur-tout quand les meubles sont de quelque conséquence.

Le second inconvénient consiste dans le peu de solidité que peuvent avoir les assemblages de deux traverses dans un battant de 2 pouces de large au plus, lesquels, lorsque les Siéges sont totalement garnis d'étoffe, tant en dedans qu'en dehors, doivent être ravalés des deux côtés de la saillie des moulures, ce qui diminue considérablement de la largeur du tenon des traverses ; c'est pourquoi je crois que malgré l'usage on feroit très-bien de construire les traverses (tant des Fauteuils dont je parle, que de tous autres Siéges, comme les Sofas, les Veilleuses, &c.) d'une seule piece, ou, pour mieux dire, de plusieurs pieces assemblées à traits de Jupiter, ce qui rendroit l'ouvrage beaucoup plus solide, sans le rendre pour cela plus sujet, du moins autant que l'Ouvrier seroit assez intelligent pour le bien faire, ce qui est un peu rare parmi les Menuisiers en Chaises. En faisant ainsi les traverses des Fauteuils dont je parle, l'ouvrage seroit beaucoup plus propre, & on y assembleroit les battants en chapeaux, ce qui ne souffriroit d'autre difficulté que de gêner pour placer les joints des traits de Jupiter, qu'il faudroit éloigner des assemblages des battants, & qui obligeroit de faire les différentes pieces qui composeroient ces traverses, d'une longueur inégale, ce qui est très-peu de chose, proportion gardée avec le bien qui résulte de la méthode que je propose ici.

Quant à la forme du cintre du dossier du Fauteuil dont je fais ici la description, celle qui est représentée ici, *Fig.* 1 & 2, est la plus usitée ; cependant comme ces élévations, tant de face que de côté, ne sont que géométrales, elles ne sont pas suffisantes pour déterminer au juste la forme qu'on doit donner à ces sortes de Siéges, ni à tout autre d'une forme cintrée en plan ; c'est pourquoi lorsqu'on voudra le faire avec quelque sûreté, il faudra, ainsi que je l'ai fait ici,

Fig. 6, tracer à part la surface développée du dossier, sur laquelle on trace le contour qu'on juge à propos de leur donner, d'après quoi on trace les élévations géométrales, comme je vais l'expliquer.

J'ai donné plus haut la maniere de tracer la surface développée du dossier des Fauteuils en cabriolet ; celle des Fauteuils dont il est ici question, quoique d'une forme à peu-près semblable par leur plan, se trace d'une autre maniere, vu la forme de leur évasement, lequel n'est ordinairement que d'un sens & tout sur le derriere (*), & se réduit à rien sur les côtés.

Pour parvenir à faire le développement de la surface intérieure d'un dossier disposé comme celui du Fauteuil représenté dans cette Planche, on commence à diviser la moitié de son plan en un nombre de parties égales, en commençant au point *d*, *Fig. 3*, jusqu'à celui *e*, comme l'indiquent les points 1, 2 & 3, desquels points on abaisse autant de perpendiculaires sur la ligne des centres ou du milieu *e h*; ensuite on trace à part *Fig. 5*, la ligne horisontale *a b*, dont la longueur doit être égale à la distance *e h*, *Fig. 3*; puis au point *b* on éleve une perpendiculaire à la ligne *a b*, dont la hauteur *b e* doit être égale à celle du dossier prise perpendiculairement ; & par le point *e*, on mene une autre ligne parallele à celle *a b*, dont la longueur doit être égale à la distance *h b*, *Fig. 3*; ce qui étant fait, on prend sur la ligne *e h*, *Fig. 3*, la distance *e γ*, qu'on porte, *Fig. 5*, de *d* à *e*, & de *a* à *i*; celle *e ζ*, de *d* à *f*, & de *a* à *l*; celle *e &*, de *d* à *g*, & de *a* à *m*; & celle *e h*, de *d* à *h*, & de *a* à *b*, qui est déja donnée ; puis par les points *e i*, *f l*, *g m* & *h b*, on mene des lignes inclinées paralleles entr'elles, lesquelles représentent en élévation celles du plan cotées *y* 3, *ζ* 2 & *&* 1.

Cette opération étant faite, on trace à part, *Fig. 6*, la ligne horisontale *A B*, au milieu de laquelle on éleve une ligne perpendiculaire *C D*, qui doit être le milieu de la surface développée ; ensuite on prend sur le plan, *Fig. 3*, la largeur d'une des divisions, comme par exemple, celle *e* 3, qu'on porte sur la *Fig. 6*, de chaque côté de la ligne *C D*, en pareil nombre que sur le plan; & par les points *E*, *F*, *G*, *H*, on éleve autant de lignes perpendiculaires paralleles à celle *C D* ; puis après avoir tracé, *Fig. 5*, du point *a*, une ligne *a n*, perpendiculaire à celle *a d*, on prend sur cette ligne la distance *o i*, qu'on porte de *H* à *u*, *Fig. 6*; celle *p l*, de *G* à *t*; celle *q m*, de *F* à *s*; & celle *r b*, de *E* à *r*; puis on fait chacune des perpendiculaires de la *Fig. 6*, égale à la ligne *a d*, *Fig. 5*, ce qui donne le développement de la moitié de la surface demandée, du moins pour la partie circulaire, (dont l'autre côté se trace de la même maniere ;) ce qui étant fait, on prend la distance *h c*, *Fig. 5*, qu'on porte de *L* à *I*, *Fig. 6*; & on fait la ligne *r I*, égale à celle *b c*, ce qui donne le

(*) Il n'est pas absolument vrai que tous les Fauteuils dont je parle n'aient pas d'évasement par les côtés; je n'ai donc fait choix de cette forme, qui est celle du cylindre oblique, que pour avoir occasion de décrire toutes les formes dont les développements des surfaces des dossiers de Siéges sont susceptibles, comme les cônes droits dont j'ai déja parlé, les cylindres obliques, dont il est ici question, & les cônes obliques, dont je parlerai ci-après, ce que je continuerai de démontrer méchaniquement, sans faire mention du rapport que ces démonstrations ont avec la Stéréotomie, pour les raisons que j'ai données plus haut, en faisant la description d'un Fauteuil en cabriolet, *page* 637.

commencement

commencement de la partie droite du plan, laquelle lui eſt perpendiculaire, comme l'indique la ligne *r x*, *Fig. 6.*

La ſurface du doſſier étant ainſi développée, on y trace le cintre comme on le juge à propos, en obſervant que les accoudoirs aient la longueur & la forme convenables, ainſi je l'ai obſervé ici ; puis pour tracer ce cintre ſur les élévations, *Fig. 1 & 2*, on commence par le tracer ſur la *Fig. 5*, en faiſant la diſtance *i* 1, égale à celle *u* 2 ; celle *l* 3, égale à celle *t* 4 ; celle *m* 5, égale à celle *s* 6 ; & celle *b* 7, égale à celle *r* 8 ; puis par les points *d*, 1, 3, 5 & 7, on fait paſſer une ligne qui eſt la courbe demandée, qu'on reporte enſuite ſur l'élévation, en portant ſur cette derniere les diſtances des points *d*, 1, 3, 5 & 7, pris ſur la ligne *a b*, *Fig. 5*, (& perpendiculairement à cette ligne) ſur les lignes de l'élévation qui leur ſont correſpondantes, ainſi que je l'ai indiqué par des lignes ponctuées provenantes des diviſions du plan, ce qui eſt, je crois, fort facile à concevoir, & n'a pas beſoin d'une plus grande démonſtration. Pour la Figure 2, elle ſe trace de même que la Figure 5 ; c'eſt pourquoi je n'en parlerai pas davantage.

Il faut obſerver que le développement de la ſurface du doſſier dont je parle, eſt priſe en dedans, comme la partie la plus apparente de tous les Siéges, & qu'il eſt néceſſaire que toutes les courbes ſoient d'équerre tendantes à leur centre, comme je l'ai obſervé ici, & que je l'ai indiqué par des petites lignes tendantes aux centres *g* & *h*, *Fig. 3.*

Il y a des Siéges dont les doſſiers ſont d'un inégal évaſement, ou même dont un côté eſt perpendiculaire, telles que les Veilleuſes & autres, & dont les doſſiers ſont ſuſceptibles de contours, qu'on ne peut, ainſi que je l'ai déja dit, déterminer au juſte, ſans auparavant avoir fait le développement de leur ſurface, ce qui ſe fait de la maniere ſuivante :

On commence d'abord par tracer le plan du ſiége & ſon évaſement, lequel eſt ſuppoſé venir à rien au point *A*, *Fig. 1* ; enſuite du point *B*, où la partie droite du ſiége vient rencontrer la partie circulaire dont on veut avoir le développement, on diviſe la partie circulaire du plan en autant de parties égales qu'on le juge à propos, comme les points *a*, *b*, *c*, *d*, *e*, *f* ; deſquels points & de celui *A*, comme centre, on décrit autant d'arcs de cercles qui viennent rencontrer la ligne *A B* aux points *g*, *h*, *i*, *l*, *m*, *n*. Cette opération étant faite, la hauteur & l'inclinaiſon du doſſier étant déterminées comme la ligne *C B*, on la prolonge en *E*, juſqu'à ce qu'elle rencontre la ligne horiſontale *L A D*, au point *F*, hors de la Planche ; duquel point & de ceux *g*, *h*, *i*, *l*, *m* & *n*, on mene autant de lignes repréſentant en élévation celles *A o*, *A p*, *A q*, *A r*, *A s*, *A t* & *A u*, vues en plan dans cette Figure : ces mêmes lignes ſervent auſſi à déterminer la courbure de la ſurface développée, ainſi que je vais l'expliquer.

On trace à part la partie droite du doſſier *G H I B*, *Fig. 3*, dont la hauteur *G H* ou *I B*, doit être égale à la ligne *B C*, *Fig. 1* ; enſuite on prolonge en contre-bas de la Figure , la ligne *I B* de *B* en *E* , jusqu'à ce qu'elle soit d'une longueur égale à celle *B F, Fig.* 1 ; ce qui étant fait , on prend une des divisions du plan , *Fig.* 1, qu'on porte , *Fig.* 3 , de *B* à *n*: on fait une section ; puis on prend pareillement sur la *Fig.* 1, la distance du point *F,* hors la Planche , au point *n ,* qu'on porte , *Fig.* 3 , de *F* à *n* ; duquel point , & par celui *F ,* on mene une ligne indéfinie au travers de la Figure ; ensuite du point *n* , & d'une ouverture de compas égale à une des divisions du plan , on fait une section en *m* ; puis on prend , *Fig.* 1, la distance *F m,* qu'on porte , *Fig.* 3 , de F en *m ,* & on tire une ligne indéfinie , & ainsi des autres divisions , que j'ai cotées , ainsi que ces dernieres , des mêmes lettres que sur le plan , pour en faciliter l'intelligence.

Le dessous de la surface développée étant ainsi tracé , on en borne la hauteur en faisant la ligne *r* 1, *Fig.* 3 , égale à celle *n* 2, *Fig.* 1 ; celle *m* 3 , égale à celle *m* 4 ; celle *l* 5 ; égale à celle *l* 6 ; celle *i* 7 , égale à celle *i* 8 ; celle *h* 9 , égale à celle *h* 10 ; celle *g* 11 , égale à celle *g* 12 ; enfin celle *A L, Fig.* 3 , égale à celle *A L, Fig.* 1 ; ce qui terminera le développement demandé , sur lequel on tracera le cintre qu'on jugera à propos , comme on peut le voir dans cette Figure.

Pour se convaincre de la vérité de cette démonstration , soit le triangle *a b c , Fig.* 6 , semblable à celui *F A B , Fig.* 1, (lequel représente 'évasement d'un dossier tout d'un côté , en venant à rien de l'autre , & sur lequel j'ai tracé par des lignes ponctuées , la longueur de chaque ligne servant à faire le développement d'un dossier ainsi évasé ;) soit pareillement le triangle *d e f,* lequel représente la pente , ou , pour mieux dire , l'inclinaison du dossier sur la ligne *d e* ; ce qui est exactement vrai , puisque les lignes *a g* & *d g,* qui coupent les deux triangles en parties égales , sont d'une même longueur , & que l'extrémité *d* du second triangle abaissé perpendiculairement sur sa base , vient rencontrer le point *e* , qui est pareillement perpendiculaire au point *a ,* qui est le sommet du premier triangle ; or , la ligne *h i,* qui est la même que celle *e f,* a donné le point *l ,* dont la distance au sommet *a ,* est égale à la ligne *d e ,* & pareillement la ligne *e f,* qui est aussi la même que celle *h i,* a donné le point *m ,* dont la distance ua sommet *a ,* est égale à la ligne *d f.*

Il faut faire attention , lorsqu'on tracera ces cintres ainsi développés , au parallélisme de la base du développement , qu'il faudra toujours suivre , afin que ces cintres ne creusent pas trop , ce qui arriveroit nécessairement si on n'y faisoit pas attention.

Lorsqu'il arrive que le plan d'un Siége quelconque est d'une forme ovale , comme la *Fig.* 2 , on se sert toujours de la même méthode pour avoir le développement de leur dossier ; toute la différence qu'il y a , c'est que comme le plan est composé des deux arcs de cercle , *A B C* & *C D E,* il faut d'abord chercher le centre du plus grand arc de cercle , afin d'avoir le développement de cette partie du dossier , lequel étant d'un évasement égal dans toute l'étendue de cet

arc de cercle, se trouve par la même méthode que celle que j'ai donnée en
parlant des Fauteuils à cabriolet, que j'ai indiquée par les lignes ponctuées
F G & H I, lesquelles étant prolongées toutes deux, donnent le point *L* hors
de la Planche, qui est le centre d'où partent les divisions de la partie développée
M N O P, *Fig.* 5 ; le reste du développement se fait comme aux *Fig.* 1 & 3,
en observant de placer la premiere ligne du second développement en dedans
du premier, d'une distance égale à celle qui est donnée sur le plan, c'est-à-dire,
qu'il faut que la distance *Q O* soit égale à celle *R S*, le triangle *P Q O*, *Fig.* 5,
étant le même que celui *C R S*, lequel ne paroît plus court que parce qu'il est
vu en dessus.

Il faut faire attention que toutes les lignes du développement des Figures 1
& 2, qui tendent aux points *A & E*, sont exactement droites ; mais elles ne
sont bonnes que pour la construction des Figures : c'est pourquoi lorsqu'on aura
des battants à placer dans des dossiers qui, comme ceux-ci, seront d'un évasement
irrégulier, il faudra toujours les disposer perpendiculairement aux centres du
plan, comme je l'ai indiqué dans la *Fig.* 2, où toutes les lignes pleines tendent
aux deux centres *H & T*, ce qui, dans la partie *A B C*, ne souffre aucune
difficulté, vu qu'elle est également évasée ; mais dans celle *C D E*, ces battants
deviennent gauches & cintrés sur leur hauteur, comme je l'ai démontré ci-dessus
en parlant des Fauteuils de cabinets. *Voyez la Fig.* 5, où toutes les lignes
tendantes aux centres sont pleines, & celles de construction sont indiquées par
des lignes ponctuées, ce qui ne fait rien pour le développement représenté dans
cette Figure, dont on a également la hauteur par les unes comme par les autres ;
c'est ce dont on pourra se convaincre, en élevant à part une perpendiculaire *a b*,
Fig. 4, dont la longueur sera égale à la hauteur perpendiculaire du dossier ; puis
en prenant sur le plan, *Fig.* 2, la distance *l m*, & la portant de *b* à *c*, *Fig.* 4 ;
celle *n o*, de *b* à *d* ; celle *p q*, de *b* à *e* ; celle *r s*, de *b* à *f* ; celle *t u*, de *b* à *g* ; &
celle *c s*, de *b* à *h* ; puis par les points *c, d, e, f, g & h*, on mene au point *a*,
autant de lignes dont la longueur donne celle des lignes pleines de la *Fig.* 5 ;
savoir, celle *a h*, pour celle *P O* ; celle *a g*, pour celle *i l* ; celle *a f*, pour celle
m n ; celle *a e*, pour celle *o p* ; celle *a d*, pour celle *q r* ; celle *a c*, pour celle *s t* ;
& celle *a b*, pour celle *u x*.

De quelque forme & inclinaison que soient les dossiers, les méthodes que
je donne ici pour servir à en faire le développement, sont toujours les mêmes,
toutefois en les employant à propos ; c'est pourquoi malgré toutes les démonstrations que j'en ai faites ici, & qui, à la rigueur, peuvent être suffisantes, je crois
ne pouvoir trop exhorter les jeunes gens à prendre au moins quelques connoissances des éléments de Géométrie, sur-tout pour ce qui a rapport au développement des surfaces & à la pénétration des corps, dont la connoissance, si elle n'est
pas absolument nécessaire pour faire un Siége avec succès, (comme bien des gens
se l'imaginent,) est du moins très-utile, puisqu'en donnant de la théorie, elle

PLANCHE
234.
facilite & assure la pratique ; c'est ce que ceux qui ont quelques-unes des connoissances que je recommande ici, se persuaderont aisément, puisque tous les dossiers de Siéges sur un plan cintré, ne sont autre chose que des parties de cônes droits renversés, ou de cylindres obliques, ou de cônes obliques renversés, & quelquefois un composé des uns & des autres.

PLANCHE
235.
　　Comme ce que je viens de dire touchant les Chaises & les Fauteuils regarde plus leur construction que leur décoration, on pourra avoir recours à la Planche 235, laquelle en représente plusieurs, tant en plan qu'en élévation, des plus à la mode, & dont la décoration pourra donner des idées pour en construire d'autres de telle richesse qu'on le jugera à propos ; des exemples de cette sorte étant plus utiles que des préceptes, qui ne pourroient être qu'incertains, surtout dans des ouvrages qui, comme ceux-ci, sont sujets à la mode, c'est-à-dire, à changer tous les jours, du moins pour la décoration.

SECTION PREMIERE.

*Description de tous les grands Siéges, comme les Canapés, Sofas, Ottomanes, &c ;
de leurs différentes formes, proportions & construction.*

　　J'AI dit plus haut, en parlant des Fauteuils, que lorsque leur siége étoit d'une forme plus allongée qu'à l'ordinaire, ils changeoient de nom, & qu'on les nommoit, *Bergeres, Chaises longues*, & quelquefois *Duchesses* ; lorsque les siéges de ces mêmes Fauteuils sont plus larges du double au moins que de coutume, on les nomme alors *Canapés, Sofas*, &c, lesquels ne sont autre chose que des especes de Fauteuils, dont la largeur est de 5, 7, & même 12 pieds ; de sorte que leur construction, à quelques changemens près, est la même que celle de ces derniers, ainsi qu'on le verra ci-après.

PLANCHE
236.
　　Les Canapés sont les plus anciens des Siéges dont la largeur est capable de contenir plusieurs personnes, & d'après lesquels on en a inventé beaucoup d'autres, qui, quoique d'une différente forme, sont toujours semblables à ceux-ci, soit pour la construction, soit pour l'usage, puisque ces sortes de Siéges peuvent également servir de Lits de repos.

　　Le Canapé représenté dans cette Planche, *Fig.* 1 & 2, a 5 pieds de largeur, qui est la plus ordinaire, sur un pied de hauteur de siége, & 2 pieds de profondeur au plus, & environ 18 pouces de hauteur de dossier, ainsi qu'aux Fauteuils ordinaires ; les bras ou accoudoirs sont aussi de la hauteur & de la forme ordinaires. La construction de ces sortes de Siéges n'a rien de particulier, si ce n'est que quoiqu'ils aient plusieurs pieds sur leur largeur, il est bon que leurs traverses de ceinture soient d'une seule piece, afin qu'elles soient plus solides, ce qui ne souffre aucune difficulté pour celles de devant, lesquelles reçoivent les pieds du milieu, qui y sont assemblés à tenon, & dont le surplus de l'épaisseur,

soit

foit en devant ou par derriere, paffe en enfourchement deffus, comme je l'ai obfervé à la *Fig.* 3 , qui repréfente le plan du Canapé dont je fais la defcription.

Pour les traverfes de derriere, lorfqu'on veut les faire d'une feule piece fur la longueur, il faut, lorfque la petite traverfe de doffier fera ifolée comme dans la *Fig.* 4, affembler cette derniere à tenons dans les pieds des bouts & de milieu, & faire paffer en enfourchement la faillie de leurs moulures par-deffus les battants jufqu'à la moitié de leur largeur, lorfque, comme dans le cas dont il eft ici queftion, le doffier du Canapé fera un feul cadre ; fi au contraire il formoit plufieurs cadres, on les affembleroit comme dans les Siéges ordinaires ; ce qui ne fouffriroit aucune difficulté. Quant à la traverfe de ceinture, il faut, lorfqu'on peut la faire affez épaiffe, faire paffer le battant tout au travers de fon épaiffeur, comme de *a* à *b*, *Fig.* 4 , & y faire un affemblage *c d* fur le devant ; ou bien fi cette traverfe étoit mince, & qu'on voulût la placer fur le derriere, on pourroit la faire entrer en enfourchement dans le pied, au nud du derriere de la petite traverfe de doffier, en obfervant d'entailler la grande traverfe de la largeur du battant, felon que l'exigera fon épaiffeur ; fi au contraire il arrivoit qu'on voulût ou qu'il fallût, pour quelque raifon, placer cette traverfe fur le devant du pied, on la feroit entrer en enfourchement dans ce dernier, au nud de fon ravalement, c'eft-à-dire, au point *b*, & on l'affembleroit à tenon & mortaife à l'ordinaire, comme il eft indiqué par les points *c*, *d*.

Dans ce que je viens de dire touchant les traverfes de derriere de ceinture & de doffier, j'ai fuppofé que cette derniere étoit ifolée, comme dans les Siéges ordinaires ; cependant il eft mieux de faire ces deux traverfes d'une feule piece, comme dans la Figure 6, foit qu'elles foient ornées de moulures ou non, parce qu'alors l'ouvrage eft plus folide & moins difficile à affembler, vu qu'on peut faire paffer le montant en entaille du nud du ravalement indiqué par la ligne *e f*, & y faire un affemblage *g h*, fur le devant du pied.

Les Canapés font ordinairement droits fur le derriere , & cintrés fur le devant & fur les côtés, à peu-près dans la forme repréfentée dans la *Fig.* 3 , où j'ai difpofé les pieds perpendiculairement aux faces des différents cintres, ce qui eft abfolument néceffaire ; comme auffi de faire tendre les équerres de ces pieds aux centres de ces cintres, ce que j'ai obfervé aux pieds du milieu & à celui d'angle coté *B* , ce que les Menuifiers en Meubles n'obfervent pas aux pieds d'angles, qu'ils difpofent quarrément à l'ordinaire, comme celui coté *A*, ce qui ne fouffre pas grande difficulté, quand le cintre d'angle n'eft pas confidérable ; mais quand il l'eft, comme dans le cas dont il eft ici queftion, il faut abfolument qu'ils foient difpofés, comme celui coté *B*.

Le milieu du fiége des Canapés doit être rempli par des barres affemblées, foit à queue, ou à tenon & mortaife, ce qui eft égal ; pour ce qui eft des traverfes du haut des doffiers, quoique les Menuifiers en Meubles foient dans l'ufage de les faire de plufieurs pieces affemblées à tenon & mortaife dans les bouts des battants de milieu, ce qui, comme je l'ai déja dit, en parlant des Fauteuils de cabinet, eft fujet à bien des difficultés; je crois qu'il eft abfolument néceffaire, non-feulement aux Canapés, mais encore à toute autre efpece de Siéges dont la largeur eft confidérable, de faire toutes les traverfes du haut d'une feule piece, ou du moins, s'il n'eft pas poffible, de plufieurs pieces affemblées à traits de Jupiter, qu'on aura foin de placer loin de l'affemblage des pieds, qui alors s'affembleront en chapeau dans ces traverfes.

Quoique j'aie borné la longueur des Canapés à 5 pieds, ce n'eft que parce que cette longueur eft la plus ordinaire; mais fouvent leur longueur eft bornée par la place qu'ils doivent occuper, comme le renfoncement d'une niche, la largeur d'un trumeau de croifée, celle d'un tableau, d'une glace, ou toute autre chofe qui puiffe & même doive déterminer non-feulement la longueur, mais même la hauteur & la forme générale de ces fortes de Siéges, dont la décoration doit être analogue à celle de la piece dans laquelle ils font placés.

Il y a des occafions où on arrondit les angles des Canapés, comme l'indique la ligne *g h d*, *Fig.* 3; dans ce cas on y fait une féparation ou joue à la rencontre du premier pied, comme celle *b c d e*, dont la forme chantournée eft à peu-près femblable à celle des Fauteuils en confeffionnaux; & pour rendre ces Siéges plus commodes, on en arrondit les angles des deux côtés, comme de *a* à *b* & de *e* à *f*: les Canapés ainfi difpofés, fe nomment *Canapés à joues*.

Les Sofas font des Siéges qui ne different des Canapés, qu'en ce que leurs accotoirs font pleins, à peu-près difpofés comme ceux des Bergeres & des Ducheffes, & en ce qu'ils ont un peu moins de hauteur de fiége; de forte que ce ne font, à proprement parler, que des efpeces de Lits de repos, dont, à ce qu'on dit, l'ufage vient de Turquie ou de Perfe, comme leur nom femble l'indiquer. A ces différences près, ils ne different en rien des Siéges dont je viens de parler, c'eft-à-dire, des Canapés, auxquels ils font abfolument femblables, fur-tout pour ce qui regarde la conftruction.

Les Sofas étoient ordinairement d'une forme droite par le derriere de leur plan; peu à peu on s'eft avifé de les faire cintrés pour fuivre le plan des niches ou des appartements dans lefquels ils étoient placés, ce qui étoit affez naturel; enfuite on a varié ce cintre de différentes manieres, ainfi que celui des doffiers, ce qui a donné lieu au changement de nom de ces Siéges ou Lits de repos, qui alors furent appellés *Ottomanes*, *Veilleufes*, *Veilleufes à la Turque*, *Pafofes*, *Turquoifes*, *Gondoles*, &c. noms bifarres pour la plupart, & qui n'ont d'autre étymologie que le caprice ou la cupidité des Ouvriers & des Marchands.

En général, de quelque forme que foit le plan des Siéges, ou, pour mieux dire, des Lits de repos dont je viens de parler, il faut avoir foin, lorfqu'on en détermine la forme, d'éviter les bois tranchés le plus qu'il eft poffible, & par conféquent de placer les pieds de maniere qu'ils foient affez près les uns des autres, pour que la courbure des traverses ne soit pas trop considérable, & par conséquent ne soit pas trop en porte-à-faux; c'est pourquoi lorsque les traverses de ces Siéges seront beaucoup cintrées, soit en creux soit en bouge, il est bon de placer un pied au milieu du cintre, comme je l'ai observé à la *Fig.* 5, cote *A*, & de ne jamais s'écarter de cette regle, à moins que ce cintre ne se réduisît à peu de chose, ou qu'il y eût un autre pied placé près du milieu, comme dans cette Figure, cote *B*. Quant à la construction de ces Siéges, c'est toujours la même chose que pour ceux dont j'ai parlé ci-dessus; c'est pourquoi je n'en parlerai pas davantage, me contentant de donner dans la Planche suivante un exemple de ceux qui sont les plus à la mode à l'heure présente, & qui ne le seront peut-être plus lorsque cet Ouvrage sera imprimé.

Planche
236.

La Figure 1 de cette Planche, représente l'élévation d'une Ottomane, dont la moitié est finie, & l'autre seulement disposée à être sculptée. Ce Siége ou Lit de repos est cintré sur son plan d'une forme ovale allongée, & son dossier, dont le point le plus élevé se trouve au milieu, vient, en diminuant de hauteur, se joindre avec les accotoirs; de sorte que la traverse de dossier & ces derniers sont d'une seule piece, ou du moins semblent l'être. Ce Lit de repos sert également à s'asseoir comme à se coucher, soit d'un bout soit de l'autre.

Planche
237.

La Figure 2 représente une espece de Lit de repos, dont l'usage est de contenir une personne à demi-couchée, c'est-à-dire, les jambes & les cuisses à plat, & la partie supérieure du corps soutenue par des carreaux ou oreillers, sur lesquels on s'appuie; de sorte qu'on peut y être assez commodément pour y lire & être placé devant le feu, ou par-tout ailleurs, ces sortes de Siéges étant faits pour se transporter d'un lieu à l'autre, comme on le juge à propos, en quoi ils different de ceux dont je viens de parler, lesquels restent toujours en place.

Les dossiers des Veilleuses sont, ainsi qu'on peut le voir dans cette Figure, plus élevés d'un bout que de l'autre; c'est pourquoi on en fait ordinairement deux à la fois, l'un à droite & l'autre à gauche, afin de pouvoir contenir deux personnes placées vis-à-vis l'une de l'autre, ou bien qu'on puisse changer de position, se plaçant alternativement à gauche ou à droite.

Il y a des Veilleuses qu'on nomme *Veilleuses à la Turque*; lesquelles sont cintrées également des deux bouts; de sorte qu'on peut indifféremment se placer d'un bout ou de l'autre. *Voyez la Fig.* 3, qui représente la moitié d'une Veilleuse ainsi disposée.

Le plan des Veilleuses est quelquefois d'une forme droite, arrondie par les bouts, & plus étroite d'environ 6 pouces, du bout où le dossier est moins haut, mais plus ordinairement d'une forme creuse sur le plan, & pareillement arrondie par les bouts, ce qui est plus raisonnable, cette forme étant plus analogue à la posture d'une personne à demi-couchée.

La Figure 4 représente une autre espece de Lit de repos, qu'on nomme *Pâfose*, & je ne sais trop pourquoi; l'idée qui semble attachée à ce nom, ne convenant nullement à un meuble de cette espece, & ne pouvant pas faire beaucoup d'honneur à ceux qui l'ont inventé, ou qui se piquent d'en faire usage; au reste, ce n'est autre chose qu'une espece de Sofa très-orné, dont les bouts se terminent à peu-près comme ceux des Ottomanes dont j'ai parlé ci-dessus; quelquefois les accotoirs des Siéges ou Lits de repos dont je parle, viennent à rien par devant, comme l'indique la ligne *A B*; dans ce cas on les nomme *Turquoises*, pour des raisons que j'ignore aussi bien que ceux qui les ont inventés.

En général, les Siéges dont je viens de faire la description, sont ordinairement très-riches, tant pour la forme des contours que pour les ornements de sculpture qu'on y introduit, desquels on ne peut guere déterminer la forme ni la quantité, vu la diversité des occasions, & la plus ou moins grande dépense qu'on peut y faire. Au reste il faut, dans quelque cas que ce puisse être, faire ensorte que la richesse de ces meubles soit analogue à celle de l'appartement dans lequel ils sont placés, & dont ils doivent faire partie de la décoration, sur-tout les Sofas, les Ottomanes, & autres dont le dossier doit être borné tant pour la hauteur que pour les contours, par la hauteur & la forme des panneaux de Menuiserie, ou des glaces qui sont placées au-dessus, avec la décoration desquelles ils doivent être d'accord. Il faut aussi que la sculpture soit disposée de maniere qu'elle ne fasse aucun tort à la solidité de l'ouvrage, & que réciproquement la Menuiserie soit faite en raison de cette derniere. C'est pourquoi lorsque les Siéges, & en général toutes sortes de Meubles, seront d'une richesse ou d'une forme hors de l'ordinaire, on fera très-bien non-seulement de faire des dessins de la grandeur de l'exécution, mais encore de faire des modeles en grand, afin de mieux juger de la forme des contours en général, & de toutes les parties de détail qu'il est bon de modéler, du moins en partie, afin de déterminer au juste la grosseur des bois, la place des assemblages & des joints, qu'on doit éviter de placer dans des masses d'ornements, sur-tout celles qui étant isolées, deviendroient moins solides, si elles étoient coupées par les joints; c'est pourquoi non-seulement le Menuisier & le Sculpteur ne doivent jamais rien faire de ce qui est de leur Art, sans être parfaitement d'accord ensemble, mais encore il faut que le Dessinateur, qui compose les dessins de ces sortes d'ouvrages, prenne toutes les connoissances nécessaires pour ne rien faire qui ne soit d'une solide exécution.

Voilà en général tout ce qu'il est possible de dire touchant la forme & la construction des Siéges d'usage, ayant épuisé tout ce qu'on peut savoir à ce sujet, si ce n'est la maniere de faire les courbes gauches & rampantes qu'on y emploie; mais comme cette partie a été suffisamment traitée dans l'Art du Trait, seconde Partie de cet Ouvrage, je ne saurois le faire ici sans tomber dans des répétitions inutiles, sur-tout pour ceux qui ont déja cette Partie. Cependant comme il se pourroit faire que ceux qui, comme les Menuisiers en Meubles, n'ont absolument besoin que de celle-ci, n'eussent pas ou ne voulussent pas acheter la seconde Partie de mon Ouvrage, dans laquelle il est traité à fond de l'Art du Trait, je vais en donner quelques notions les plus indispensables touchant la construction de ces courbes, sans aucune démonstration, & toutes considérées comme axiomes, renvoyant à mon Art du Trait, ceux qui voudront prendre une connoissance plus étendue de cette science.

PLANCHE 237.

Les courbes qui forment les dossiers des Siéges dont je viens de parler, sont non-seulement cintrées en plan & en élévation, mais encore elles sont évasées, soit réguliérement, comme celles des Fauteuils en cabriolet, soit irréguliérement, comme celles des Fauteuils de cabinet, des Ottomanes, &c; dans ces deux cas, il est nécessaire de tracer le calibre ralongé de ces courbes, mais encore d'en déterminer au juste l'évasement à tous les points de leur élévation, ce qui devient assez compliqué, sur-tout pour ceux qui n'ont pas beaucoup de connoissance de l'Art du Trait, en faveur desquels je vais donner la méthode la plus facile, pour parvenir méchaniquement à l'exécution de ces sortes de courbes.

Quand les courbes sont d'un évasement régulier, on commence par en tracer le plan, *Fig.* 5, & l'élévation développée, *Fig.* 1, selon la méthode que j'ai donnée ci-dessus, *page* 635; on trace au-dessus du plan, & parallélement à sa base, le parallélogramme *A B C D*, *Fig.* 4, dont la hauteur est égale à celle de la courbe développée prise perpendiculairement, & la longueur est bornée par l'extrémité du plan supérieur de la courbe *E F G H*, *Fig.* 5, dont le plan inférieur *I L M N*, est de même tracé en dessous; puis à la rencontre des équerres tendantes au centre commun des deux courbes avec les arcs de cercles de ces mêmes courbes, on éleve autant de perpendiculaires au parallélogramme *A B C D*, *Fig.* 4, afin d'avoir la pente des équerres tant du dedans que du dehors de la courbe & selon son évasement, comme on peut le voir dans cette Figure, où la ligne *B S*, *Fig.* 4, qui est le derriere de l'équerre de la courbe, & qui par conséquent représente celle *F L*, *Fig.* 5, est donnée par les perpendiculaires *F B* & *L S*; & celle *T U*, qui est le devant de l'équerre, & qui représente la ligne *E I*, est pareillement donnée par les perpendiculaires *E T* & *I U* : on fait la même opération pour avoir les autres équerres *V X* & *Y Z*, lesquelles représentent celles *O Q* & *P R*, & qui par conséquent sont données par les perpendiculaires *O V* & *Q X*, & celles *P Y* & *R Z*, ainsi des autres.

PLANCHE 238.

Cette opération étant faite, on trace à part, *Fig.* 2, une ligne *a b*, dont la longueur est égale à celle *A B*, *Fig.* 4; puis au bout de cette ligne on abaisse une ligne perpendiculaire *a c*, dont la longueur est égale à la distance *I E*, *Fig.* 5, qui est l'évasement de la courbe; puis par les points *c* & *b*, *Fig.* 2, on fait passer une ligne dont la longueur se trouve égale à une des lignes tracées sur la surface développée, *Fig.* 1, & sur laquelle ligne on trace toutes les équerres de la courbe prise à ses différentes hauteurs, c'est-à-dire, à sa rencontre avec les lignes qui divisent sa surface développée; ce qui se fait en prenant pour le dessus de la courbe, la distance *F N*, *Fig.* 1, & la portant de *b* à *c*, *Fig.* 2;

MENUISIER, *III. Part. II. Sect.*   E 8

celle *E M*, de *b* à *d* ; celle *D L*, de *b* à *e* ; celle *C I*, de *b* à *f* ; celle *B H*, de *b* à *g* ; & celle *A G*, de *b* à *h* : on aura de même le deſſous de la courbe, en prenant la diſtance *F T*, *Fig.* 1, & la portant de *b* à *p*, *Fig.* 2 ; celle *E S*, de *b* à *q* ; celle *D R*, de *b* à *r* ; celle *C Q*, de *b* à *s* ; celle *B P*, de *b* à *t* ; & celle *A O*, de *b* à *u* ; puis après avoir mené une ligne parallele à celle *c b*, & diſtante de cette derniere de l'épaiſſeur de la courbe, des points *c p*, *d q*, *e r*, *f s*, *g t* & *h u*, on abaiſſe autant de perpendiculaires à la ligne *c b*, leſquelles ſervent à conſtruire autant de parallélogrammes ou coupes, qu'il y a de lignes de diviſions ſur le plan, *Fig.* 5, & ſur la ſurface développée, *Fig.* 1, leſquels parallélogrammes ſervent à tracer le contour & les équerres de la courbe ſur la Figure 4, ce qui ſe fait de la maniere ſuivante.

De chaque angle des parallélogrammes, on éleve autant de lignes perpendiculaires à la ligne *a b*, *Fig.* 2, dont la diſtance du point *b* étant reportée ſur les lignes d'équerre de la *Fig.* 4, auxquelles ces parallélogrammes correſpondent, donne le contour de la courbe demandée, comme on peut le voir dans cette Figure, où tous les points donnés par les angles des parallélogrammes ſur la ligne *a b*, ſont reportés à égale diſtance ſur celle *C D*, *Fig.* 4, de laquelle ils ſont menés horiſontalement juſqu'aux lignes d'équerre qui leur ſont correſpondantes. Cette démonſtration, quoique compliquée, eſt cependant très-aiſée à concevoir, pour peu qu'on veuille faire attention à la *Fig.* 4, laquelle eſt cotée des mêmes lettres que les *Fig.* 1 & 2, tant pour le contour de la courbe, que pour la diſtance des points donnés ſur la ligne *C D*, *Fig.* 4. (*)

Le contour géométral de la courbe étant ainſi tracé, on fait paſſer, par ſes extrémités ſupérieures & inférieures, des lignes paralleles entr'elles, ainſi que celles *D E* & *F G*, *Fig.* 4, ce qui donne le parallélogramme oblique *F D E G*, lequel repréſente la piece de bois, dans laquelle la courbe peut être priſe ; reſte enſuite à tracer, *Fig.* 3, les calibres ralongés de cette courbe, tant en deſſus qu'en deſſous, & ſelon ſon obliquité, ce qui ſe fait de la maniere ſuivante :

On trace d'abord ſur le plan géométral, *Fig.* 5, le contour que donne l'obliquité du parallélogramme *F D E G*, *Fig.* 4, en faiſant ſur la *Fig.* 2, l'opération inverſe de celle qu'on a faite pour avoir le contour géométral de la courbe, c'eſt-à-dire, qu'il faut prendre la diſtance *d f*, *Fig.* 4, & la porter de *b* à 2, *Fig.* 2 ; & celle *c h*, de *b* à 3 ; puis des points 2 & 3, on abaiſſe deux perpendiculaires ſur la ligne *a b* ; enſuite on prend la longueur de ces lignes, qu'on porte ſur les diviſions du plan qui leur ſont correſpondantes, ce qui donne le premier point d'évaſement géométral du plan, tant en deſſous qu'en

---

(*) La démonſtration que je viens de faire, ſert également pour le derriere de la courbe & pour le devant ; & ſi je n'ai point tracé ſur la Figure 2, des lignes provenantes des angles extérieurs de chaque parallélogramme, ce n'a été que pour ne point trop embarraſſer la Fi- | gure, qui n'eſt déja que trop compliquée ; de plus, les lignes ponctuées de la *Fig.* 4, qui donnent le hors d'équerre de la courbe, font aiſément voir que la méthode eſt égale, pour le derriere comme pour le devant de cette derniere.

deſſus. *Voyez la Fig.* 5 , où la diſtance *N l* , eſt égale à celle 2 , 6 , *Fig.* 2 ; & celle *N h* , eſt égale à celle 3 , 7 : on fait la même opération pour la diviſion ſuivante ; c'eſt-à-dire , qu'après avoir fait la diſtance 4 *b* , *Fig.* 2 , égale à celle *b e* , *Fig.* 4 , & celle 5 *b* , égale à celle *a g* , on prend la diſtance 4 , 8 , *Fig.* 2 , qu'on porte de *S* à *i* , *Fig.* 5 ; & celle 5 , 9 , de *S* à *g* , ainſi des autres diviſions , ce qui , je crois , n'a pas beſoin d'autre démonſtration ; enſuite par les points *m* , *n* , *o* , *p* , *q* , *g* & *h* , on fait paſſer une courbe qui eſt le plan géométral du bas de la piece , *Fig.* 4 , ſuivant ſon inclinaiſon *F G* ; on fait pareillement paſſer une autre courbe par les points *r* , *s* , *t* , *u* , *x* , *i* & *l* , qui eſt le plan ſupérieur de cette même piece , leſquels plans different de ceux indiqués par des teintes , à cauſe de l'évaſement de la courbe , laquelle change de plan à meſure qu'elle s'éleve.

Après avoir ainſi tracé le devant de la courbe inclinée , on en augmente l'épaiſſeur ſelon les diviſions du plan ; enſuite de chaque point de rencontre de ces lignes avec le plan des courbes inclinées , *Fig.* 5 , on éleve autant de perpendiculaires qu'on fait paſſer au travers du plan , *Fig.* 5 , & du parallélogramme oblique *F D E G* , *Fig.* 4 ; puis après avoir conſtruit ſur la ligne *D E* , *Fig.* 4 , le parallélogramme ou quarré long *D H I E* , *Fig.* 3 , dont la longueur eſt égale à celle de la ligne oblique *D E* , *Fig.* 4 , (donnée par celle *X Y* du plan , *Fig.* 5 , & ſa largeur égale à celle *T U* , même Figure :) on fait retourner ces lignes perpendiculairement à ce dernier parallélogramme , *Fig.* 3 , ſur lequel on trace les calibres ou cintres ralongés de la courbe , en prenant ſur le plan , *Fig.* 5 , les diſtances qui ſe trouvent entre la ligne *X Y* & chaque point des courbes inclinées , & les portant ſur les lignes de la Figure 3 , qui leur ſont correſpondantes ; c'eſt-à-dire , qu'il faut faire la diſtance *a b* , *Fig.* 3 , égale à celle *I m* , *Fig.* 5 ; celle *c d* , égale à celle 2 *n* ; celle *e f* , égale à celle 3 *o* ; celle *g h* , égale à celle *T p* ; celle *i l* , égale à celle 4 *q* ; celle *m n* , égale à celle 5 *g* ; & celle *o p* , égale à celle 6 *h* ; puis par les points *b* , *d* , *f* , *h* , *l* , *n* & *p* , on fait paſſer une courbe qui eſt la même que celle du plan *m* , *n* , *o* , *p* , *q* , *g* & *h*. On fait la même opération pour la courbe du deſſus , c'eſt-à-dire , qu'on fait la diſtance *q r* , *Fig.* 3 , égale à celle 8 *r* , *Fig.* 5 ; celle *s t* , égale à celle 9 *s* ; celle *H u* , égale à celle 10 *t* ; celle *g x* , égale à celle *T u* ; celle *y z* , égale à celle 11 *x* ; celle *e &* , égale à celle 12 *i* ; & celle *f ×* , égale à celle 13 *l* ; & par ces mêmes points on fait paſſer une ſeconde courbe , qui eſt le calibre ralongé du deſſus de la piece repréſentée *Fig.* 4 , comme la premiere courbe , *Fig.* 3 , en eſt le calibre ralongé du deſſous.

Après avoir ainſi tracé les deux calibres ralongés de la courbe , on en augmente l'épaiſſeur , ainſi que je l'ai enſeigné ſur le plan , & toujours ſur des lignes tendantes au centre de la courbe , leſquelles lignes ſe tracent ſur la *Fig.* 3 , par le moyen des opérations faites pour avoir le contour du calibre ralongé , ainſi qu'on peut le voir dans cette Figure.

Planche 238.

Ces équerres pourroient encore fe tracer en les continuant fur le plan tant en dedans qu'en dehors, jufqu'aux lignes formant le parallélogramme dans lequel il peut être renfermé, (c'eft-à-dire, qui paffe par fes extrémités, & qui, par conféquent, feroit égal en largeur à celui *D H I E*, *Fig.* 3,) & en relevant de la rencontre de ces lignes d'équerre avec celles du parallélogramme, d'autres lignes perpendiculaires, lefquelles, après avoir paffé au travers de l'élévation, *Fig.* 4, fe retourneroient perpendiculairement fur la *Fig.* 3, & y donneroient, aux deux extrémités de fa largeur, autant de points d'où ces équerres prendroient naiffance, ce qui, je crois, eft fort aifé à comprendre après ce que je viens de dire, en donnant la maniere de tracer les calibres ralongés de la courbe dont je parle.

Ce que je viens de dire ne regarde que la théorie de ces fortes de courbes; quant à la pratique, c'eft-à-dire, à leur conftruction, elle eft fort aifée, pourvu qu'on les ait tracées bien juftes; parce qu'après les avoir dreffées & mifes de la largeur convenable, on les trace en deffus & en deffous, & on les creufe d'abord en dedans, puis en dehors, en obfervant de toujours conferver les lignes d'équerre; puis on cintre la courbe fur l'élévation, & on la met d'équerre fur ces mêmes lignes, felon la méthode que j'ai donnée *Fig.* 4.

La courbe dont je viens de parler n'eft évafée que fur un fens, c'eft-à-dire, réguliérement: quand elles fe trouvent d'un évafement inégal, comme dans cette Planche, elles font un peu plus compliquées, quoiqu'elles fe conftruifent toujours par la même méthode que la précédente, ainfi qu'on peut le voir dans les *Fig.* 1, 2, 3, 4 & 5, lefquelles, d'après ce que je viens de dire en parlant de la courbe repréfentée dans la Planche précédente, n'ont befoin d'aucune démonftration, vu que le développement de la courbe, *Fig.* 1, & fon plan, *Fig.* 5, fe tracent de la même maniere que ceux des *Fig.* 2 & 5, *Pl.* 234, fur l'explication defquelles je crois avoir dit tout ce qui eft néceffaire pour donner toute la théorie dont le cas dont je parle peut être fufceptible. Toute la difficulté des courbes inégalement évafées, ne confifte qu'en ce qu'elles changent d'équerre à mefure qu'elles changent de plan, ce qu'on peut aifément voir dans la *Fig.* 6, où la ligne *E F*, élevée perpendiculairement à celle *A B*, (qui eft celle des centres,) donne tous les différents centres des équerres de la courbe, ce que je vais expliquer en parlant de la maniere de tracer fur le plan, *Fig.* 5, les courbes du parallélogramme oblique, ce qui fe fait des deux manieres fuivantes:

Après avoir tracé la Figure 2, & fait les diftances des lignes *a, b, c, d, e, f*, égales à la longueur des lignes de divifion du plan, tendantes au point *A*, *Fig.* 5, ce qui étoit néceffaire pour parvenir à tracer l'élévation de la courbe, & le parallélogramme dans lequel elle peut être comprife, on prend la hauteur de ce parallélogramme à la rencontre des lignes de divifion, tant en deffus qu'en deffous, qu'on porte fur la ligne *a, g, Fig.* 2; & à chaque point on éleve une ligne

perpendiculaire,

dont la longueur donne sur le plan, *Fig.* 5, la courbe du parallélogramme
incliné, c'est-à-dire, qu'on fait la distance N 5, *Fig.* 5, égale à celle *f g*,
Fig. 2 ; celle M 4, égale à celle *h i* ; celle L 3, égale à celle *l m* ; celle *I* 2,
égale à celle *n o* ; & celle H 1, égale à celle *p q* : ce qui donne autant de points
pour le dessus de la courbe, dont on a pareillement le dessus en faisant la
distance N 10, égale à celle *r s* ; celle M 9, égale à celle *t u* ; celle L 8, égale
à celle *x y* ; celle *I* 7, égale à celle *z* & ; & celle H 6, égale à celle *g* ×.

Cette premiere méthode est bonne pour le contour des courbes ; mais elle ne
donne pas le centre des différentes équerres du plan, qu'il est pourtant néces-
faire de tracer pour les porter sur l'élévation, ce qui se fait de la maniere suivante :

Les deux points de centre *G E*, *Fig.* 6, étant donnés, on éleve sur la ligne
A B, une perpendiculaire *E F*, dont la hauteur doit être égale à celle de la
courbe prise perpendiculairement ; puis du point *G*, qui est le premier centre,
au point *F*, on fait passer une ligne oblique *C D*, laquelle représente en élévation celle des centres *A B* ; on prend ensuite les distances qu'on a porté sur la
ligne *a g*, *Fig.* 2, qu'on reporte sur celle *E F*, *Fig.* 6 ; puis à chaque point on
éleve autant de lignes perpendiculaires à cette derniere, qu'on prolonge jusqu'à
la ligne *C D*, à la rencontre de laquelle on abaisse de même autant de perpendi-
culaires.à la ligne *A B*, lesquelles donnent sur cette ligne les différents centres
dont on a besoin, dont la distance jusqu'au point *A*, reportée sur les lignes qui
leur sont correspondantes, donnent sur le plan les courbes du parallélogramme
incliné ; c'est-à-dire, qu'on porte la distance *a A*, de *a* à 5 ; celle *b A*, de *b* à
4 ; celle *c A*, de *c* à 3 ; celle *d A*, de *d* à 2 ; & celle *e A*, de *e* à 1 ; ce qui
donne la courbe de dessus ; celle de dessous se trouve de même, puisque la distance *g* 10, égale celle *g A* ; celle *i* 9, égale celle *i A* ; celle *m* 8, égale celle
m A ; celle *o* 7, égale celle *o A* ; & celle *q* 6, égale celle *q A*, ce qui n'a pas
besoin de plus grande démonstration, vu que toutes les différentes équerres
données par chacun de ces points sont prolongées jusqu'à leurs centres.

Voilà à peu-près la description de toutes les courbes d'usage dans la partie
de la Menuiserie dont je traite présentement, lesquelles sont, comme on l'a pu
voir, d'une forme très-compliquée, & par conséquent assez difficiles à bien
entendre, sans auparavant avoir d'autres connoissances que celles que j'en donne
ici, lesquelles, à la rigueur, pourroient être suffisantes, comme je l'ai déja dit,
mais qui ne dispenseront jamais de faire d'autres études sur l'Art du Trait, dont
la connoissance aideroit beaucoup à l'intelligence de ce que je viens de dire
touchant ces courbes, où malgré toute l'intelligence & la clarté que je me suis
efforcé d'y répandre, (du moins selon ma capacité) je crains fort de n'être pas
entendu du plus grand nombre ; & comme mon but, en travaillant
à cet Ouvrage, n'est autre chose que l'utilité publique, & sur-tout l'instruction
des jeunes gens, je ne saurois trop leur recommander l'étude de la Géométrie &
des autres Sciences, dont la connoissance peut être utile à la perfection de leur

Art, & si je puis m'exprimer ainsi ; à leur former le jugement ; & les prévenir contre tout ce qui n'a d'autre fondement que la coutume ou des préjugés, le plus souvent ridicules & contraires à la saine raison.

SECTION SECONDE.

Description des Siéges d'appartements privés, comme les Baignoires, les demi-Baignoires, les Bidets, les Chaises de commodité, &c.

LES Baignoires, *Fig.* 1 & 2, sont des especes de Chaises longues, dont le milieu du siége est rempli par une cuve de cuivre qui en occupe toute la capacité, tant de longueur & de largeur, que de hauteur, du moins à 2 ou 3 pouces près, & qui ordinairement est attachée sur les traverses de ceinture avec des clous, comme on peut le voir à la *Fig.* 4, cote C; cependant je crois qu'il vaudroit mieux ne point attacher à demeure cette cuve ou Baignoire, mais y faire un rebord épais, & des especes de crampons qui entrent dans les traverses de ceinture, comme je l'ai fait même Figure, cote D, ce qui seroit aussi solide que de la premiere maniere, & qui en même temps donneroit la facilité de retirer la cuve sans être obligé de la détacher, ce qui ne peut guere se faire sans endommager le bois de ces traverses de ceinture.

La longueur ordinaire des Baignoires est de 4 à 4 pieds & demi, sur 2 pieds & demi au moins de largeur; leur hauteur doit être de 20 à 22 pouces, & même 2 pieds, afin qu'une personne assise dedans puisse avoir de l'eau jusqu'aux épaules, sans trop se pencher en arriere, ce qui est quelquefois impossible dans certaines maladies où l'usage du bain est nécessaire.

Ces sortes de Siéges n'ont rien de particulier, tant pour la construction que pour la décoration, qui est ordinairement très-simple, si ce n'est qu'on les entoure de canne pour plus de propreté, & que le dessus de leur siége, qui est aussi garni de canne, se brise en trois parties sur la longueur; savoir, deux parties depuis le devant de la Baignoire jusqu'à la naissance des accotoirs, & la troisieme, depuis ces derniers jusqu'au nud du dossier, ce qui est nécessaire pour que la personne qui fait usage du bain puisse être couverte autant qu'elle le juge à propos, (ces différentes parties du dessus de la Baignoire pouvant être garnies d'étoffe en dessous, pour conserver la chaleur de l'eau,) & qu'on puisse en même temps l'aider dans ses différents besoins, sans pour cela la découvrir tout-à-fait. *Voyez la Fig.* 3, cote A, où la Baignoire est représentée toute couverte; & cette même Figure, cote B, où elle est représentée découverte, le dossier ôté avec les mortaises dans lesquelles entrent les clefs de ce dernier, lequel se sépare du reste de la Baignoire, pour que dans le cas de nécessité on puisse tourner autour de la Baignoire, & aider la personne qui est couchée dedans, sans être gêné en aucune façon, ce qui ne pourroit être si ce dossier restoit en place.

Ce dossier n'a rien de particulier dans sa forme, ni dans celle de ses accotoirs, dont les consoles s'assemblent par le bas dans une traverse d'une largeur égale à l'épaisseur du dessus de la Baignoire, auquel elle est continue. *Voyez la Fig.* 1, où le joint *a* de cette traverse est marqué, ainsi que la clef *b c*, qui entre dans la traverse, où on l'arrête par le moyen d'une cheville *d*. L'écart des côtés de la Baignoire est retenu en dessous par une barre assemblée dans les pieds du milieu, & on doit avoir soin que cette barre soit placée le plus bas possible, afin que le fond de la cuve de cuivre ne touche pas dessus.

Les demi-Baignoires ne different de celles dont je viens de parler, que par leur longueur, laquelle n'est ordinairement que de 2 à 3 pieds. Ces Baignoires sont plutôt d'usage pour la propreté que pour autre chose, & sont peu commodes; c'est pourquoi on en fait peu d'usage.

Il est encore d'autres especes de Baignoires de propreté, comme celles dont je viens de parler, telles que sont les Seaux & les Bidets; les premiers sont des especes de petits Siéges d'une forme circulaire, composés d'un dessus de bois de 15 à 18 lignes d'épaisseur, soutenu par quatre pieds dont l'écart est entretenu par quatre traverses & une tablette placée à environ 6 pouces du bas des pieds.

Le dessus de ces Siéges est percé d'un trou rond au milieu, dans lequel entre un seau de fayence ou de cuivre, ce qui est égal, dont le rebord s'appuie dans une feuillure pratiquée dans le dessus du siége, dont l'arête extérieure est arrondie, afin de ne point blesser ceux qui s'asseyent dessus sans y mettre de coussin ou de bourrelet de cuir ou d'étoffe destinés à cet usage. *Voyez les Fig.* 5 *& 6.*

La traverse du dessus de ce Siége se fait ordinairement d'un seul morceau de bois percé au milieu, ce qui est peu solide, sur-tout quand il y a des canelles ou robinets placées au bas du seau de fayence, parce qu'alors il faut qu'ela traverse soit coupée pour en faciliter le passage lorsqu'on veut retirer le seau; c'est pourquoi il est bon de faire cette traverse de quatre morceaux collés en flûte, ou assemblés à traits de Jupiter, ce qui rend cette traverse plus solide & plus propre à recevoir les assemblages des pieds qui y entrent à tenon & mortaise. *Voyez la Fig.* 9, qui représente le plan du Siége dont je parle, disposé de cette maniere.

La hauteur des Seaux de propreté, varie depuis 14 jusqu'à 16 & même 18 pouces, sur un pied jusqu'à 15 à 16 pouces de diametre, selon la grandeur ou la volonté de ceux qui en font usage.

Les Bidets sont de petites Baignoires ou Siéges de propreté, dont l'usage & la construction sont à peu-près les mêmes qu'à ceux dont je viens de parler, du moins pour l'ordinaire. Le dessus de ces Siéges est de la forme d'une poire allongée, de 18 à 20 pouces de longueur, sur un pied ou 13 pouces à sa plus grande largeur, & 9 à 10 à sa plus petite. Le milieu du dessus de ces Siéges est rempli par une cuvette de fayence ou autre, laquelle affleure au dessus, dans laquelle elle entre à feuillure, comme aux Figures 5 & 6. *Voyez les Fig.* 7 *&* 10. Il y a des Bidets, *Fig.* 8 *&* 11, dont la forme du plan est oblongue &

droite, & dont le deſſus eſt fermé par un couvercle, de ſorte qu'on ne l'ouvre
que lorſqu'on en veut faire uſage, ce qui eſt plus propre que les autres, qui,
reſtant toujours à découvert, peuvent ſervir indifféremment à pluſieurs perſonnes;
au lieu que ceux-ci peuvent ſe fermer à clef, leurs couvercles s'ouvrant à charnieres par derriere, ou bien s'y arrêtant avec des crochets, ce qui donne la facilité
de l'ôter tout-à-fait, ce qui eſt plus commode; toute la difficulté qu'il y a à ces
ſortes de Siéges, c'eſt que leur forme droite par les côtés & leurs vives-arêtes,
peuvent bleſſer ceux qui s'aſſoient deſſus, à moins qu'on n'y place un bourrelet
très-épais, lequel entre dans l'épaiſſeur du deſſus, qu'on fait creux en deſſous;
afin de placer ce bourrelet, qui alors ôte une partie de l'incommodité, à laquelle
on peut obvier tout-à-fait, en chantournant les côtés du Bidet dont je parle,
comme celui repréſenté *Fig.* 7 & 10, ainſi qu'on le fait aux Bidets à néceſſaire,
repréſentés dans la Planche ſuivante.

Les Bidets dont je parle ſont d'une même forme que les précédents, à
l'exception qu'ils ont un doſſier, & que le deſſus de leur couvercle eſt garni de
cuir; de ſorte que quand ils ſont fermés, ils reſſemblent à une Chaiſe dont le
ſiége eſt plus alongé qu'à l'ordinaire. *Voyez les Fig.* 1, 2, 3 & 5. Ces Bidets
contiennent une cuvette comme ceux dont je viens de parler, & ſervent en
même temps à prendre des remedes ſoi-même, ce qui eſt très-commode pour
beaucoup de perſonnes, comme je vais l'expliquer.

Quand on veut faire uſage du Bidet de cette maniere, on en ôte la cuvette de
fayence, puis on y place une ſeringue *A B, Fig.* 3, 4 & 5, dont le bout
inférieur entre dans un conduit d'étain *C D*, dont l'extrémité *C* reçoit un canon
d'une longueur convenable, pour qu'il déborde la lunette *Fig.* 8, qu'on poſe à
la place de la cuvette, à l'endroit de ſa plus grande largeur; cette lunette, hors
ce temps, ſe place dans l'épaiſſeur du deſſus ou couvercle, *Fig.* 6, & y eſt arrêtée
par deux mantonnets *a, b,* & par un tourniquet *c,* lequel la retient en place.
La ſeringue ſe place de même dans l'intérieur du Bidet, au-deſſous de la cuvette,
de ſorte qu'elle n'eſt apparente que lorſqu'on veut en faire uſage.

L'intérieur de ces Bidets doit être revêtu de plomb très-mince, afin que l'eau
qui pourroit tomber dedans, ne les pourriſſe pas. Leur doſſier eſt ordinairement fort épais, afin d'y pratiquer des petites caſes ou eſpaces *E, E,*
E, Fig. 3 & 5, dans leſquelles on place des flacons & autres choſes néceſſaires.
Le deſſus de ces caſes eſt fermé par une eſpece d'appui qui ſe ferre ſur le derriere
du doſſier; & on doit avoir ſoin qu'il le ſoit de maniere que quand il eſt renverſé
en dehors, il préſente une ſurface droite avec le deſſus de ces mêmes caſes.

La décoration de ces ſortes de Bidets eſt très-ſimple, le pourtour de leur ſiége
étant fait de bois plein & uni, ſans aucune eſpece de moulure, ainſi qu'on peut
le voir dans les Figures ci-deſſus; cependant il s'en eſt fait de très-riches, où on
a pouſſé l'indécence (qu'on me pardonne le terme) juſqu'à y employer non-
ſeulement les ſculptures & les dorures, mais encore les glaces, qu'on a fait
ſortir

fortir de leur doffier, ou même qui en faifoient la garniture, & qui ne fe levoient que pour pouvoir fouiller dans l'intérieur de ce doffier.

Il fe fait auffi de petites Caffettes propres à prendre des remedes foi-même, lefquelles ont 12 à 15 pouces de longueur, & 7 à 8 de largeur, fur 4 à 5 pouces d'épaiffeur, dont le deffus eft percé d'un bout pour paffer la feringue, & l'autre le canon, qu'on place l'un & l'autre lorfqu'on veut en faire ufage, & qu'on refferre enfuite dans la boîte ou caffette, ce qui eft fort commode pour les perfonnes infirmes. Je ne donnerai pas ici de figure de cette boîte, vu qu'elle n'a rien de particulier que la conftruction de la feringue, laquelle eft à peu-près la même que celle des Bidets avec néceffaire, dont je n'ai fait qu'une courte defcription, vu que cela ne regarde pas le Menuifier, qui n'a befoin que de la groffeur de la feringue & de la longueur de fon conduit, pour pouvoir percer les trous du deffus de la boîte dont il eft ici queftion, à laquelle on met quelquefois des pieds comme aux Bidets repréfentés *Fig.* 8 & 11.

Après les Siéges de propreté dont je viens de faire la defcription, il me refte à traiter de ceux de commodités ou de garde-robe, appellés communément *Chaifes percées.* Ces Siéges repréfentés *Fig.* 9, 10, 11, 12, 13 & 14, ne font autre chofe qu'une efpece de caiffe foutenue par quatre pieds, & recouverte d'un couvercle, lequel ferme quelquefois à clef.

La largeur des Siéges de commodité, eft ordinairement de 16 à 18 pouces, fur 12 à 13 pouces de profondeur, & 14 ou 16 pouces de hauteur, pris du nud de l'ouverture du couvercle; on partage la largeur intérieure de ces Siéges par une cloifon, laquelle eft difpofée de maniere que le plus grand efpace fe trouve d'une forme quarrée, c'eft-à-dire, de 11 à 12 pouces, qui fert à placer un feau de fayence, au-deffus duquel on perce une lunette, *Fig.* 13, percée d'un trou rond d'environ 7 à 8 pouces de diametre, laquelle entre à feuillure dans l'épaiffeur des côtés du fiége, ou s'ils font trop minces, eft foutenue par les quatre angles des pieds, & par des taffeaux attachés fur ces premiers; le petit efpace qui refte à droite, fert à placer les chofes dont on peut avoir befoin, & eft fermé d'une petite planche ou couvercle, lequel eft ferré fur le côté du fiége. *Voyez les Fig.* 11 & 14.

La lunette des Siéges dont je parle, doit être faite de quatre pieces affemblées à bois de fil, ce qui eft plus folide que de les faire en plein bois; & on doit avoir foin d'en bien arrondir les arêtes intérieures, & d'abattre le refte en glacis, afin de leur réferver de la force au milieu. *Voyez les Fig.* 11 & 13. Le deffus ou couvercle des Chaifes de commodité doit être creux, pour pouvoir contenir le bourrelet qu'on met ordinairement fur la lunette. Ces Chaifes font toutes unies fans aucun ornement; la propreté eft tout ce qu'on y recherche le plus.

Comme il y a des gens qui, fans être très-riches, veulent jouir de toutes les commodités poffibles, on a imaginé des Chaifes faites à l'exemple des lieux à soupapes, (communément connus sous le nom de *Lieux à l'Angloise*) lesquels les remplacent en quelque maniere. Ces Chaises, *Fig.* 15, 16 & 17, sont composées d'un siége plein disposé à peu-près de la même maniere qu'aux Siéges de commodité, & d'un dossier de 3 à 4 pouces d'épaisseur, dans lequel est pratiqué un réservoir de plomb, qu'on emplit d'eau ; au bas de ce réservoir est placé un tuyau *A, Fig.* 16, qui communique à une main *B*, qui, lorsqu'on la fait tourner, donne passage à l'eau, laquelle entre dans un autre petit tuyau *C*, nommé *flageolet*, qui tient avec la main, & par conséquent tourne avec elle ; de maniere que l'eau n'en sort que quand le bout de ce tuyau est exactement au milieu de la lunette. *Voyez les Fig.* 16 & 17.

La construction de ces sortes de Chaises n'a rien de particulier ; c'est pourquoi je n'entrerai pas dans un plus grand détail à ce sujet, tout ce que j'ai dit jusqu'à présent étant plus que suffisant, non-seulement pour les Siéges dont je parle ici, mais encore pour tous les autres, de quelqu'espece qu'ils puissent être, dont j'ai déja fait la description, ne me restant plus à faire que celle des Siéges des jardins, dont je traiterai dans l'Art du Treillageur, lequel est en possession de faire ces sortes de Siéges, qui, avant qu'il fût réuni au corps des Menuisiers, étoient faits par les Menuisiers de bâtiment.

CHAPITRE SEPTIEME.

Des Lits en général ; leurs différentes efpeces.

L ES Lits font les meubles les plus néceffaires, & dont l'ufage eft le plus univerfel : on fe paffe volontiers de tous les autres, mais ceux-ci font d'une néceffité indifpenfable pour le riche comme pour le pauvre, fur-tout dans des climats comme le nôtre, qui, fans être fujets à un froid exceffif, ne font cependant pas affez chauds pour qu'on fe couche fur le plancher des appartements, ou du moins pour y pofer les matelas ou couffins, comme c'eft la coutume dans les pays chauds, où la fraîcheur des nuits n'eft pas fi à craindre.

Les Lits, quoique deftinés au même ufage, ont différentes formes, & par conféquent différents noms en raifon de ces mêmes formes : on les nomme *à la Françoife*, (ou plus communément *à la Ducheffe* ; mais je les nommerai toujours *à la Françoife*, ce nom leur étant plus convenable,) *à la Polonoife*, *à l'Italienne* ; *à la Turque*, ou tout autre nom qu'il a plu aux Ouvriers de leur donner, quoiqu'il y ait peu de différence entr'eux ; c'eft pourquoi je crois qu'on peut, malgré l'ufage, confidérer les Lits comme faifant deux efpeces diftinctes l'une de l'autre ; l'une qu'on nomme *à la Françoife*, dont la forme du bois de lit ou chalit, eft quarrée, ou du moins formant un parallélogramme, ce qui eft la forme la plus ordinaire, & dont les pieds s'élevent pour porter le ciel du Lit, ou daïs, ou impériale, felon fes différentes formes ; quelquefois ces Lits ont les pieds coupés tant devant que derriere ; mais le ciel, qui alors eft fufpendu, eft toujours d'une même forme ou du moins de même grandeur que le bois de lit, lequel, dans l'un ou l'autre cas, n'a qu'un chevet, c'eft-à-dire, une partie plus élevée, du côté de laquelle on pofe la tête lorfqu'on eft couché.

La feconde efpece de Lits, font ceux qu'on nomme *à la Polonoife*, lefquels ont deux chevets, & ont des pavillons ou impériales d'un tiers plus petits que le bois de lit, de forte qu'on eft obligé de cintrer les colonnes ou montants du Lit, pour pouvoir regagner cette inégalité.

Les Lits, foit à l'Italienne, foit à la Turque ou à la Chinoife, ne font que des nuances de ceux-ci ; c'eft pourquoi on doit les comprendre fous la feconde efpece de Lits, à laquelle, fi on pouvoit ajouter une troifieme, ce feroit les Lits de camps & de campagne, lefquels, quoiqu'à peu-près femblables à ceux dont je viens de parler, méritent de faire une claffe à part pour la fingularité de leur conftruction.

C'eft pourquoi ce Chapitre, qui contiendra la defcription des Lits, fera divifé en trois Sections.

Dans la premiere, je traiterai des Lits à la Françoise, de leurs formes, proportions & construction.

Dans la seconde, je traiterai des Lits à la Polonoise, & de tous ceux qui y ont rapport.

Dans la troisieme enfin, je traiterai des Lits de campagne de toutes les especes, auxquels je joindrai la description de différents Siéges & Tables de campagne, pour rassembler sous un même point de vue, la description de tous les Meubles de cette espece.

SECTION PREMIERE.

Description des Lits à la Françoise; de leurs formes,
proportions & construction.

PLANCHE
242.

LES Lits à la Françoise, ainsi que tous les autres, sont composés de deux parties principales; savoir, le *bois de lit*, autrement dit *couchette*, & anciennement *chalit*, & du *dais*, autrement dit *ciel*, ou enfin *pavillon* ou *impériale*; c'est par la premiere de ces deux parties, qui est la principale, puisqu'elle est absolument nécessaire, que je vais commencer leur description.

Le bois de lit ou couchette, est composé de quatre pieds *A*, *B*, *C*, *D*, *Fig. 1 & 2*, de deux pans ou battants *E*, *F*, de deux traverses *G*, *H*, & d'un chevet ou dossier *I*.

Le dedans du Lit se garnit de deux façons différentes; savoir, par sept barres ou goberges *L L*, lesquelles entrent en entaille dans les pans, au-dessus desquels elles affleurent; au dessous de ces barres sont placées deux fortes barres *M*, *M*, qu'on nomme *barres d'enfonçures*, lesquelles entrent tout en vie de 9 lignes de profondeur au plus dans la traverse de devant, & en entaille dans celle de derriere, du moins pour l'ordinaire; car la meilleure maniere est de les faire entrer tout en vie des deux bouts, comme je le dirai ci-après.

La seconde maniere de garnir les Lits, est d'y mettre un chassis *Fig. 5*, qu'on garnit de sangles, lequel est composé de deux battants *N*, *N*, de deux traverses *O*, *O*, de quatre écharpes *P*, *P*, & au milieu d'une traverse *Q*, laquelle doit être d'une forme creuse en dessus, afin que la sangle ne porte pas, & qu'elle puisse même ployer sans rencontrer la barre ou traverse du milieu: on doit avoir la même attention pour les écharpes, qu'il faut creuser de même, ou bien faire désaffleurer d'environ 2 lignes le dessus du bâtis.

Voyez la Figure 5 & la Figure 6, qui représentent cette traverse vue de côté avec son assemblage, lequel passe en enfourchement par-dessous les battants. Le bois de ce chassis doit avoir 1 pouce d'épaisseur au moins, sur environ 3 pouces de large, afin que les entailles qu'on est obligé d'y faire à la rencontre des pieds, ne l'affoiblissent pas trop; pour les écharpes, deux pouces de largeur

leur

leur fuffifent, toute leur force devant être à bois de boût, pour empêcher le chaffis de ployer ni de biaifer lorfqu'on vient à le fangler.

Les chaffis fanglés entrent tout en vie dans le bois de lit, & font portés par des taffeaux qu'on y rapporte fur les battants ou pans, & fur les traverfes; mais il eft meilleur de les ravaler de 4 ou 6 lignes fur l'épaiffeur, pour réferver la portée du chaffis, ce qui en même temps eft plus propre & plus folide, comme je l'ai obfervé à la *Fig.* 4, où le chaffis *a* affleure le deffus du pan *b*, lequel eft ravalé ainfi que je le recommande ici.

Quand on fait ufage de ces chaffis, il eft bon de mettre en deffous une ou deux barres à queue *c*, *Fig.* 4, lefquelles fervent à retenir l'écart des deux pans, lefquels, s'ils n'étoient pas ainfi retenus, pourroient s'écarter, ce qui feroit un très-mauvais effet.

En général, l'ufage des chaffis fanglés eft plus commode que celui des barres ou goberges, parce qu'ils rendent le Lit plus doux, & qu'ils ne font pas fujets à couper la toile des matelas ou fommier de deffous, ainfi que ces dernieres, qui cependant font préférables pour les Lits des gens du commun, parce qu'elles coûtent moins cher, & qu'elles font moins fujettes à loger les punaifes, lefquelles, quelque foin que l'on prenne, font prefqu'inévitables dans les maifons à loyer, fur-tout quand elles font vieilles. C'eft pourquoi dans la conftruction de tous les Lits en général, & fur-tout de ceux-ci, on doit prendre une attention finguliere pour en faire les affemblages avec toute la juftesse & la précifion poffibles, tant des pieds & du doffier, que les entailles des goberges & des barres d'enfonçure, auxquelles on ne doit pas laiffer une idée de jeu, tant fur la largeur que fur l'épaiffeur, afin de ne pas laiffer de place aux punaifes, vermine auffi défagréable qu'incommode, auxquelles il ne faut laiffer aucune retraite, non-feulement dans les affemblages, mais encore dans les bois du Lit, auxquels il faut éviter toute efpece de nœud & de fente; & il faut auffi éviter les angles rentrants qui font inutiles, comme ceux que forment les profils qu'on fait aux pieds de derriere, pour regagner la différence d'épaiffeur, auxquels il vaut beaucoup mieux fubftituer une doucine fans aucun quarré, comme j'ai fait ici. On doit auffi avoir la même attention pour le doffier, qu'on doit toujours faire affleurer aux pieds en dedans du Lit, mais encore par dehors; & s'il arrivoit qu'il fût plus mince, on doit abattre en chanfrein l'excédent des pieds (*).

Les Bois de Lits ont ordinairement 6 pieds de longueur fur 4 de largeur;

(*) L'obfervation que je fais ici eft très-effentielle, quoique très-négligée par la plupart des Menuifiers, qui ne font que des Lits, lefquels font, pour la plupart, mal corroyés & mal affemblés; de forte qu'ils n'ont que l'apparence, fans aucune des qualités que je recommande ici, lefquelles font pourtant bien néceffaires, furtout pour les gens du commun, lefquels font fouvent logés à l'étroit & dans de vieux bâtiments, où, quelque foin qu'on prenne, il eft

prefqu'impoffible d'éviter les punaifes; ce qui n'arrive pas aux gens riches, lefquels font logés plus à l'aife, & dont les appartements peints & vernis, & fur-tout entretenus avec beaucoup de propreté, les mettent à l'abri de cette vermine; c'eft pourquoi on leur fait des Lits non-feulement avec des chaffis fanglés, mais encore garnis d'étoffe & remplis de moulures & de fculptures, fans rien craindre, vu la grande propreté qui regne dans leurs Lits & dans leurs appartemeuts.

pour coucher deux perfonnes ; cependant ceux qui veulent être plus à leur aife les font de 4 pieds & demi à 5 pieds de large. Les Lits des grands Seigneurs ont depuis 5 jufqu'à 7 pieds de large, fur 7 & même 8 pieds de long, non pas que cela foit néceffaire pour eux, qui ne font pas ordinairement plus grands ni plus gros que les autres hommes, mais afin que la grandeur de leurs Lits réponde en quelque forte à celle de leur appartement.

Les Lits dont je viens de parler, font fuppofés faits pour coucher deux perfonnes ; ceux à une feule perfonne ont depuis 2 pieds & demi jufqu'à 3 pieds & demi de large, ce qui eft la plus grande largeur poffible, & toujours fur 6 pieds de long du dehors en dehors, à moins toutefois que la perfonne pour laquelle on les feroit, ne fût d'une grandeur extraordinaire, ce qui obligeroit alors d'augmenter la longueur du Lit.

Les pieds des Lits ont ordinairement 3 pouces de groffeur, fur 2 pieds 2 à 3 pouces de hauteur ceux de devant, & 2 pieds 9 à 10 pouces ceux de derriere ; les pans & les traverfes ont 3 pouces à 3 pouces & demi de large, fur un pouce & demi d'épaiffeur au moins, lorfqu'ils recevront des goberges, ainfi que la *Fig.* 3, & 2 pouces lorfqu'ils feront ravalés pour recevoir un chaffis, comme la *Fig.* 4.

Voyez les Figures 1 & 4, qui repréfentent un pan de Lit vu en dedans & en deffus, avec toutes les entailles difpofées pour recevoir les barres ou goberges, dont celle du milieu eft à queue ordinairement, quoiqu'on faffe très-bien d'en mettre deux, ce qui retient mieux l'écart des pans. Voyez pareillement les Figures 7 & 8, qui repréfentent une traverfe vue en dedans & en deffus, avec une mortaife *a*, & une entaille *b*, pour faire voir les deux manieres de placer les barres d'enfonçure dans la traverfe de derriere, afin qu'on puiffe faire choix de l'une ou de l'autre, quoique la premiere foit préférable, du moins à mon avis, tant pour la propreté que pour la folidité.

L'affemblage des pans & traverfes dans les pieds, fe place à 8 ou 9 pouces du bas en deffous du pan, d'après lequel on y fait tourner une efpece de baluftre ou tout autre ornement, ce qui eft général pour tous les quatre pieds. Au-deffus de l'affemblage des pieds de devant, on creufe l'angle intérieur du pied en forme de quart de cercle, en lui laiffant 12 à 15 lignes d'épaiffeur fur le devant ; ce creux fert à placer l'angle des matelas, lequel feroit coupé par celui du pied s'il n'étoit pas abattu. *Voyez la Fig.* 5, qui repréfente un pied de devant vu du côté de l'élégiffement ; & celle 6, qui repréfente ce même pied vu de face. Les pieds de derriere s'élégiffent au-deffus de l'affemblage, à 15 ou 16 lignes d'épaiffeur ; & on termine cet élégiffement en forme de doucine fimple, pour les raifons que j'ai dites ci-deffus, en obfervant d'y laiffer environ un pouce de bois plein du commencement de cette doucine au-deffus de l'affemblage, afin que le deffus de la mortaife ne foit point fujet à s'éclatter.

Voyez les Figures 2 & 3, qui repréfentent l'une ce pied vu de côté avec

l'affemblage du doffier, & l'autre le même pied vu par devant. Comme ces pieds
font élégis, on ne les prend pas dans des morceaux différents, ce qui feroit
trop de perte; mais on les prend dans un feul morceau, qu'on tient d'environ
18 pouces plus long qu'il ne faut, pour réferver la partie pleine de l'autre pied
& le paffage de la fcie, avec laquelle on ne les refend qu'après les avoir tournés,
ce qui ne pourroit être autrement, puifque le centre qui eft au milieu de la
piece feroit emporté. *Voyez la Fig* 9, qui repréfente les deux pieds de derriere
difpofés de cette maniere.

Les Lits fe montent ordinairement à vis, lefquelles paffent au travers du pied
pour venir joindre leur écrou, qui eft placé dans le pan, au milieu de fa largeur,
ainfi que le repréfentent les *Fig.* 10 & 11, qui montrent la coupe du pan & la
place de l'écrou, qu'on place dedans de la maniere fuivante:

On commence par percer le pied au milieu de l'affemblage, avec une meche
d'une groffeur convenable, c'eft-à-dire, de 5 à 6 lignes de diametre; enfuite
on affemble le pan dans le pied, & on le perce à la profondeur de 7 à 8
pouces au moins, avec la même meche, en la paffant par le trou qui eft fait au
pied; ce qui étant fait, on défaffemble le pan, & à 3 pouces environ de l'arrafement, on y perce une petite mortaife à bois de travers de la largeur & de
l'épaiffeur de l'écrou, en obfervant de ne la pas faire defcendre plus profond
qu'il ne faut, pour que l'écrou fe trouve vis-à-vis le trou percé dans le pan,
parce que fi elle étoit plus profonde, l'écrou, quelque jufte qu'il fût placé,
pourroit retomber au fond de la mortaife, & par conféquent ne pourroit plus
recevoir la vis lorfqu'on voudroit remonter le Lit: lorfqu'on a percé cette mortaife, on y ajufte l'écrou, & on y fait entrer la vis pour voir fi elle tourne aifément; ce qui étant fait, on affure l'écrou des deux côtés, fuppofé qu'il y ait un
peu de jeu (ce qu'il faut cependant éviter le plus qu'il fera poffible); enfuite
on bouche le devant de la mortaife avec un coin à colle, qu'on met ordinairement
à bois de bout, pour plus de folidité. *Voyez les Fig.* 10, 11, 12, 13 & 14;
& comme il arrive quelquefois que le trou ou tarau de l'écrou n'eft pas percé
perpendiculairement à fa furface, ce qui le fait pencher de côté, dans ce cas, il
faut alors y faire attention; & avant de percer la mortaife, on place la vis fur le
pan au-deffus du trou; & alors l'écrou étant en place, c'eft-à-dire, avec la
vis, on frappe un coup de marteau fur l'écrou, lequel, en s'imprimant fur le
bois, marque au jufte l'inclinaifon de la mortaife.

On ne met des vis qu'aux affemblages des pans; pour ce qui eft des traverfes,
on les cheville, ce qui eft mieux que d'y mettre des vis, lefquelles deviennent
inutiles fur-tout aux pieds de derriere, qui font chevillés avec le doffier, qui,
ordinairement, a 10 à 12 pouces de largeur, & a par conféquent deux tenons.

L'affemblage des pans & des traverfes des Lits, fe fait ordinairement fimple,
au milieu duquel on fait paffer la vis; mais je crois que malgré l'ufage, lorfque
le bois des pans & des traverfes aura environ 2 pouces d'épaiffeur, on feroit très-

bien de faire cet assemblage double, & de faire passer la vis au milieu des deux assemblages, ce qui rendroit l'ouvrage fort solide, & qui conserveroit les tenons de toute leur largeur ; ce qui est d'autant plus aisé à faire, qu'on ne peut mettre que très-peu de joue au devant de ces assemblages, puisqu'on ne fait jamais affleurer le devant des pans & des traverses avec les pieds, afin de laisser plus de joue à ces derniers ; de plus, le trou de la vis étant percé dans le plein du pied, n'est pas sujet à enfoncer dans ce dernier. *Voyez les Fig.* 13, 14 & 15, qui sont disposées de cette maniere, laquelle ne pourroit être susceptible de difficulté, qu'autant que les bois seroient trop minces, ce qui obligeroit à y mettre des vis d'un trop petit diametre. *Voyez les Fig.* 16, 17 & 18, qui représentent une vis à tête ronde avec son écrou, dont la forme est barlongue, afin de prendre moins dans l'épaisseur du pan, & de laisser de la place pour le tampon qu'on met dessus. Je ne m'étendrai pas ici sur la forme des différentes vis, parce que j'ai fait la description de toutes sortes de vis dans la seconde Partie de cet Ouvrage, *page* 259 & *suiv* ; tout ce que je puis dire maintenant, c'est que celles à têtes rondes sont préférables, parce qu'elles sont plus propres que les autres, & que leur peu de saillie n'est point sujette à arracher ceux qui passent auprès.

Les assemblages des Lits doivent être très-justes, sur-tout ceux des traverses, qu'il faut mettre très-roides sur la largeur du tenon, lequel doit avoir 2 pouces de longueur, afin qu'étant chevillés, ils ne soient pas faciles à ébranler. Quant aux tenons des pans, quoique justes, ils ne doivent pas être forts, parce qu'il faudroit frapper dessus les pieds chaque fois qu'on monteroit ou démonteroit le Lit, ce qui les meurtriroit & même les feroit fendre.

Les tenons des pans doivent être très-courts, 15 lignes étant suffisantes, afin que la mortaise destinée à les recevoir, ne passe pas dans celle des traverses, ce qu'il faut absolument éviter ; il faut aussi avoir soin que ces mortaises soient bien d'à-plomb à bois de bout, de crainte que si on les fouilloit en dessous, comme on fait quelquefois, elles ne s'éclattassent à bois de bout, & ne fissent du jeu ; c'est pourquoi on fera très-bien de retrécir le bout des tenons des pans sur leur largeur pour leur donner de l'entrée, & qu'ils joignent bien sur le bois de bout de la mortaise, lorsqu'ils seront entrés dedans jusqu'à leur arrasement, qu'on doit avoir soin de scier bien d'à-plomb, afin qu'il joigne également par-tout.

Ce que je viens de dire est général pour tous les Lits, tant ceux à la Françoise que les autres, de quelqu'espece qu'ils soient.

Quand les Lits à la Françoise sont à colonnes, c'est-à-dire, que les pieds portent le dais ou ciel du Lit, on les élégit d'après l'assemblage des pans, comme le représente la *Fig.* 25, afin qu'ils soient & qu'ils paroissent moins lourds ; & lorsqu'ils sont très-hauts, il est bon d'y mettre une écharpe de fer *A* par le bas, qui en empêche l'écart. Le haut de ces pieds ou colonnes est ordinairement garni d'une broche de fer, laquelle est destinée à recevoir le chassis ; quelquefois le bout de cette broche est taraudé pour recevoir un écrou, lequel retient

le

le chaſſis en place de quelque maniere que ce ſoit. Il eſt bon de garnir le
haut de la colonne d'une virole de fer *B*, laquelle l'empêche de s'éclatter, ce qui
eſt très-néceſſaire, ſur-tout quand les colonnes ont peu de groſſeur par le haut.

Lorſque les Lits ſont à colonnes, il eſt bon que tous les aſſemblages ſoient
montés à vis, afin qu'on puiſſe les démonter tout-à-fait & qu'ils tiennent moins
de place ; dans ce cas on fait paſſer les vis les unes ſur les autres, celles des pans
par-deſſus celles des traverſes, parce qu'elles ſouffrent plus d'effort que ces
dernieres.

Le doſſier des Lits à colonnes ſe place derriere les pieds, par le moyen des
crochets & des pitons qu'on y met ; cependant il vaut beaucoup mieux attacher
ſur les faces intérieures des colonnes, des couliſſes dans leſquelles on fait entrer
le doſſier (qu'on arrête toujours avec des crochets, pour empêcher l'écart des
colonnes), au-deſſus deſquelles on place des chantournés, *Fig.* 23, cote *A*
B, leſquels y ſont retenus par des clefs *C D*, & par des barres qui,
étant attachées derriere, paſſent dans des chapes de fer *E*, qui ſont placées vers
le milieu du doſſier. *Voyez la Fig.* 22, qui repréſente la coupe d'un doſſier &
d'un chantourné arrêté de cette façon, & coté des mêmes lettres que la
Figure 23.

Ces chantournés ſe font ordinairement de ſapin, pour être plus légers, &
ſont revêtus d'étoffe par le Tapiſſier, qui en détermine ordinairement les
contours, dont je me ſuis contenté de donner ici deux exemples.

Autrefois les chantournés, ainſi que tout le reſte des Lits, ſe faiſoient de
noyer ou autres bois propres à polir, qui étoient ornés de ſculptures ou de divers
compartiments percés à jour, de ſorte que la Menuiſerie étoit toute apparente.

Les colonnes des Lits étoient auſſi très-ornées, & quelquefois tournées en
forme de colonnes torſes, les pans ſculptés & ornés de moulures, ainſi que le
ciel ou dais, qui étoit preſque tout de Menuiſerie apparente, comme on le voit
encore en quelques Provinces de France ; mais depuis que l'Art du Tapiſſier s'eſt
perfectionné, on a totalement perdu cet uſage : les colonnes des Lits ont été
cachées par des cantonnieres, & le reſte du bois du Lit par la courtine,
autrement dit *courte-pointe*.

Quand l'uſage des Lits à colonnes a ceſſé d'être à la mode, les bois de Lits
n'en ont pas été plus apparents, parce qu'alors les courte-pointes paſſerent par
deſſus les pieds de devant, & les couvrirent totalement, ce qui obligea de placer
des tringles d'environ un pouce & demi de large, leſquelles entroient en enfourchement *a a* dans les pieds de devant, & à tenons dans ceux de derriere, ainſi
qu'on le pratique encore à préſent aux Lits de parade des grands Seigneurs,
au bas deſquels ſont placés des crochets ou mentonnets de fer *b b*, qui ſervent à
porter de ſemblables tringles de bois, ſur leſquelles ſont placés ce qu'on appelle
les *ſoubaſſements de la courte-pointe*. Voyez les *Fig.* 1 & 2 de la Planche 242, à
laquelle j'ai obſervé ces entailles & ces crochets, cote *a a* & *b b*.

Quoique les Lits à la Françoise ne foient plus apparents, il faut cependant avoir grand foin de les faire avec beaucoup de propreté, d'en arrondir toutes les arêtes, afin qu'ils ne foient point expofés à déchirer les mains de ceux qui en approchent, & à couper les toiles des matelas, les couvertures, &c.

Comme les Lits ne font pas toujours affez ifolés pour qu'on puiffe les faire fans les changer de place, on a imaginé de les mettre fur des roulettes tournantes à pivot, lefquelles en facilitent le mouvement de quelque côté qu'on juge à propos de les faire mouvoir.

Ces roulettes ont environ 5 pouces de diametre, & 7 pouces de hauteur du deffous de la boîte dans laquelle leur tige entre à pivot. Ce font ordinairement les Menuifiers qui les placent fous les pieds des Lits, dans lefquels ils percent des trous d'une grandeur capable de contenir la boîte de la roulette, qu'il faut avoir foin de faire entrer le plus jufte poffible, pour éviter toute efpece d'ébranlement; quand la boîte eft ajuftée, on arrête fa platine avec le pied, non pas avec des clous, comme on fait ordinairement, mais avec des vis, lefquelles, quoiqu'à bois de bout, tiennent pour le moins auffi bien, & même mieux, que ces derniers, & ne font pas fu jettes, ainfi qu'eux, à faire fendre la plinthe du pied. *Voyez les Fig.* 19 & 20, qui repréfentent une roulette & fa platine vue en deffous.

Il y a des occafions, comme dans le cas d'un Lit en niche, où on ne veut pas que les roulettes foient mobiles, mais où au contraire on ne les fait rouler que fur un fens; dans ce cas, dis-je, on fait un enfourchement au pied, dans lequel on place une roulette, ce qui eft très-fimple, mais en même temps peu folide, parce que cet enfourchement diminue confidérablement la force du pied, & que de plus on ne peut plus faire fervir un Lit ainfi difpofé, à d'autres ufages, du moins fans reboucher les enfourchements, ce qui fait toujours de mauvais ouvrage; c'eft pourquoi je crois qu'on feroit très-bien, dans le cas dont je parle ici, de placer les roulettes fous les pieds à l'ordinaire, en obfervant d'y faire des chapes adhérentes avec leurs platines, qu'on attacheroit fous le pied, comme celles dont je viens de parler. *Voyez la Fig.* 12.

On fait encore d'autres roulettes, *Fig.* 21, nommées à la Polonoife, lefquelles font beaucoup plus compliquées que les premieres, mais en même temps beaucoup plus commodes, parce qu'étant plus grandes que les autres & plus courbées, elles roulent & fe retournent plus aifément, ce qui eft très-néceffaire, fur-tout pour les Lits des gens riches, qui, pour l'ordinaire, font fort lourds. Ces roulettes ne fe pofent pas fous les pieds du Lit; mais on les attache diagonalement fous les pans & les traverfes avec de bonnes vis, en obfervant de les placer de maniere qu'elles puiffent tourner autour d'elles-mêmes fans toucher à l'angle intérieur du pied. *Voyez la Fig.* 24, où j'ai marqué par une ligne ponctuée la révolution de la roulette, de la conftruction de laquelle je ne parlerai pas ici, vu que cela n'eft pas du reffort de cet Ouvrage; tout ce que je puis dire, c'eft que celle qui eſt repréſentée ici eſt une des mieux faites qu'on puiſſe trouver, du moins pour le préſent, dont le modele m'a été communiqué par M. Bonthome, Maître Serrurier, qui en eſt l'inventeur, du moins pour la forme courbe de la partie du haut de la chape, laquelle, aux autres roulettes de cette ſorte, paſſoit droite du deſſus des deux branches, ce qui raccourciſſoit trop la longueur du pivot.

PLANCHE 243.

Les roulettes dont je parle ſont très-avantageuſes pour les Lits ſuſceptibles de décoration, parce qu'elles n'en élevent pas les pieds, qui alors ſemblent porter ſur le plancher; de plus, les roulettes poſées ſous les pieds ne ſauroient jamais bien faire, parce qu'elles exigent trop de groſſeur, ce qui ne peut être aux Lits à la Polonoiſe, dont les pieds ſont en forme de pieds de biches ou toute autre forme.

Voilà en général tout ce qu'on peut dire touchant la forme & la conſtruction des Bois de Lits à la Françoiſe; quant à leur décoration, elle eſt très-ſimple, ſur-tout depuis que la garniture d'étoffe en fait tout l'ornement. Cependant comme la mode commence à changer depuis qu'on eſt dans l'uſage de ſe ſervir des Lits à la Polonoiſe & autres, où les bois de Lits & les impériales ſont ornés de ſculptures & de moulures peintes & dorées, il me ſemble qu'on pourroit de même faire des Lits à la Françoiſe, dont le bois du Lit fût apparent & très-orné; c'eſt pourquoi j'ai cru devoir en donner un exemple, ce que je ferai après avoir décrit les pavillons en général, ce que je vais faire dans le Paragraphe ſuivant. Voyez ci-après, *Pl.* 246.

En général les bois de Lits ſe font de chêne ou de hêtre; mais le premier vaut mieux, ſur-tout quand il eſt bien ſain, pas trop ſec ni trop tendre, mais au contraire un peu liant & de fil; on peut auſſi faire des Lits en noyer, quand il a les qualités que je demande dans le chêne; le bois de noyer eſt de plus très-propre à cet uſage, & bon à polir, ce qui doit le faire préférer, & ce qu'on feroit plus ordinairement dans ce pays, s'il n'étoit pas ſi cher.

§. I. *Des Ciels de Lits*, appellés communément Pavillons *ou* Impériales; *de leurs formes & conſtruction.*

Les Ciels des Lits à la Françoiſe ſont ordinairement tout-à-fait garnis d'étoffe, de maniere que le bois de leur chaſſis n'eſt aucunement apparent, & que toute leur décoration dépend du Tapiſſier, lequel donne au Menuiſier les meſures néceſſaires & les formes convenables; de ſorte que tout l'ouvrage du Menuiſier conſiſte en des bâtis les plus légers poſſibles, en leur conſervant cependant toute la ſolidité convenable.

PLANCHE 244.

Les plus ſimples de ces bâtis ne ſont compoſés que de deux battants & de deux traverſes d'environ 2 pouces & demi de largeur, ſur un pouce d'épaiſſeur, leſquels ſont aſſemblés quarrément à l'ordinaire, ainſi que celui *A B C D*,

Fig. 8 , dont les bouts des battants excedent la traverse de derriere d'environ 2 à 3 pouces, ce qui est nécessaire pour avancer le chassis au-dessus du Lit. Là largeur de ce chassis doit être déterminée par celle du Lit, d'après laquelle on le fait plus ou moins excéder, selon que le Lit est à colonnes ou bien à l'ordinaire.

Dans le premier cas, si le Lit est disposé pour avoir de doubles rideaux & des cantonnieres, comme dans la *Fig.* 7 , il faut forcer la largeur du chassis, pour que du dedans de la colonne il y reste environ un pouce & demi de largeur, ce qui est nécessaire pour placer la tringle *a*, & pour que le rideau puisse tourner aisément, & qu'il reste environ un pouce en dehors de la colonne, pour que la pente du Lit passe aisément par-dessus la cantonniere.

Si au contraire les Lits à colonnes n'ont pas de cantonnieres, & que les rideaux passent par-dessus les colonnes, on fait affleurer le dedans du chassis au dedans de ces dernieres, & on porte toute la largeur en dehors, afin d'éloigner les rideaux du Lit le plus qu'il est possible.

Quand les Lits n'ont pas de colonnes, on détermine la largeur du chassis, en augmentant 2 pouces ou 2 pouces & demi au pourtour de la grandeur du bois de lit, afin que la tringle qui porte les rideaux, soit assez écartée du Lit, pour que les rideaux tombent d'à-plomb, du moins le plus qu'il est possible. *Voyez* la *Fig.* 9 , sur laquelle j'ai marqué l'à-plomb du Lit par la ligne *c d*.

Ce que je viens de dire touchant la maniere de déterminer la grandeur des chassis de ciel de Lit, est général pour tous, de quelque forme qu'ils soient; c'est pourquoi je n'en parlerai pas davantage.

Quelquefois les Ciels sont composés de deux chassis, comme la *Fig.* 8 , de maniere qu'ils forment en dedans comme une voussure, soit en pente seulement comme la *Fig.* 7 , ou bien en arc, comme dans la *Fig.* 9 ; dans l'un ou l'autre cas, ce chassis est soutenu par des montants qui sont placés de distance en distance pour porter l'étoffe, & qui sont assemblés à tenon & mortaise dans les deux chassis, comme la *Fig.* 4 , quand ces montants sont droits ; ou bien à tenon dans le chassis du bas, & en entaille dans le chassis du haut, quand ils sont d'une forme creuse, afin qu'ils soient plus solides, & qu'ils affleurent au nud du chassis du dessus, du moins en dedans. *Voyez la Fig.* 6. Ces montants se placent ordinairement à un pied de distance les uns des autres, tant sur les battants que sur les traverses, comme la *Fig.* 8 , cote *E G*, sans en mettre dans les angles, ce qui ne vaut rien, sur-tout dans les parties creuses, où il est nécessaire qu'on y mette un montant en forme d'arêtier creux, sur lequel le Tapissier puisse arrêter son étoffe, ce que j'ai observé dans cette même Figure, cote *F H*, & qui ne demande qu'un peu plus d'attention de la part du Menuisier, sans pour cela rendre l'ouvrage plus difficile à faire. La hauteur de ces montants est d'environ 6 pouces du dessus du premier chassis ; cependant on peut l'augmenter autant qu'on le jugera à propos, comme aussi celle des retours des faces, qui doit être au moins égale à cette derniere, & même la surpasser au milieu. *Voyez les Fig.* 1

&

& 5 , qui repréfentent la face du devant d'un chaffis de Lit à la Françoife , & celle du côté.

Ces retours font foutenus par de petits montants placés de diftance en diftance fur le premier chaffis , dans lequel ils entrent à tenon & mortaife , ainfi que dans les pieces chantournées du haut , lefquelles font affemblées à queue par les angles. *Voyez les Fig.* 2 & 3 , qui repréfentent les coupes du Ciel de Lit dont je fais la defcription , dont un côté eft en angle creux , & l'autre en biais feulement , comme la *Fig.* 7. Voyez pareillement la *Fig.* 8 , cote *E F* , qui repréfente ce Ciel de Lit vu en deffous difpofé de ces deux manieres ; & cette même Figure , cote *G H* , qui le repréfente vu en deffus.

Les Ciels de Lits à la Françoife fe font quelquefois fur un plan contourné , dont les faillies fortent du nud de la forme quarrée de celui dont je viens de parler , ou bien on fait le chaffis du dehors quarré à l'ordinaire , & on chantourne celui du dedans. Dans l'un ou l'autre cas , ces Ciels fe nomment *Impériales* , & quelquefois *Pavillons* , fur-tout quand ils font deftinés pour des petits Lits , ou pour des Lits à la Polonoife ou autres , dont la forme extérieure eft à-peu-près femblable à celle d'un pavillon , ou tente ancienne , comme celui repréfenté *Fig.* 12 & 13.

Je ne m'étendrai guere ici fur la forme & la décoration des Impériales des Lits à la Françoife , parce qu'elle dépend de celle de tout le Lit , dont la décoration dépend , prefque toute entiere , du Tapiffier , lequel par conféquent décide de leur forme ; cependant comme il arrive quelquefois que ces fortes d'Impériales ont des parties de Menuiferie apparentes , tant à l'intérieur qu'à l'extérieur , il eft bon que le Menuifier & le Tapiffier travaillent de concert enfemble , & que ce dernier communique au Menuifier le deffin de fon ouvrage , afin qu'il difpofe fa Menuiferie en conféquence.

Pour ce qui eft des Pavillons des Lits à la Polonoife & autres , ils font à-peu-près conftruits comme ceux dont je viens de parler , à l'exception qu'ils font moins grands que les Lits , (les plus grands de ces Pavillons n'ayant que 4 pieds & demi de long , fur 3 pieds & demi de large) & qu'ils font prefque toujours d'une forme cintrée par leur plan , ainfi que la *Fig.* 14 , cote *A* , qui eft la forme la plus ordinaire , dont l'élévation eft repréfentée *Fig.* 10.

Quelquefois le dedans du premier chaffis eft d'une autre forme que par dehors , ainfi que la *Fig.* 14 , cote *B* , dont le chaffis de deffus , quoiqu'ovale comme le dedans du premier , eft d'une forme moins alongée , ce qui donne des montants d'une courbe différente les uns des autres. *Voyez la Fig.* 11 , qui repréfente la coupe de ce côté de Pavillon.

Lorfque les Pavillons ont beaucoup d'élévation , comme les *Fig.* 12 , & 13 qui eft la coupe de cette derniere , ils changent quelquefois de plan , comme la *Fig.* 15 , ce qui en rend la conftruction quelquefois très-compliquée ; parce qu'alors il faut plufieurs chaffis les uns au-deffus des autres , & des courbes de différentes formes & longueurs, tant simples qu'en arrêtier, ce qui demande beaucoup d'attention & de connoissance de la part des Menuisiers, sur-tout dans la théorie des Traits, dont la connoissance leur est absolument nécessaire pour faire ces sortes d'ouvrages avec toute la perfection dont ils peuvent être susceptibles ; c'est pourquoi je donnerai ci-après la maniere de faire de ces sortes de courbes, sans en faire de démonstration trop compliquée, renvoyant au surplus, ceux qui voudront prendre une connoissance plus étendue, tant de cette partie, que de ce que j'ai dit jusqu'à présent qui y a rapport, à mon Art du Trait, où j'ai amplement traité de tout ce qu'il est nécessaire qu'un Menuisier sache, à quelque partie de cet Art qu'il se soit attaché. Voyez la Seconde Partie de cet Ouvrage, *page* 341.

On fait encore d'autres petits Pavillons, soit avec des retours ou avec des chassis simples, lesquels ne sont cintrés que de trois côtés, le quatrieme, qui est droit, se plaçant du côté du mur. Ces Pavillons n'ont rien de particulier tant pour la décoration que pour la construction ; c'est pourquoi je n'en parlerai pas davantage. *Voyez la Fig.* 14, où j'ai indiqué par des lignes ponctuées *a, b, c, d,* la forme de ces Pavillons, lesquels sont, pour la plûpart, plus petits que celui-ci, leur longueur étant ordinairement depuis 2 pieds & demi jusqu'à 3 pieds au plus.

En général, les chassis ou Pavillons des Lits, se font en bois de hêtre, parce que ce bois est plus liant que le chêne, & par conséquent plus propre pour les parties courbes & étroites ; de plus, ce bois est moins cher, ce qui doit encore le faire préférer.

Lorsque ces Pavillons seront susceptibles de décoration, tels que des trophées & autres ornements, on pourra faire ces parties en bois de tilleul ; lequel est propre à la Sculpture, & en même temps très-léger, ce qui est fort à considérer dans ces sortes d'ouvrages, qui ont besoin de beaucoup de légéreté, & où il faut, par conséquent, n'employer que des bois de cette qualité, autant que leur solidité pourra le permettre : observation qu'il ne faut jamais perdre de vue dans la construction de toutes sortes de Menuiseries.

La construction des chassis de Lits n'a rien de particulier ; c'est pourquoi je n'entrerai pas dans un grand détail à ce sujet, vu que ce ne seroit qu'une répétition de ce que j'ai déja dit dans le cours de cet Ouvrage ; tout ce que je puis recommander, c'est d'éviter, autant qu'on pourra, les bois tranchés, & de faire ensorte que quand il y aura plusieurs chassis au-dessus les uns des autres, les courbes ne se trouvent point vis-à-vis les unes des autres, parce que le peu d'épaisseur des chassis ne permettroit pas d'y faire des assemblages solides ; on observera aussi que quand les plans de ces chassis seront d'une forme quarrée, il faudra y mettre des courbes aux angles, soit saillants, ou rentrants, afin que le Tapissier puisse y attacher son étoffe, & par conséquent suivre exactement toutes les formes du Pavillon.

Quant à la groffeur des bois de ces derniers, on doit les faire les plus petits poffibles, c'eft-à-dire, ne donner qu'environ un pouce quarré aux courbes & petits montants, & 2 pouces de largeur fur 9 à 10 lignes d'épaiffeur aux chaffis de dedans, à moins toutefois qu'elle ne foit bornée par la hauteur d'une moulure *b* qu'on y rapporte quelquefois en dedans, comme à la *Fig.* 7, ce qui fait un très-bon effet. Quant à la largeur du chaffis du dehors ou du bas (ce qui eft la même chofe), on doit lui donner environ 3 pouces de largeur, fur un pouce d'épaiffeur, comme à ceux dont j'ai parlé ci-deffus.

Planche 244.

Ce que je viens de dire touchant la force & groffeur des bois des Pavillons & des Impériales, ne doit s'entendre que de ceux qui font d'une grandeur ordinaire, c'eft-à-dire, pour des Lits de 4 à 5 pieds de large au plus ; car pour ceux qui pafferont cette grandeur, on fera très-bien de forcer la groffeur des bois, tant des Pavillons que des couchettes, & cela à raifon de leur grandeur & de leurs différentes formes, dont il eft impoffible de donner des regles certaines.

J'ai dit plus haut qu'il étoit néceffaire qu'il y eût une courbe dans les angles des Pavillons des Lits, afin que le Tapiffier puiffe y attacher fon étoffe, & qu'elle fuive exactement le contour du Pavillon, foit à l'intérieur foit à l'extérieur ; cependant il s'en trouve un grand nombre où on a négligé d'en mettre, foit pour épargner l'ouvrage, foit que les Menuifiers qui ont fait ces Pavillons, n'euffent pas la capacité de les faire, ignorant abfolument tout ce qui a rapport non-feulement à ces courbes d'angles, mais encore à beaucoup d'autres qui entrent dans la conftruction de différents Pavillons, qu'ils font fouvent à l'aventure, & plutôt par habitude qu'avec connoiffance de caufe ; de forte que s'ils étoient obligés de faire des Pavillons ou Impériales, dont la forme exigeât des courbes différentes de celles qu'ils ont habitude de faire, ils fe trouveroient fort embarraffés, faute de connoiffances théoriques à ce fujet.

Planche 245.

Ce font ces confidérations qui m'ont engagé à donner ici quelques notions de ces différentes courbes, afin de mettre les Menuifiers en Meubles à portée d'acquérir des connoiffances qui leur font abfolument néceffaires, fans être obligés de faire une plus grande étude de l'Art du Trait, dont, à la rigueur, ils peuvent fe paffer, les courbes dont il eft ici queftion étant très-étroites, toutes liffes, & peu fufceptibles de régularité dans leurs équerres, n'y ayant que leur contour, foit intérieur foit extérieur, qui exige de la précifion, comme on l'a pu voir ci-devant.

Quand on veut avoir le cintre d'une courbe d'arête d'un Pavillon d'une forme quarrée, on commence par en tracer le plan, tant intérieur qu'extérieur, comme l'indiquent les lignes *A B C & D E F, Fig.* 2 ; on trace au bout & perpendiculairement à ce plan, la courbe droite *Fig.* 1, c'eft-à-dire, prife fur la ligne *C F* ; enfuite on divife cette courbe en autant de parties égales qu'on le juge à propos, comme aux points *a, b, c, d, e, f*, defquels points on abaiffe autant de perpendiculaires qu'on trace fur le plan jufqu'à la rencontre de la ligne d'arête *E B*, d'après laquelle on retourne ces mêmes lignes de l'autre côté du plan, fuppofé qu'elles y foient néceffaires, comme je le dirai dans la fuite.

Cette opération étant faite fur la ligne *E B*, (dont on veut avoir la courbe d'arête qu'elle repréfente en plan,) on éleve des perpendiculaires à la rencontre de cette ligne avec celle de l'élévation ; puis on prend fur la *Fig.* 1 , la hauteur de chaque perpendiculaire provenante des divifions du cintre, depuis chacune des divifions jufques fur la ligne *a m*, qui eft la naiffance de ce même cintre, & on les porte fur les lignes perpendiculaires de l'arrêtier qui leur font corref-pondantes, c'eft-à-dire, qu'on fait la diftance *E n*, *Fig.* 2 , égale à celle *m f*, *Fig.* 1 ; celle *s o*, égale à celle *l e* ; celle *t p*, égale à celle *i d* ; celle *u q*, égale à celle *h c* ; & celle *x r*, égale à celle *g b* ; puis par les points *B*, *r*, *q*, *p*, *o* & *n*, on fait paffer une ligne qui eft la courbe demandée.

Quelqu'inclinaifon que prenne une courbe, on fe fert toujours de la même méthode pour en déterminer le cintre, du moins quand le plan eft d'une forme quarrée, comme dans le cas dont il eft ici queftion, ce qu'on peut voir dans la *Fig.* 1, où la courbe élevée fur la ligne *DB*, eft déterminée par des lignes perpen-diculaires élevées à la rencontre des lignes provenantes des divifions de l'élévation avec la ligne *DB* ; de forte que la hauteur de la ligne *D* 5, eft égale à celle *E n*, & par conféquent à celle *m f*, *Fig.* 2 ; celle × 4, égale à celle *s o*, & à celle *l e* ; celle & 3, égale à celle *t p*, & à celle *i d* ; celle ɀ 2, égale à celle *u q*, & à celle *h c* ; enfin la hauteur *y* 1, eft égale à celle *x r*, & à celle *g b* ; puis par les points *B*, 1, 2, 3, 4 & 5, on fait paffer une courbe dont le plan eft repré-fenté par la ligne *D B*. Le calibre des courbes ralongées étant ainfi tracé, on procede à l'exécution de ces mêmes courbes de la maniere fuivante : on com-mence d'abord par marquer fur le plan la largeur de la courbe ainfi que fon épaif-feur, comme l'indiquent les points *a*, *b*, *c*, *d*, *Fig.* 3 , ce qui donne la moitié du plan, (ce qui eft égal, la moitié pouvant être prife pour le tout) ; enfuite de l'angle *b*, on éleve une perpendiculaire à la ligne d'angle *l a*, & on recule le calibre au point *g*, toujours fur la ligne *l a*, ce qui donne la courbe *g h i*, femblable à celle *a e f*, à laquelle on augmente l'épaiffeur de la courbe, qui, à fon extrêmité fupérieure, eft égale à celle qui eft marquée fur le plan. *Voyez la Fig.* 3, où la courbe eft vue en dedans, & fuppofée coupée au milieu de fa largeur, afin d'en faire voir l'angle rentrant, qui fe fouille à même la piece & à rien du haut, comme on peut le voir dans cette Figure. Il faut obferver que je fuppofe ici que la piece fe retourne d'équerre dans tout fon pourtour, ce qui en augmente la largeur par le bout inférieur, comme je l'ai indiqué par la ligne ponctuée *m c* ; cependant comme les courbes dont je parle ne font pas apparentes, il n'eft pas abfolument néceffaire qu'elles fe retournent d'équerre dans tous leurs contours ; c'eft pourquoi la largeur indiquée par la ligne *m n*, eft fuffifante.

S'il arrivoit que l'angle d'une courbe d'arête fût faillant, au lieu d'être ren-

trant

trant comme dans le cas dont je parle , cela ne changeroit rien à la maniere
d'opérer , puifqu'au lieu d'avancer le calibre, on ne fait que le reculer , felon
que l'exige la largeur de la piece.

Quand il arrive qu'un Pavillon eft d'un plan cintré à l'extérieur , comme la
partie d'ovale *A B C*, *Fig.* 4 , & que fon cintre intérieur eft d'une autre forme,
comme le quart de cercle *D E F*, la méthode d'avoir la courbe des différentes
cerces qui le compofent, eft à peu-près toujours la même, comme on peut le
voir dans cette Figure , où après avoir déterminé la forme du principal cintre indiqué par la courbe *G I*, *Fig.* 7 , & celle du petit cintre indiqué par celle *M N*,
Fig. 5 , on commence par divifer le premier cintre en autant de parties qu'on le
juge à propos ; & on abaiffe autant de perpendiculaires fur la ligne *A D*, *Fig.* 4 ;
enfuite on prend la hauteur de chacune des perpendiculaires prifes au nud de la
ligne *G H*, *Fig.* 7 , qu'on porte fur la ligne *L N*, *Fig.* 5 ; de forte que la
diftance *L R*, *Fig.* 5 , égale celle *H O*, *Fig.* 7 ; celle *L S*, égale celle *H P* ;
& celle *L T*, égale celle *H Q* ; puis aux points *R*, *S*, *T*, on éleve autant
de perpendiculaires à la ligne *L N*, qu'on prolonge jufqu'à la rencontre de la
courbe, d'après laquelle on abaiffe autant de perpendiculaires fur la ligne du
plan *C F*, *Fig.* 4 ; puis par les points *a d*, *b e* & *c f*, on décrit autant de portions
d'ellipfes (ou ovales , ce qui eft la même chofe) , fur lefquelles on prend des
diftances fervant à décrire les différentes courbes du pourtour du Pavillon, ce
qui fe fait par la méthode ordinaire ; c'eft-à-dire , qu'après avoir tracé fur le
plan la place de la cerce dont on veut avoir la courbe, comme par exemple la
ligne *B E* , *Fig.* 4 , aux points *g*, *h* & *i*, que forme la rencontre des cerces du
plan avec la ligne *B E* ; on éleve à cette derniere autant de lignes perpendiculaires, dont la hauteur eft égale à celle des *Fig.* 5 & 7 , qui leur font corref-
pondantes, & par le moyen defquelles on décrit la courbe demandée, ce qui
n'a pas befoin de démonftration. Si on vouloit que cette courbe fût placée en
travers du plan, comme la ligne *A U*, on fe ferviroit de la même méthode.
Voyez la *Fig.* 8 , qui eft le développement de la courbe prife fur cette ligne.

Comme les courbes des Pavillons font très-étroites, le même calibre peut
fervir des deux côtés, encore qu'elles foient obliques avec les faces du plan,
en obfervant toutefois de reculer le calibre fuivant l'obliquité du plan. Comme
il y a des Pavillons dont la partie intérieure eft quarrée, je crois devoir donner la
maniere de tracer les courbes, laquelle, quoiqu'à-peu-près la même que la précédente, devient cependant un peu plus compliquée, comme je vais l'expliquer.

Quand les Pavillons font ainfi difpofés , comme le repréfente la *Fig.* 6 , on
fait les mêmes opérations qu'à la *Fig.* 4 , pour avoir les points *a b c* & *d e f*, des
bouts ; enfuite on trace la ligne *g h*, felon la diagonale du quarré, qui devient
le plan de la courbe d'angle, & fur laquelle on éleve une ligne perpendiculaire, dont la hauteur *o s*, & les diftances *o p*, *o q* & *o r*, font égales à celles
i o, *i l*, *i m* & *i n*, *Fig.* 9 ; ce qui étant fait, du point *s*, *Fig.* 6 , au point *h*,

on trace une courbe d'un cintre analogue à celui des deux autres des bouts ;
c'eſt-à-dire, que quand ces derniers ſeront des portions d'ellipſes ou de cercles,
comme dans cette Figure, il faut que la courbe décrite ſur la ligne *o h*, ſoit de
même nature, c'eſt-à-dire, une portion d'ellipſe.

Cette courbe étant tracée, des points *p, q, r*, on éleve des perpendiculaires à la ligne *o s* ; & aux points où elles rencontrent la courbe, on en abaiſſe
d'autres ſur la ligne *o h*, leſquelles y donnent les points *t, u & x*, par leſquels,
& par ceux *a b c & de f*, on fait paſſer autant d'arcs de cercles dont le centre
doit être placé ſur les lignes *a g & fg*, prolongées autant qu'il eſt néceſſaire ; &
ſur ces arcs de cercles ainſi tracés, on peut prendre la courbure de toutes les
autres cerces de ce Pavillon, de quelque ſens qu'elles ſoient diſpoſées.

Ce que je viens de dire au ſujet des courbes ralongées, renferme à peu-près
tout ce qu'il eſt néceſſaire de ſavoir, du moins pour la conſtruction des ouvrages
dont je traite ici ; & quoique je n'en aie repréſenté que de trois différentes
eſpeces, les méthodes qui ont ſervi à leur conſtruction, pourront s'appliquer
à tous les cas poſſibles, du moins pour cette partie du Meuble, qui, ſi elle n'eſt
pas la moins intéreſſante, eſt du moins celle qui eſt la moins apparente, & qui
n'eſt ſujette à aucune eſpece de décoration. Au reſte, ceux qui voudront prendre
des connoiſſances plus étendues ſur cette matiere, pourront avoir recours à l'Art
du Trait, dont j'ai traité dans la ſeconde Partie de cet Ouvrage, où ils trouveront de quoi ſe ſatisfaire, tant pour la théorie que pour la pratique.

Ce que je viens de dire touchant les Pavillons & les Impériales, peut également s'appliquer à ceux des Lits à la Françoiſe, dont j'ai fait la deſcription, &
à ceux à la Polonoiſe, dont il me reſte à traiter. Cependant avant de paſſer à la
deſcription de ces derniers, je crois qu'il eſt bon de donner un exemple d'un
Lit à la Françoiſe richement décoré, & dont une partie du bois de Lit ou couchette ſoit apparent, ainſi qu'aux Lits à la Polonoiſe, afin de faire voir combien
les Lits à la Françoiſe l'emportent ſur ceux à la Polonoiſe, tant pour leur belle
forme, que pour leur poſition avantageuſe dans un appartement. Voyez les
Figures de cette Planche, leſquelles repréſentent un Lit à la Françoiſe, avec
ſon ciel ou impériale, propre à l'uſage d'un très-grand Seigneur, d'après la
décoration duquel on pourra en inventer d'autres plus ou moins riches, ſelon
qu'on le jugera à propos.

Au reſte, je ne prétends pas donner ce Lit comme un exemple à imiter,
mais ſeulement pour convaincre, s'il eſt poſſible, ceux qui ſe mêlent de la
décoration des appartements & des Meubles qu'on y place, qu'il eſt des occa-
ſions où il n'eſt pas toujours bon de ſuivre la mode, ſur-tout quand elle n'a
d'autre fondement que l'envie de faire du nouveau, & qu'elle eſt oppoſée à la
raiſon & à la commodité, qui eſt ce qu'on doit le plus rechercher, ſur-tout dans
les Meubles dont il eſt ici queſtion.

SECTION SECONDE.

Description des Lits à la Polonoise ; leurs proportions, formes & décoration.

LEs Lits à la Polonoise ne different de ceux à la Françoise, que pour la forme & la décoration ; car pour les dimensions, tant de largeur que de longueur & de hauteur de chevet, elles sont toujours à peu-près les mêmes, ce qui est tout naturel, puisqu'ils servent aux mêmes usages (*).

Les Lits à la Polonoise sont toujours à deux chevets, & quelquefois à trois, de maniere qu'ils sont fermés de trois côtés, & qu'il n'y a d'ouvert que le côté de la chambre, par lequel on entre dans ce Lit.

Les pieds de ces Lits montent de fond jusqu'environ la hauteur de 6 pieds ou 6 pieds & demi, d'après laquelle ils se recourbent pour soutenir l'impériale, qui est d'un bon tiers plus petit que le bas du Lit.

Comme les pieds des Lits ainsi recourbés, pourroient être peu solides, à cause du bois tranché, on a imaginé de faire ces courbures en fer, ce qui est très-solide, & fait également bien que si elles étoient faites en bois, vu que ces courbes sont cachées par la retombée des rideaux, qui sont attachés dessus, soit qu'ils soient ouverts ou qu'ils soient fermés. *Voyez la Fig.* 1, qui représente la face d'un Lit à la Polonoise à trois chevets, avec le chassis, ou, pour mieux dire, le bâtis de son pavillon.

Voyez la *Fig.* 2, qui représente la moitié d'un des bouts de ce même Lit vu par dehors; & la *Fig.* 3, qui représente ce même bout ou dossier vu par dedans avec la coupe du bâtis de son pavillon.

_____

(*) L'usage des Lits à la Polonoise est peu ancien en France, & ne peut être regardé que comme un effet de la mode, qui, souvent, ne fait préférer une chose à une autre, que parce qu'elle a le mérite de la nouveauté. En effet, les Lits à la Polonoise, tels qu'on les fait à Paris, coûtent très-cher, ne peuvent être à l'usage des gens du commun, auxquels, d'ailleurs, ils ne pourroient pas servir; ils ne peuvent donc être propres que pour les gens riches, lesquels, cependant, ne peuvent décemment s'en servir que dans de petits appartements, ou comme des Lits en niche, parce que ces sortes de Lits ne se présentant que de côté, ne peuvent jamais s'employer dans des appartements susceptibles de quelque décoration, & par conséquent jamais chez les grands Seigneurs, à moins que ce ne soit, ainsi que je viens de le dire, dans de petits appartements privés, qui sont les seuls où ces sortes de Lits peuvent bien faire, du moins conformément aux usages reçus dans ce pays. Quoi qu'il en soit, la mode a prévalu sur la bonté & l'ancienneté de l'usage, & tout le monde, (du moins les gens aisés) a voulu avoir des Lits à la Polonoise, sans s'embarrasser de leurs défauts, lesquels sont considérables; parce que d'abord leur forme ne peut jamais guere répondre à celle d'un grand appar-

tement, ainsi que les Lits à la Françoise, lesquels ont, sans contredit, beaucoup de grace & de grandeur, & sont en même temps plus propres à faciliter le service des domestiques, sur-tout dans le cas de maladie, où il est souvent nécessaire de tourner autour du Lit sans être obligé de le déranger, ce qui ne peut être aux Lits à la Polonoise, qui ayant deux chevets & un côté proche du mur, ne peuvent avoir qu'un côté de libre, lequel étant en face du jour, en prive totalement la personne qui est couchée dedans lorsqu'on s'en approche, ce qui est fort désavantageux, non-seulement dans le cas de maladie, mais même en tout autre temps.

De plus, ces sortes de Lits ne peuvent être propres qu'à une personne seule ; parce que s'ils servoient à deux, celle qui coucheroit du côté du mur, seroit obligée de passer par-dessus l'autre, si elle avoit besoin de se relever dans la nuit, ce qui est sujet à beaucoup d'inconvéniens, qui, s'ils ne font pas absolument rejetter l'usage des Lits à la Polonoise, doivent du moins porter à ne s'en servir qu'avec connoissance de cause, & non pour suivre la mode, laquelle est souvent directement opposée aux usages reçus, & ce qui est encore pis, à notre propre commodité.

Le cintre de ces courbes se fait ordinairement en S, comme on le voit ici ; & on ne le détermine pas en le traçant sur une des deux faces, mais au contraire, sur une saillie donnée par la diagonale du plan *a b*, *Fig. 5*, qu'on reporte sur l'élévation de *c* à *d* ; puis on fait la courbe *d e f*, la plus gracieuse possible, laquelle sert à tracer géométralement les courbes des deux élévations, ce que l'on fait par la méthode des courbes ralongées, comme je l'ai indiqué par les lignes ponctuées, lesquelles sont communes aux *Fig. 1 & 2*.

La hauteur la plus ordinaire des dossiers des Lits à la Polonoise, est d'environ 4 pieds, à laquelle hauteur on fait régner au dessus d'une espece de cymaise, ou toute autre moulure, laquelle regne au pourtour du dossier, & en suit les contours, & vient se marier avec les ornements qu'on y introduit, comme on peut l'observer aux Figures ci-dessus.

En général, les bâtis de ces Lits sont susceptibles de décoration, tant les pieds, auxquels on peut donner diverses formes plus ou moins riches, qu'aux traverses, tant du haut des dossiers que celle du bas, qu'on peut aussi cintrer, en observant de faire ces cintres très-doux, afin que le chassis sanglé qu'on y place à l'ordinaire, ne la déborde pas en dessus, & qu'il reste en dessous au moins un demi-pouce de bois, d'après l'endroit le plus creux de la traverse.

Le pourtour des Lits à la Polonoise, du côté des chevets, est rempli par des bâtis qui servent à porter la garniture d'étoffe, qui y est attachée, tant sur les pieds que sur les traverses, sur un ravalement qui affleure avec ces bâtis, & qui a environ 9 lignes de largeur, réservé d'après la largeur de leurs profils, ainsi qu'on peut le voir à la *Fig. 4*, qui représente en grand le profil d'un des pieds de devant de ce Lit, qui ne differe de celui de derriere, qu'en ce qu'il n'a de saillie que d'un côté pour recevoir l'étoffe, & que l'autre côté représente un pilastre ravalé, sur lequel j'ai indiqué par des lignes ponctuées *a b*, *b c* & *c d*, la saillie nécessaire à ce pied s'il étoit placé derriere, & que le Lit eût trois chevets, comme celui-ci. Voyez aussi cette même Figure, où j'ai indiqué par les lignes *e e*, la saillie de la cymaise, servant de couronnement à la saillie extérieure du pied, & retournant en dedans du pied de devant, & cette même saillie continuée en retour d'équerre pour le pied de derriere, indiqué par les lignes *f*, *f*, *f*.

La construction de ces Lits n'a rien de particulier ; ils se montent avec des vis comme les autres, dont cependant on a soin de cacher les têtes dans quelques ornements. Leurs dossiers restent toujours assemblés ; mais comme celui de derriere (ou, pour mieux dire, de côté, les côtés de ces Lits étant pris ici pour le derriere ou le devant), s'il étoit retenu par la garniture, ne pourroit pas quitter le pied avec lequel elle seroit attachée, on y fait un faux battant qui tient avec le dossier, & entre tout en vie avec sa garniture dans une rainure qu'on y pratique dans le pied à cet effet. *Voyez la Fig. 4*, où j'ai indiqué cette rainure par les lignes *g h*, *h l* & *l i*.

On

On obfervera à ce fujet que cette rainure eft de 3 lignes plus large qu'il ne faut pour recevoir ce faux battant, ce qui eft néceffaire pour les deux épaiffeurs des étoffes dont on entoure ce faux battant, fur le champ duquel elles font attachées, ce qui oblige à laiffer 3 lignes de jeu au moins, entre le fond de la rainure & ce dernier, auquel on peut alors donner deux bons pouces de largeur, afin de le rendre plus folide.

Il faut auffi avoir foin de placer les joints des traverfes dans quelques enroulements de fculpture, ou à la rencontre des onglets de quelques reffauts, afin qu'ils foient moins apparents.

Quant à la maniere de remplir le fond de ces Lits, c'eft la même chofe qu'aux Lits à la Françoife. *Voyez la Fig. 6*, qui repréfente le plan du Lit dont je fais la defcription, pris au-deffus du chaffis fanglé; & la *Fig. 5*, qui repréfente ce même Lit vu de deffus avec le plan de fon pavillon, ponctué feulement.

La décoration de ces Lits eft affez arbitraire; on ne doit cependant point abufer de la permiffion que femble donner cette efpece de liberté, pour rien faire qui ne foit affujetti aux regles de la vraifemblance & de la bonne conftruction. On doit auffi avoir foin que les moulures dont font décorés ces Lits, tant en dedans qu'en dehors, fe raccordent bien aux angles, qu'elles ne foient interrompues dans leur cours que le moins poffible; & que les ornements de fculpture qu'on emploiera à ces fortes d'ouvrages, y femblent amenés par la néceffité, & paroiffent plutôt appliqués fur l'ouvrage, que pris aux dépens du relief des moulures, & même des contours, ce qui eft encore pis, & qui cependant n'arrive que trop fouvent.

Il faut auffi avoir foin que ces ornements n'aient pas de parties trop faillantes, & par conféquent fujettes à éclatter; ce qu'il faut abfolument éviter à toutes fortes de meubles, & fur-tout aux Lits, lefquels font fujets à être remués trop fouvent.

Je ne parlerai pas ici des pavillons des Lits à la Polonoife, parce que j'ai traité cette matiere avec toute l'étendue néceffaire, en parlant des Ciels de Lits en général.

Lorfque les Lits à la Polonoife ont trois chevets ou doffiers, ainfi que celui dont je viens de faire la defcription, ils portent alors le nom de *Lits à l'Italienne*; mais encore plutôt lorfqu'au lieu d'avoir leur pavillon porté par quatre courbes montantes de deffus les quatre pieds, ils n'en ont que deux, lefquelles montent du milieu des deux doffiers oppofés; il y en a d'autres qui n'ont que deux courbes, comme ceux-ci, mais qui montent de deffus les pieds de derriere & fupportent le pavillon, qui alors n'eft cintré que de trois côtés, celui qui refte droit pofant, ainfi que les deux courbes, contre la muraille. Toutes ces différences font, à mon avis, trop peu de chofe, pour qu'on puiffe regarder les Lits à l'Italienne, & autres de ce genre, comme une efpece de Lits diftingués de ceux à la Polonoiſe, dont ils ne ſont tout au plus qu'une nuance, étant à peu-près ſemblables, tant pour la décoration que pour la forme.

Les Lits à la Turque ſont encore dans le cas de ceux dont je viens de parler, puiſqu'ils ne different de ces derniers que par la forme de leurs doſſiers, leſquels ſont cintrés & forment un enroulement par le haut qui termine leurs pieds, de ſorte que leur pavillon eſt ſuſpendu au plancher ; quelquefois les pieds ſe continuent du deſſus de ces enroulements comme aux Lits à la Polonoiſe, & alors ils n'ont plus rien de différent que le cintre de leurs doſſiers, lequel doit être très-doux, & diſpoſé de maniere qu'il tourne bien avec la traverſe de devant, ſans cependant que cette derniere ſoit trop cintrée, afin qu'elle puiſſe recevoir le chaſſis ſanglé, ſans qu'il la déborde en aucune maniere, ainſi que je l'ai obſervé à la *Fig. 5*, qui repréſente l'élévation géométrale de ce Lit ; & la *Fig. 6*, qui repréſente la traverſe de devant vue par derriere, avec le ravalement fait, propre à recevoir le chaſſis ſanglé.

Les chevets des Lits à la Turque ſe conſtruiſent de même que ceux à la Polonoiſe, excepté que comme ils ſont cintrés, il faut mettre les traverſes propres à ſoutenir la garniture, plus proche les unes des autres, pour que cette derniere ſuive plus exactement le cintre du doſſier, ce que j'ai obſervé à la *Fig. 2*, cote *A*, qui repréſente le doſſier vu en dedans ; & cette même Figure, cote *B*, qui repréſente ce doſſier vu en dehors ; & la *Fig. 3*, qui repréſente la coupe du doſſier, & par conſéquent de toutes les traverſes qui le compoſent, une deſquelles eſt évuidée en angle creux pour recevoir la garniture à l'endroit de l'enroulement.

Comme les pieds de ces Lits ſont cintrés ſur les deux ſens, il faut avoir ſoin qu'ils ſoient faits de bois bien ſain, & le plus de fil poſſible, afin qu'ils ſoient plus ſolides, comme je l'ai obſervé *Fig. 1*.

Les Lits à la Turque ſont quelquefois cintrés en plan ſur la face, ainſi que celui dont je fais la deſcription *Fig. 7*, du moins c'eſt l'uſage, qui, ſans rendre l'ouvrage beaucoup plus parfait, le rend plus difficile à faire, non-ſeulement pour les Menuiſiers, mais encore pour les Tapiſſiers, qui alors ſont obligés de cintrer les matelas & tout le reſte du Lit, ce qui devient aſſez inutile, vu qu'une forme droite eſt la plus convenable pour ces ſortes d'ouvrages, & généralement la plus uſitée.

Quant à la décoration des Lits à la Turque, comme c'eſt à-peu-près la même choſe que pour ceux à la Polonoiſe, je n'en parlerai pas ici, me contentant de donner le profil d'un pied grand comme l'exécution, d'après lequel on pourra en inventer d'autres, en prenant les précautions que j'ai recommandées lorſque j'ai parlé des Lits à la Polonoiſe. *Voyez la Fig. 4*.

Leur conſtruction eſt auſſi la même ; c'eſt pourquoi je n'en parlerai pas non plus.

On fait encore d'autres Lits qu'on nomme *à la Chinoiſe*, *à l'antique*, *dans le*

goût pittoresque, &c. lesquels ne different que de nom d'avec ceux dont je viens
de parler, du moins que de très-peu de chose, & encore n'est-ce que dans quelques parties de leur décoration, ce qui n'est pas la partie essentielle de mon
sujet ; d'ailleurs ces sortes de Lits, quoique fort à la mode, ne doivent pas être
employés indifféremment par-tout, mais avec beaucoup de retenue, comme je
l'ai déja dit plus haut ; les Lits à la Françoise leur étant préférables, tant pour
l'usage des pauvres que des riches, auxquels on peut en faire de très-magnifiques, ainsi qu'on peut le voir dans la Planche 246.

SECTION TROISIEME.

Description de différentes especes de Lits de campagne ;
leurs formes & construction.

Les Lits dont je vais faire la description, se nomment *Brigantins*, & ne
servent qu'à la guerre ou dans les voyages des grands Seigneurs, lesquels,
ayant une suite nombreuse, ne peuvent pas trouver sur les routes le nombre de
Lits suffisant pour eux & leurs gens.

Deux choses sont à considérer dans la construction de ces Lits ; savoir, la
légéreté & la commodité, parce qu'étant sujets à être transportés souvent, il faut
qu'ils soient très-légers, & qu'ils tiennent le moins de place qu'il est possible, ce
qui a fait imaginer différentes manieres de les ployer ou briser (en terme d'ouvrier), dont celle qui est représentée dans cette Planche, quoique coûteuse &
très-compliquée, est la meilleure, & une des plus solides dont on fasse usage.

Ce Lit, tel qu'il est représenté ici dans les *Fig. 1 & 2*, qui en représentent
l'élévation de côté & du bout, & la *Fig. 4*, qui en représente le plan, se brise
tant sur la hauteur que sur la largeur ; savoir, les pieds de derriere, *Fig. 1*,
au point *a* ; de sorte que le haut du pied se reploie de *a* à *b*, ce que j'ai indiqué
par un demi-cercle ponctué.

D'après cette brisure, ces pieds, ainsi que ceux de devant, se brisent en
dedans ; savoir, celui à droite (ou à gauche, ce qui est égal), *Fig. 2*, au point
c, d'où il se reploie sur la traverse au point *d*, & celui à gauche au point *e*,
duquel il se reploie sur l'autre pied au point *f*. *Voyez la Fig. 5*, qui représente
ces pieds ainsi reployés, ainsi que ceux de dessous, dont le mouvement est
indiqué sur les élévations *Fig. 1 & 2*, par des arcs de cercles ponctués. Voyez
aussi la *Fig. 6*, qui représente ces mêmes pieds brisés & vus en dedans, afin qu'on
puisse reconnoître la premiere brisure des pieds ou colonnes, que j'ai marquée
des mêmes lettres que sur les élévations, pour faciliter l'intelligence du discours.

Les pans de ce Lit se brisent chacun en trois endroits ; savoir, au milieu *a*,
Fig. 4, & aux deux bouts *bb*, à environ 3 pouces de leur assemblage ; de sorte
qu'après avoir ôté les écharpes du dedans, & la traverse du milieu, comme je

le dirai ci-après, on reploie les pans en dedans, l'un à droite & l'autre à gauche, de maniere qu'ils viennent rejoindre les traverses des bouts aux points *c*, *c*. *Voyez la Fig.* 8, qui représente ce Lit ainsi ployé vu en dessus.

Chacune des brisures des pieds est garnie de deux charnieres de fer, l'une dont la goupille est rivée & attachée sur les deux bouts du pied, & l'autre attachée de même sur ces pieds, mais dont la goupille est mobile, de maniere qu'elle s'ôte pour briser le pied, & se remet pour le tenir droit, comme on peut le voir dans la *Fig.* 3, où cette goupille mobile a un œil à la tête pour passer une chaîne qui est attachée au pied, de crainte qu'elle ne se perde.

Les écharpes des bouts sont jointes ensemble par une charniere *d*, *Fig.* 4, & on les fait entrer par leurs extrémités dans des mortaises pratiquées à cet effet dans le milieu de la traverse & dans les pans, dans lesquels on ne peut cependant les faire entrer qu'en brisant une des deux écharpes, ce qui se fait de la maniere suivante :

On fait dans chaque bout des deux pieces *A*, *B*, *Fig.* 9, destinées à faire une écharpe brisée, deux entailles *a*, *b*, sur le plat, d'environ un pouce de long, plus larges du bout que de fond, afin de rendre les pieces plus fortes de ce côté. Ces deux entailles doivent être parfaitement égales, afin que le plein d'une piece remplisse le vuide de l'autre ; & pour rendre le joint de ces entailles plus solide, on fait aux deux bouts de chaque piece de petites languettes, lesquelles les empêchent de se déranger ; ensuite on arrête les deux pieces ensemble par le moyen d'une charniere *C*, placée sur leur champ, de maniere qu'elles peuvent s'ouvrir ou se fermer selon qu'on le juge à propos, & qu'on les retient ensuite fermées par le moyen d'une chape de fer *D*, qu'on fait glisser sur le joint après qu'on l'a fermé, ainsi que je l'ai indiqué dans cette Figure par des ponctuations, & qu'on peut le voir dans la *Fig.* 10, qui représente cette écharpe vue sur le champ, & la chape de fer à sa place.

D'après ce que je viens de dire, il est fort aisé de voir qu'après avoir fait entrer l'écharpe droite dans le pan du Lit au point *e*, *Fig.* 4, on fait entrer les deux bouts joints ensemble dans la traverse ; ensuite la brisure de l'autre écharpe étant ouverte, on fait entrer son tenon dans l'autre pan, au point *f*; puis on referme la brisure, dont l'ouverture, en raccourcissant l'écharpe, facilite l'entrée du tenon; & on fait glisser la chape *g* sur le joint de la brisure de l'écharpe, qui alors devient aussi solide que si elle étoit d'une seule piece, & par ce moyen on retient les pans en place.

La traverse du milieu de ces Lits se brise également en deux parties, de la même maniere que les écharpes, soit sur le plat, comme à celle *h i*, *Fig.* 4, ou sur le champ, comme celle représentée dans la *Fig.* 7, qui est, je crois, la meilleure maniere.

Les brisures, tant de la traverse du milieu que des écharpes, sont non-seulement nécessaires pour retenir les pans en place, mais encore pour faire bander le

coutil

coutil qui eſt attaché deſſus, lequel ſert de fond au Lit. Ce même coutil ſert
auſſi de doſſier, & eſt pour cet effet attaché ſur une traverſe *A B*, *Fig.* 2,
laquelle entre dans des pitons placés derriere les pieds, avec leſquels on l'arrête
par le moyen de deux crochets.

Ces Lits n'ont point de pavillon, mais ſeulement quatre barres qui entrent
dans des goujons placés au bout des pieds, ainſi qu'on peut le voir aux *Fig.* 1 &
2, où cette barre eſt briſée en deux parties pour tenir moins de place lorſque
le Lit eſt démonté.

Comme ces Lits ſont ſujets à être montés & démontés ſouvent, le bout des
barres qui en font le ciel ou pavillon, eſt garni de fer, afin qu'elles ne ſoient
pas ſi ſujettes à ſe caſſer, ainſi que les tenons des écharpes & de la traverſe du
milieu du Lit, qu'on fait pareillement de fer, afin qu'ils réſiſtent plus long-
temps, & que les mortaiſes deſtinées à les recevoir ſoient moins grandes, ce qui
affoiblit moins les pans.

Ces ſortes de Lits ſont très-commodes, vu que par le moyen de toutes leurs
briſures, ils n'occupent de place qu'environ 15 pouces quarrés, ſur 2 pieds & demi
à 3 pieds, qui eſt leur largeur ordinaire; de maniere qu'on peut les mettre dans
une eſpece de malle ou ſac de cuir deſtiné à cet uſage, ce qui les rend très-faciles à
tranſporter; mais en même temps on ne ſauroit diſſimuler que ces Lits, lorſqu'ils
ſont bien faits & ſolidement ferrés, coûtent très-cher, vu leur grand nombre
de briſures; de plus, ils demandent un certain temps pour les monter &
démonter, & on eſt ſouvent expoſé à en perdre quelques pieces, ſur-tout
dans une occaſion preſſée, comme un décampement précipité, ou toute autre
occaſion où il eſt preſqu'impoſſible de ne rien oublier, & d'avoir même le temps
de ployer ces Lits; c'eſt pourquoi j'ai cru devoir donner un modele d'un Lit de
camp qui, à la vérité, tient un peu plus de place lorſqu'il eſt ployé, que celui
dont je viens de faire la deſcription, mais qui a l'avantage d'être très-facile à monter, & en très-peu de temps, & qui a cela de particulier, que toutes les pieces
qui le compoſent tiennent enſemble, & ne ſont par conſéquent pas expoſées à
ſe perdre.

Ce Lit, dont l'élévation eſt repréſentée dans la *Fig.* 9, & le plan *Fig.* 11, eſt
compoſé de quatre pieds ou montants de 4 pieds de haut, aſſemblés à l'ordinaire
avec des traverſes, tant par le bas qu'à l'endroit du doſſier; les deux pans qui ſont
briſés au milieu forment deux châſſis, (ſur leſquels eſt attaché le coutil qui ſert de
fond au Lit) & ſont arrêtés avec les pieds par le moyen de quatre charnieres qui
leur donnent la liberté de ſe mouvoir quand on le juge à propos; de ſorte que
quand le Lit eſt ployé, le deſſus du pan *a* vient rejoindre le pied au point *b*, & celui *c* va de même rejoindre l'autre pied au point *d*. Le ciel de ce Lit eſt compoſé de
trois châſſis tous ferrés à charnieres, qui s'emploient les uns ſur les autres, ainſi
que ſur les deux pieds d'un des bouts du Lit, & de l'autre ils entrent dans des
goujons placés au bout des deux autres pieds, avec leſquels on les arrête avec

des crochets; de maniere que quand on démonte ce Lit, le chaffis *e f* vient fe coucher fur les pieds en dehors; celui *g h* fe reploie fur le premier, & celui *i l* fur le dernier; ce que j'ai indiqué par des arcs de cercles ponctués, qui indiquent les différentes révolutions de ces chaffis, & ce qu'on peut voir dans la *Fig.* 10, qui repréfente ce Lit tout ployé, & où j'ai mis les mêmes lettres qu'à l'élévation.

Lorfque le Lit eft monté, on en retient l'écart par quatre crochets de fer attachés fur les pieds, & on foutient le joint du milieu des pans par deux montants de fer qui ont un retour d'équerre percé d'un trou à fon extrémité, lequel fert à arrêter le pied ou montant de fer avec le pan, par le moyen d'une goupille qui, paffant au travers de ce trou, entre dans le pan. Les traverfes du milieu de ce Lit doivent être cintrées en creux, ainfi que celles des chaffis fanglés, afin que le coutil, qui fait le fond de ces Lits, ne porte pas deffus lorfqu'on y eft couché.

En général, le bois de hêtre fert à la conftruction des Lits de camp; & on doit le choifir très-fain, vu le peu de groffeur des pieces qui les compofent; laquelle eft néceffaire pour les rendre plus légers.

La groffeur de leurs pieds doit être de 2 pouces quarrés au plus, la largeur des pans & des traverfes, de 2 pouces à 2 pouces & demi, fur 1 pouce d'épaiffeur; ainfi du refte des autres pieces, qui doivent être très-légeres.

Ces Lits ne font fufceptibles d'aucune efpece de décoration: il fuffit qu'ils foient proprement & folidement faits; c'eft tout ce qui leur eft néceffaire.

Il eft encore une autre efpece de Lit de camp, nommé *Lit de fangle*, lequel n'eft autre chofe qu'une efpece de ployant, dont les traverfes du deffus ont 6 pieds de longueur, & les pieds 3 pieds de hauteur aux plus grands, & 2 pieds & demi aux plus petits; ces pieds s'affemblent à tenon dans les traverfes du haut, à environ 15 pouces du bout, & reçoivent par le bas des entre-toifes qui en retiennent l'écart.

Les pieds des Lits de fangle font retenus enfemble avec des vis qui paffent au travers, & font arrêtées avec un écrou.

La groffeur des bois des Lits de fangle doit être depuis un pouce & demi quarré jufqu'à 2 pouces, felon leur grandeur; & on doit obferver d'abattre l'arête intérieure de leur traverfe du haut, afin qu'elle ne coupe pas les fangles qui font attachées deffus.

Les Lits de fangle ne font pas, à proprement parler, des Lits de camp, parce qu'ils occupent trop de place, & font par conféquent d'un tranfport trop difficile; ils ne font d'ufage à la Cour que pour les Gardes, & chez les Seigneurs, dans les anti-chambres, pour coucher les Domeftiques. Les particuliers en font auffi ufage lorfque le peu d'étendue de leur logement les oblige à faire coucher leurs Enfants ou leurs Domeftiques dans des endroits qui doivent refter libres pendant le jour.

Les Lits de camp dont je viens de parler, font à l'ufage de tous les Officiers en général ; mais quand le Roi, ou quelqu'autre grand Prince, va à l'armée, on leur porte des Lits à peu-près semblables aux Lits à la Françoise à colonnes, à l'exception que les colonnes se coupent en deux parties sur la hauteur, & que les traverses & les pans du Lit se démontent tous de la maniere suivante :

On commence par assembler les traverses, tant du devant que du derriere, à queue dans les pieds, en observant que la queue ne passe pas tout au travers de ces derniers, & que l'arrasement de la traverse entre tout en vie d'environ 3 lignes dans le pied, comme on peut le voir aux *Fig.* 12 & 14 ; ce qui étant fait, on perce le trou de la vis (qui est placée dans le pan à l'ordinaire) au travers de la queue, de sorte qu'en serrant la vis, on arrête en même temps la traverse, par-dessus laquelle on fait passer les platines *AB*, *CD*, *Fig.* 16 & 17, qu'on prolonge au-delà de l'entaille, & qu'on fait entrer dans le pied, afin qu'elle ne se dérange pas en serrant la vis. *Voyez les Fig.* 15, 16 & 17, qui représentent la vis avec sa platine, vue de côté & de face.

Le fond de ces Lits est rempli par des sangles ou du coutil attaché sur les deux pans, dont l'écart est retenu au milieu par une traverse attachée à un des pans par une charniere, & se reploie dessus lorsqu'on démonte le Lit.

La brisure des pieds se monte à vis, laquelle tient au bout le plus court, & entre dans un écrou placé dans l'autre bout. *Voyez la Fig.* 10, qui représente un bout de pied avec sa vis ; & celle 11, qui représente ce même pied en coupe & tout monté, afin de faire voir la construction de la vis & de son écrou, lesquels sont adhérents avec les viroles qui embrassent les bouts des pieds à l'endroit du joint. Le haut de ces pieds ou colonnes, est terminé par un goujon à l'ordinaire, lequel reçoit les bouts du chassis du ciel du Lit, qui y entrent en entaille l'un sur l'autre, & dont les extrémités sont garnies de fer, ainsi que le représente la *Fig.* 13. *Voyez les Fig.* 8 & 9, qui représentent les élévations de côté & de face de ce Lit, qui est celui qui sert au Roi lorsqu'il va en campagne, & qui, lorsqu'il est démonté, tient dans un sac de cuir de 13 à 14 pouces de diametre, sur 6 pieds & demi de long.

Lorsque j'ai parlé des différentes especes de Siéges, j'ai fait mention de ceux de campagne, dont j'ai réservé la description avec celle des Lits de cette espece.

Les Siéges dont on fait le plus souvent usage à la campagne, sont les Ployants, dont j'ai déja fait la description, à l'exception que ceux de campagne sont faits le plus simplement & les plus légers possibles, pour en rendre le transport plus facile. D'après les Ployants, on a imaginé des especes de Chaises nommées *Perroquets*, lesquelles ne sont autre chose que des Ployants auxquels on a ajouté un dossier. *Voyez les Fig.* 1 & 2, qui représentent cette Chaise ouverte & fermée.

Le dossier & le dessus de ces Chaises sont garnis de cuir, ainsi que celui des Ployants de campagne ; pour les rendre plus doux, on les a garnis de cuir & de crin à l'ordinaire, ce qui a obligé de faire un chassis pour porter le dessus du siége, lequel est attaché d'un bout à charniere avec la traverse du haut des pieds

PLANCHE
251.

PLANCHE
250.

de devant, & de l'autre vient s'appuyer fur celle de derriere, comme on peut le voir dans la *Fig.* 3 : lorsque le Siége eſt ployé, ce ſiége ſe rabat en devant. *Voyez la Fig.* 4.

La conſtruction de ces ſortes de Chaiſes eſt fort ſimple ; leurs bâtis ne ſont que des bois droits & unis, d'un pouce & demi de largeur, ſur un pouce d'épaiſſeur : leur hauteur de ſiége eſt toujours la même ; il n'y a que leur largeur, qu'on réduit à 14 ou 15 pouces au plus, afin qu'ils tiennent moins de place.

On fait encore une autre eſpece de petits Siéges ſans doſſier, leſquels ſont d'une très-bonne invention pour tenir moins de place lorsqu'ils ſont ployés. Ces Siéges ſe nomment *Echaudés*, & ſont compoſés de trois montants de 26 pouces de long, d'une forme triangulaire par leurs plans, de ſorte qu'ils forment les trois enſemble un faiſceau de 2 pouces de diametre, en obſervant qu'ils ne joignent pas exacte-ment ſur l'arête du dehors, afin d'en faciliter l'ouverture. *Voyez la Fig.* 8. Ces trois montants ſont retenus enſemble par trois goujons faits d'une ſeule piece, & diſpoſés triangulairement, leſquels paſſent au travers des trois montants, & au dehors deſquels ils ſont rivés, de maniere que les montants s'écartent tous les trois également & forment le ſiége. *Voyez la Fig.* 6, qui en repréſente l'éléva-tion, & la *Fig.* 7, qui en repréſente le plan tant fermé qu'ouvert, où les bouts des montants ſont cotés des mêmes lettres. Voyez pareillement la *Fig.* 5, qui repréſente l'Echaudé tout fermé avec les rivures des goujons, leſquels ſont placés à 2 pouces plus haut que le milieu, afin de donner plus d'empalement à ce Siége, dont le deſſus n'eſt autre choſe qu'un morceau de cuir ou de forte étoffe attaché au bout des trois montants.

On fait auſſi des Fauteuils de campagne, leſquels ſe ploient ſur la largeur, de ſorte que les deux côtés reſtent tout montés, n'y ayant que les traverſes de devant & de derriere qui ſe briſent en deux parties au milieu & ſe repouſſent en dedans. Les traverſes des doſſiers ſe briſent auſſi au milieu, mais ſur le champ ; de ſorte qu'elles viennent ſe rabattre ſur le champ des battants. Toutes ces bri-ſures ſont ferrées avec des couplets, & ſe retiennent en place avec des crochets.

Il y a de ces Fauteuils dont la briſure n'eſt pas au milieu, mais au contraire à l'endroit de l'arraſement, ce qui eſt plus propre, mais ce qui demande plus de précaution pour les bien ferrer. Il y en a d'autres dont le devant, le derriere & le ſiége ſe ſéparent & s'enveloppent ſéparément, & ſe raſſemblent enſuite fort aiſément par le moyen des crochets qui ſont placés à l'endroit des aſſem-blages. Je n'ai pas fait de Figures de ces Fauteuils, parce qu'elles m'ont paru inutiles, ce que je viens d'en dire étant ſuffiſant pour en faciliter l'intelligence.

On fait auſſi des Tables de campagne, dont le deſſus & le pied ſe briſent, & cependant tiennent enſemble pour être plus faciles à tranſporter.

Le deſſus de ces Tables eſt compoſé de deux pieces ſur la largeur, emboîtées à bois de fil, & jointes enſemble à rainure & languette, comme le repréſentent les *Fig.*2, 3 & 7. Le pied de ces Tables eſt compoſé de quatre chaſſis qui s'attachent

deux

deux à deux aux deux bouts de la Table , auxquels ils font arrêtés avec
des charnieres, en obfervant d'en faire un plus court de l'épaiffeur de l'autre ,
afin que quand ils font ployés, le taffeau qu'on attache à la Table pour regagner
cette différence de hauteur, écarte le fecond chaffis de la Table de l'épaiffeur du
premier qui , étant ployé, vient joindre deffus. *Voyez la Fig.* 1, où la révolution du premier chaffis *a b* vient fe terminer fous la Table au point *e* ; & celle
du fecond chaffis *d e* , fe termine fur le fecond chaffis en *f* ; ce que je dis pour un
côté de la Table , doit s'entendre pour l'autre, comme on peut le voir dans
la *Fig.* 5, qui repréfente la Table toute ployée, & les chaffis de pied à leur
place & cotés des mêmes lettres que dans la Figure premiere. Voyez auffi la
Fig. 2, qui repréfente la Table vue par le bout avec l'entre-toife *g*, qui
fert à retenir l'écart des pieds , laquelle fe fait de bois plein ou bien d'affemblages, comme la *Fig.* 6, afin qu'elle foit plus légere. On fait encore d'autres
Tables de campagne à pieds de biche, comme Tables de jeu & autres, dont les
pieds fe reploient en deffous diagonalement, & font ferrés avec des charnieres,
qu'on arrête en place avec des vis.

On fait auffi des Tables de nuit, des Chaifes d'aifance & des Bidets, dont les
pieds fe ploient auffi en deffous, ou fe rapportent & s'arrêtent avec des vis, afin
qu'elles foient plus aifées à tranfporter, & leurs pieds moins fujets à être caffés,
ce qui arriveroit fouvent dans le tranfport, foit en les chargeant ou en les déchar-
geant ; c'eft pourquoi on prend la précaution d'en ployer les pieds, ou de les ôter
tout-à-fait lorfqu'ils peuvent être contenus dedans, ce qu'il eft facile de faire aux
Chaifes percées & aux Bidets fermés.

Je ne m'étendrai pas davantage au fujet des Meubles portatifs , parce que ce
que j'en ai dit eft plus que fuffifant pour pouvoir en faire de toutes les façons
& felon les différents befoins, qui, d'ailleurs, font moins étendus dans un camp
ou dans un voyage, que dans les villes, où ils femblent renaître avec la facilité
de les fatisfaire.

SECTION QUATRIEME.

Defcription des Lits de repos ; des Berceaux & Lits d'enfants.

LES Lits de repos ne different des Lits ordinaires (c'eft-à-dire , des Lits à la
Françoife,) que par leur largeur & par la hauteur de leurs pieds, lefquels font
non-feulement beaucoup plus bas que ceux de ces derniers , mais encore font
chevillés avec toutes les traverfes qui compofent leur pourtour ; de forte qu'un
Lit de repos n'eft autre chofe (du moins pour la conftruction) qu'une efpece
de long Siége très-bas, avec un, ou quelquefois deux doffiers, fur lequel on fe
couche dans la journée lorfqu'on veut prendre quelque repos.

En général, les Lits de repos, tels que les repréfente la *Fig.* 1, ont 6 pieds
de longueur, fur 2 à 2 pieds & demi de largeur au plus, & un pied de hauteur,

pris du deſſus des pans ou traverſes ; leurs doſſiers doivent avoir 15 à 18 pouces de hauteur, pris du deſſus de ces mêmes pans, au-deſſus deſquels les pieds de devant, lorſqu'ils n'ont point deux doſſiers, doivent affleurer, comme je l'ai obſervé dans cette Figure. Comme les Lits de repos ne ſont couverts que d'un couſſin, on les ſangle & garnit comme les Siéges dont j'ai parlé ci-deſſus ; c'eſt pourquoi on doit avoir ſoin en les conſtruiſant, de les diſpoſer en raiſon de leurs différentes garnitures, ainſi que ces derniers.

Les Lits de repos peuvent être décorés très-richement, ſelon le rang ou l'opulence de ceux pour qui ils ſont deſtinés ; & de quelque façon qu'ils le ſoient, ils ſont toujours mieux que les autres meubles qu'on leur a ſubſtitués, qui, à la vérité, annoncent plus d'élégance & de richeſſe que les Lits de repos ordinaires, mais qui n'auront jamais, comme eux, le mérite de la vraiſemblance, ce qui eſt fort à conſidérer.

Les Lits d'enfants repréſentés *Fig.* 2, 3 & 4, ſont compoſés de quatre pieds d'environ 2 pieds 6 pouces à 3 pieds de hauteur, dans leſquels viennent s'aſſembler au pourtour des échelles ou côtés, d'environ 12 à 15 pouces de hauteur, de maniere qu'ils ſont comme des caiſſes percées à jour, dans leſquelles on place les matelas & le reſte de la garniture du Lit, afin qu'ils ne puiſſent pas ſe déranger, & que l'enfant ne ſoit pas en danger de tomber hors du Lit, pour peu qu'il faſſe quelque mouvement, ce qui arriveroit ſi l'on n'avoit la précaution d'y faire des côtés ainſi élevés. Au chevet de ces Lits on y fait une arcade compoſée de trois bandes de bois très-mince, laquelle ſert comme de pavillon au-deſſus de la tête de l'enfant, du deſſus de laquelle on place le rideau qui couvre tout le Lit, dont la longueur eſt de 3 à 4 pieds, ſur 2 pieds à 2 pieds & demi de largeur. Ces Lits doivent être très-légers, en leur conſervant toutefois la ſolidité néceſſaire ; & on doit les faire avec beaucoup de propreté & de préciſion, pour éviter, autant qu'il eſt poſſible, la vermine qui pourroit s'y introduire.

Les Lits d'enfants ne ſe démontent pas ; mais ils ſont chevillés dans toutes leurs parties, tant du fond que des côtés, leſquels ſont ordinairement remplis par des baluſtres ou autres ornements, afin de les rendre plus légers. *Voyez les Fig.* 2, 3 & 4.

Les Berceaux ſont de petits Lits dans leſquels on couche ordinairement les enfants juſqu'à l'âge de deux & même trois ans : ils ne different de ceux dont je viens de parler, que par la grandeur & par la forme de leurs pieds, leſquels ſont aſſemblés par chaque bout dans un patin arrondi en deſſous & ſur la longueur, ce qui eſt néceſſaire pour que quand l'enfant eſt couché, on puiſſe le bercer, c'eſt-à-dire, agiter ſon lit de côté par un mouvement doux & égal, qui l'excite au ſommeil, & charme en quelque façon la douleur, qui, quelquefois, l'empêche de dormir tranquillement.

Le cintre de ces patins doit être très-doux, un pouce & demi étant ſuffiſant, ſur 2 pieds & demi de longueur, ſur-tout quand le Berceau eſt élevé à 2 pieds ou 2 pieds & demi de hauteur, ce qui est nécessaire pour que la Nourrice soit à portée de bercer l'enfant pendant la nuit. Les Berceaux n'ont guere que 2 pieds & demi à 3 pieds de longueur, sur 2 pieds de largeur au plus. On les fait ordinairement de bois plein ; cependant je crois qu'il seroit mieux de les faire à jour comme les autres Lits d'enfants, sur-tout le fond, afin d'en laisser plus aisément évaporer l'humidité. On pourroit même pratiquer en dessous un espace en forme de boîte, comme aux Chaises percées, dans lequel tomberoient les excréments de l'enfant, ce qui supposeroit que les matelas seroient percés, comme on le fait à la Virginie, en Turquie, & ailleurs, où cette précaution dispense de beaucoup d'autres, & même de bercer les enfants, ce qui, d'ailleurs, est une assez mauvaise méthode, comme le prouve très-bien M. de Buffon, dans son Histoire Naturelle de l'homme, *Tome IV*, *page 193*, *& suivantes*.

Voilà en général la description de tous les Lits dont on fait usage en France, du moins de ceux dont la construction regarde le Menuisier, laquelle, (ainsi que celle des Siéges dont j'ai déja parlé) j'ai fait le plus succinctement qu'il m'a été possible, sans cependant rien négliger de ce qui pourroit en faire connoître les différentes formes, & les différences qui se trouvent entre chaque espece de Lits, qui, quoique destinés aux mêmes usages, sont, comme on l'a pu voir, susceptibles de beaucoup de variétés, tant dans la décoration que dans la construction, ce qu'il étoit essentiel de faire connoître, non-seulement aux Menuisiers, pour lesquels cet Ouvrage est particuliérement destiné, mais encore pour la postérité à venir, qui verra, peut-être avec surprise, que des hommes, que la Nature a doué des mêmes sens, & par conséquent des mêmes besoins, aient tant varié sur la maniere de les satisfaire ; & que les Meubles, que les uns regardent comme d'une nécessité indispensable, sont totalement inconnus des autres, ou du moins considérés comme inutiles aux besoins de la vie, & même d'un usage incommode & superflu.

La même variété se rencontrera dans la description des autres Meubles dont il me reste à traiter, comme les Tables & les Bureaux de toutes sortes, les Armoires, les Commodes, & une infinité d'autres Meubles qui sont faits à l'instar de ces derniers, auxquels ils ressemblent toujours en quelque partie, & dont, abstraction faite de la grandeur, ils ne different que de nom, ainsi qu'on a déja pu le remarquer, & qu'on le verra dans la suite de cette Partie de mon Ouvrage.

CHAPITRE HUITIEME.

Des Tables en général ; de leurs différentes especes.

Après les Lits & les Siéges, les Tables sont les Meubles les plus anciens, ou du moins les plus utiles. Le nombre des Tables d'usage actuellement est très-considérable : il y a des Tables de cuisine, des Tables à manger, des Tables à jouer, des Tables à écrire, des Tables de toilette, des Tables de nuit, de Lit, &c, lesquelles sont toutes composées d'un dessus & de plusieurs pieds, & qui ne different entr'elles que par la grandeur & la forme de leur dessus, ou par celle de leurs pieds ; c'est pourquoi avant d'entrer dans aucun détail au sujet de ces différentes Tables, (qu'on peut considérer comme faisant trois especes différentes ; savoir, les Tables à manger, celles à jouer, & celles à écrire,) je vais traiter des différents pieds de ces mêmes Tables en général, afin de ne me point répéter lorsque je viendrai à leur détail particulier.

PLANCHE 253. Les pieds de Tables sont de deux especes ; savoir, ceux qui sont immobiles, comme les *Fig.* 1 & 2 , & ceux qui se ploient, comme celles 3 , 4 & 5. Dans le premier cas, les pieds sont composés de quatre pieds ou montants, de quatre traverses par le haut, & de quatre autres par le bas , comme la *Fig.* 1 , ce qui est la maniere la plus solide de faire les pieds de Tables ; quelquefois on n'y met que deux traverses par les bouts, avec une entre-toise, ou bien deux traverses par les bouts & une par le côté, de sorte qu'il y a un côté de libre pour passer les jambes, ce qui est nécessaire aux Tables à écrire, & à celles de toilette.

Ces sortes de pieds sont, comme on peut le voir, très-solides ; cependant on leur préfere souvent ceux à pieds de biche, représentés *Fig.* 2 , lesquels, quoique moins solides que les premiers, ont l'avantage d'être d'une décoration moins lourde, & de ne point gêner en aucune maniere ceux qui sont assis autour, soit pour jouer ou pour écrire, ce qui est fort à considérer, sur-tout quand ils n'auront pas besoin de beaucoup de force, ou qu'ils ne seront point sujets à être souvent changés de place ; car dans ce dernier cas il faudroit faire ces pieds comme la *Fig.* 1 , à moins que les Tables ne fussent très-légeres, comme de petites Tables à écrire, des Tables à jouer, & autres de cette espece.

Les pieds de Tables brisées, ou ployants, sont de deux sortes ; savoir, ceux en x, soit en élévation, comme la *Fig.* 3 , soit en x en plan, comme la *Fig.* 4 , & ceux à chassis brisés, comme la *Fig.* 5 ; dans le premier cas, *Fig.* 3 , ces pieds sont composés de deux chassis assemblés en chapeau par un bout, lesquels doivent avoir environ 2 pieds & demi de longueur chacun, sur une largeur égale à celle de la Table, moins 2 à 3 pouces, selon la plus ou moins grande

largeur

PLANCHE
253.

largeur de cette derniere. La largeur des pieds dont je parle , ne doit pas être prife du dehors de leurs montants, mais des extrémités des traverfes en chapeau, au bout d'une defquelles on fait des tourillons *a, b*, qui fe meuvent dans des charnieres attachées au-deffus de la Table, comme je le dirai ci-après. Le chaffis qui porte les tourillons doit être le plus étroit , afin qu'en arrondiffant ces derniers, il refte de l'épaulement à la mortaife qui reçoit le montant , ce qu'on ne pourroit faire à l'autre chaffis , à moins que de le reculer beaucoup , & par conféquent rétrécir les chaffis tant intérieurs qu'extérieurs , & diminuer en même temps de l'affiette du pied, qui n'en a jamais trop dans le cas dont il eft ici queftion.

Les deux chaffis du pied de Table dont je fais la defcription , font arrêtés enfemble au milieu de leur longueur par un tourillon de fer qui entre dans chacun des montants , à environ la moitié de leur largeur, ce qui fait qu'on ne peut cheviller le chaffis le plus large , qu'après y avoir placé les tourillons , auxquels 2 à 3 lignes de diametre fuffifent pour qu'ils aient toute la folidité convenable.

Je viens de dire qu'on plaçoit les tourillons à moitié de la longueur du chaffis ; cependant fi on vouloit donner plus d'empalement au pied, on pourroit les placer un peu plus haut , ce qui n'y fait d'autre changement que d'en augmenter un peu la longueur des montants ; c'eft pourquoi lorfqu'on fera de ces fortes de pieds, on fera très-bien d'en tracer l'élévation, afin d'avoir au jufte la longueur des montants, la place des charnieres, *Fig.*8, & des crémailleres, *Fig.*9, lefquelles s'attachent fous la Table , comme on peut le voir à la *Fig.* 7 , qui repréfente le pied ployé fous la Table *A B* , qu'il déborde d'environ 5 à 6 pouces d'un bout, du moins pour l'ordinaire.

Les charnieres *Fig.* 8, (que les Menuifiers nomment improprement *tourillons*) fe font en bois de hêtre , d'environ un pouce d'épaiffeur , & de 5 à 6 pouces de longueur, au milieu defquels , & à environ 6 lignes du deffous, c'eft-à-dire , de la partie droite, on perce un trou rond *a* , d'environ un pouce de diametre, dans lequel entrent les tourillons de la traverfe du pied. Ces charnieres s'attachent fous la Table avec des clous , ce qui eft la maniere la plus ordinaire ; cependant il eft beaucoup mieux de les faire entrer en entaille , de l'épaiffeur de leur joue , dans le deffous de la Table, indiqué par la ligne *b c* , ce qui eft non-feulement plus folide , mais encore ce qui fait que le deffus de la traverfe du chaffis porte également dans toute la largeur de la Table.

Les crémailleres repréfentées *Fig.* 9 , fe font de même bois & de même épaif-feur que les charnieres , & s'attachent fous la Table avec des clous ainfi que ces dernieres ; de forte qu'on eft obligé de faire des entailles *c d*, *Fig.* 3 , dans lefquelles entre la joue de la cremaillere, qu'il feroit bon de faire entrer en entaille dans la Table de cette épaiffeur, afin qu'elle y fût attachée plus folide-ment, & qu'on ne fût pas obligé de faire d'entaille à la traverfe du pied, ce qui lui conferveroit toute fa force ; cependant comme ces entailles fervent à retenir

PLANCHE
253.

le pied en place, ou du moins à l'empêcher de varier, on peut laiffer faillir la cremaillere d'environ 2 lignes d'après le nud de la Table, indiqué par la ligne *d e*, ce qui ôte moins de la force de la traverfe, & eft fuffifant pour empêcher le pied de varier. Les cremailleres ont ordinairement deux crans *f* & *g*, afin de pouvoir hauffer & baiffer la Table comme on le juge à propos, ce qu'on fait en changeant la traverfe du chaffis d'un cran à l'autre, en obfervant que le cran le plus éloigné fe trouve difpofé de maniere que le pied y foit à fa hauteur ordinaire, qui eft, pour les Tables à manger, (auxquelles ces pieds font d'ufage) de 25 à 26 pouces du deffous de la Table.

Ces fortes de pieds ne font d'ufage qu'aux Tables à manger de moyenne grandeur, & font d'ailleurs affez incommodes & peu folides, leurs pieds gênant ceux qui font placés autour ; c'eft pourquoi on doit leur préférer ceux en X fur le plan repréfenté *Fig.* 4, lefquels font plus folides, moins embarraffants & moins compliqués, quoique conftruits à peu-près de la même maniere, comme on peut le voir dans cette Figure, dont l'infpection feule eft fuffifante.

Le haut des battants de ces fortes de pieds, doit défaffleurer la traverfe d'environ 9 lignes ou 1 pouce, ce qui leur eft néceffaire pour leur conferver de l'épaulement ; cette faillie eft auffi néceffaire pour entrer dans des entailles qu'on pratique au-deffous de la Table, afin de retenir le pied en place ; quelquefois on ne fait pas d'entaille au deffous de la Table, mais on y rapporte des taquets ou mentonnets, dans lefquels entre le bout des battants.

Ces fortes de pieds de Table font très-commodes pour les Tables à manger d'une certaine grandeur, parce qu'ils ne gênent en aucune maniere ceux qui font placés autour, & qu'ils tiennent peu de place lorfqu'ils font ployés, comme on peut le voir dans la *Fig.* 6, qui repréfente ce pied tout ployé & vu en deffus, ce qui doit faire préférer ces fortes de pieds à tous autres pour les Tables à manger de moyenne grandeur ; de plus, ces pieds font d'une conftruction très-fimple, & par conféquent peu coûteux, ce qui eft une raifon de plus pour les faire préférer.

Il fe fait d'autres pieds brifés, beaucoup plus compliqués que ceux dont je viens de parler, mais qui font en même temps plus folides. Le pied repréfenté *Fig.* 5, eft compofé de 6 chaffis, ou, pour mieux dire, de quatre, dont deux de côté, & deux des bouts, lefquels fe brifent chacun en deux parties au milieu de leur largeur. Ces chaffis font ferrés de fiches à broches en dedans fur les chaffis de côté, & au milieu des deux en dehors ; de forte que quand on veut les ployer, on les fait rentrer en dedans de chaque côté, ce qui fait que ces pieds ainfi ployés, n'ont guere que 5 pouces d'épaiffeur, comme on peut le voir à la *Fig.* 10, qui repréfente ce pied ployé & retenu en place par un crochet de fer *a b*, que l'on ôte lorfqu'on veut l'ouvrir.

Quand ce pied eft ouvert, on le retient en place par un crochet de fer plat *c d*, *Fig.* 5, qui eft placé derriere la brifure du milieu ; on a auffi la coutume d'y mettre par le bas une entre-toife mobile, qui n'eft autre chofe qu'une planche d'une longueur égale à celle du pied, & affez large pour qu'elle puiffe embraffer les deux battants du milieu qui entrent en entaille dans les bouts de cette entre- toife, qu'on fait quelquefois d'affemblage pour la rendre plus légere, ainfi que celle des Tables de campagne, repréfentée dans la *Fig. 6*, *Pl.* 251.

Ces fortes de pieds font très-folides & fort en ufage pour les Tables à manger d'une moyenne grandeur, dont la grande faillie d'après le pied, fait que ce dernier ne peut pas nuire à ceux qui font affis autour de la Table.

Il y a des pieds de biches, comme la *Fig.* 2, qui fe brifent de la même maniere que ceux dont je viens de parler, c'eft-à-dire, qui fe brifent dans le milieu des traverfes des bouts, lefquelles au lieu de tenon, n'ont qu'un bout de languette qui entre dans le pied de biche fur lequel ils font ferrés.

On fait auffi une languette à la brifure du milieu de ces traverfes, & on obferve d'y faire un épaulement en deffus & en deffous, pour qu'elles foient plus folides. Ces fortes de pieds font fort en ufage; cependant comme ils font peu folides, quelque foin que l'on prenne en les ferrant, on doit leur préférer les pieds à chaffis brifés, *Fig.* 5, pour les grandes Tables, ou bien celui repré- fenté *Fig.* 4, pour les petites.

La grandeur des pieds de Tables à chaffis, varie depuis 3 pieds de long, fur 2 pieds 3 pouces de large, jufqu'à 6 pieds, fur 4 pieds 6 pouces fur la hauteur de 25 à 26 pouces, ce qui eft général pour toutes les Tables à manger; ce qui ne peut être autrement, puifque cette hauteur eft bornée par celle d'une perfonne affife, au-deffous des coudes de laquelle il faut que le deffus des Tables affleure, du moins pour ceux d'une grandeur ordinaire, ce qui donne ordinairement 26 à 27 pouces de hauteur du deffus des Tables. Quant à la groffeur des bois de ces pieds, 10 lignes ou un pouce d'épaiffeur leur fuffifent, fur un pouce & demi ou 2 pouces, & quelquefois 2 pouces & demi pour la largeur des battants, felon la grandeur des pieds; leurs traverfes doivent être un peu plus larges que les battants à proportion, fur-tout celles qui affleurent au bout de ces derniers, afin de conferver de la force aux affemblages.

Voilà en général le détail de toutes les différentes efpeces de pieds de Tables d'ufage, tant pour les Tables à manger, que pour celles à jouer & à écrire, lef- quelles, à quelques changements près, font toujours d'une même forme; cepen- dant comme il y a des Tables de jeu dont les pieds fe brifent d'une maniere diffé- rente de celles dont j'ai parlé ci-deffus, j'aurai foin, en parlant de ces Tables, de faire le détail de leurs pieds, du moins quant à ce qui differe de ceux dont je viens de parler. On fait auffi des pieds de Tables très-riches, qui font deftinés à porter des deffus de marbre, foit pour fervir de buffets dans les falles à manger, foit dans les autres appartements. Ces fortes de pieds de Tables font prefqu'entié- rement du reffort du Sculpteur, auquel les Menuifiers les préparent en maffe, ce qui fait qu'il n'y a pas beaucoup d'ouvrage pour le Menuifier; c'eft pourquoi je me contenterai d'en donner quelques exemples pour ne rien laiffer à défirer à ce fujet.

Avant de parler des Tables à manger, il est bon de dire quelque chose de celles de cuisine, lesquelles se font ordinairement d'une forte épaisseur & de bois dur, pour résister plus long-temps au travail qu'on fait dessus ces Tables ou *Etablis*, ou *Etaux*.

Ces Tables sont composées de quatre pieds de bois de chêne, de 3 à 4 pouces de largeur, sur 2 pouces & demi à 3 pouces d'épaisseur, selon la grandeur de la Table, dans le bas desquels sont assemblés deux traverses & une entre-toise de pareil bois, & de 2 pouces d'épaisseur, sur une largeur égale à celle des pieds, du moins pour les traverses, auxquels il est bon de faire un assemblage double pour rendre l'ouvrage plus solide.

Le dessus des Tables de cuisine se fait d'une table ou madrier de bois de hêtre de forte épaisseur, dans lequel on assemble les pieds soit à tenon & à queue, comme aux Etablis de Menuisiers, ou bien avec des assemblages doubles, ce qui est à peu-près égal. Dans l'un ou l'autre cas, il est bon, pour plus de propreté, que les assemblages ne passent pas au travers du dessus, (afin qu'il soit plus aisé à nétoyer & à redresser à mesure qu'il s'use), mais qu'au contraire ils n'aillent guere qu'aux deux tiers de son épaisseur, ce qui est suffisant, à condition toutefois qu'ils seront assemblés bien justes.

Les Tables de cuisine se font depuis 6 pieds jusqu'à 12, & même 15 à 18 pieds de longueur, sur 18, 24, & 36 pouces de largeur; mais ce qui est très-difficile à trouver sans fentes ni autres défauts.

L'épaisseur de ces Tables varie depuis 4 jusqu'à 6 pouces, & même plus, s'il est possible, la grande épaisseur leur étant très-nécessaire, vu qu'on les redresse de temps en temps, ce qui la diminue assez promptement.

En général, les dessus de Tables de cuisine doivent être disposés de maniere que le côté du cœur se trouve en dessus, afin qu'en se tourmentant, ils ne fassent que se bougir de ce côté, à quoi on peut remédier aisément; de plus, on peut obvier à cet inconvénient, du moins en partie, en choisissant le bois le plus sec possible, lequel alors ne fait que très-peu d'effet.

Quand les Tables de cuisine sont d'une très-grande largeur, il est bon d'assembler dans le haut de leurs pieds des traverses, dont le dessus affleure avec les arrasements de ces derniers, afin que la Table soit supportée dans toute sa largeur.

Que les Tables de cuisine soient larges ou étroites, il est bon d'en garnir les deux extrémités avec des nerfs de bœuf attachés dessus, qui les empêchent de s'ouvrir, & se retirent avec elle, ce qui vaut beaucoup mieux que d'y mettre des liens de fer, lesquels, à la vérité, les empêchent de s'ouvrir, mais qui, lorsque les Tables viennent à se retirer, les font fendre, vu qu'ils ne se prêtent pas à cet effet. La hauteur des Tables de cuisine est de 28 à 30 pouces; & on y met dessous un ou plusieurs tiroirs, selon leur grandeur ou la volonté de ceux qui en font usage.

On fait encore d'autres Tables de cuisine, nommées *Tour à pâte*, lesquelles
font

font composées d'un pied, comme la *Fig.* 1, *Pl.* 253, & d'un deffus de bois de chêne d'un pouce d'épaiſſeur au moins, au pourtour duquel, du moins de trois côtés, eft placé un rebord de 6 à 8 pouces de hauteur par derriere, & dont les côtés font chantournés en venant à rien fur le devant.

Planche 253.

La conſtruction de ces Tables n'a rien de particulier ; il ne leur faut que de la folidité & de la propreté, fur-tout pour le deſſus, qu'on doit faire de beau bois plein & uni : la hauteur de ces Tables eft à peu-près la même que pour celles de cuiſine, fur 2 pieds de largeur au moins, & environ 6 pieds de longueur, du moins pour l'ordinaire.

Section Premiere.

Des Tables à manger ; de leurs différentes formes & conftructions.

Les Tables à manger ne font fufceptibles d'aucune décoration ; elles ne confiftent qu'en pluſieurs planches de fapin, ou autre bois léger, jointes enfemble à rainures & languettes, & emboîtées de chêne par les bouts. Ces Tables ou, pour mieux dire, ces deſſus de Tables, font à peu-près tous d'une même forme, c'eft-à-dire, d'un parallélogramme plus ou moins grand, felon le nombre de couverts qu'ils doivent contenir. Anciennement on faifoit les Tables à manger d'une forme ronde ou ovale ; mais préfentement on en fait peu d'uſage. La grandeur des Tables fe détermine, comme je viens de le dire, par le nombre des couverts qu'on doit y placer, lefquels doivent occuper au moins 2 pieds de place chacun, & 2 pieds & demi ou 3 pieds au plus, fur-tout quand il y a beaucoup de Dames à un repas, vu que leurs habits tiennent beaucoup plus de place que ceux des hommes.

Planche 254.

On peut confidérer les Tables à manger comme faifant trois efpeces diffé-rentes pour la grandeur ; favoir, les grandes, les moyennes & les petites.

Les petites Tables à manger font celles à quatre couverts, lefquelles ont depuis 3 pieds jufqu'à 3 pieds & demi de longueur, fur environ 2 pieds 6 pouces de largeur. Celles à fix couverts qui doivent avoir 4 pieds de long au moins, fur 3 pieds 3 pouces de large ; celles de huit couverts qui doivent avoir 6 pieds de longueur, fur 4 pieds de largeur au moins, afin qu'on puiſſe y placer un couvert par chaque bout, & trois de chaque côté ; enfin les Tables de 10 cou-verts, qui doivent avoir 6 pieds de longueur au moins, fur 5 de largeur, ainſi que celle *A B C D, Fig.* 1. Les moyennes Tables font celles qui contiennent depuis 10 jufqu'à 16 & même 20 couverts, & dont la longueur eft depuis 6 juf-qu'à 14 pieds, fur 7 à 8 pieds de largeur, ce qui eft néceſſaire pour contenir trois couverts par chaque bout (*). Comme il y a bien des gens qui font

(*) Quoique je donne ici la grandeur des Tables à raiſon des couverts, on obfervera que je ne compte que 2 pieds pour chacun, & que même ceux des coins de la Table font un peu gênés ; c'eft pourquoi on ne confidérera ces me- | fures que comme le terme le plus petit, ou au moins le moyen, étant beaucoup plus utile de faire les Tables plus grandes que plus petites que les mefures que je donne ici.

sujets à donner à manger à un plus ou moins grand nombre de personnes un jour que l'autre, il sembleroit nécessaire qu'ils eussent un grand nombre de Tables de différentes grandeurs, ce qui deviendroit en même temps très-couteux & embarrassant ; c'est pourquoi on a imaginé de ralonger les Tables, tant sur la longueur que sur la largeur, mais plus communément sur un sens que sur l'autre, ce qui se fait de la maniere suivante.

On prépare une espece de petite Table, dont la longueur doit être égale à la largeur de celle qu'on veut ralonger, & de la largeur de 2 pieds, (qui est la place qu'occupe un couvert). Cette Table ou ralonge doit être emboîtée par les bouts, & on doit en laisser passer les emboîtures du côté du joint, afin que cette saillie étant creusée, puisse remplir l'angle arrondi de la Table. *Voyez la Fig.* 1, où la ralonge *E F*, est disposée de cette maniere. Les ralonges sont arrêtées avec la Table par des barres *I L*, *Fig. 6*, lesquelles sont attachées sous la ralonge, & entrent dans des chapes de fer ou de bois, attachées au-dessous de la Table, le plus proche du bout de l'emboîture qu'il est possible, afin que les ralonges ne penchent pas en dehors.

Quelquefois au lieu de chapes, on fait les emboîtures assez épaisses pour y faire des chapes ou mortaises *G H*, *Fig. 3*, dans leur épaisseur au nud de celle de la Table, comme je l'ai observé à la *Fig. 5*, ce qui est assez bon, pourvu toutefois que les emboîtures soient assez solidement assemblées pour que le poids de la ralonge ne les fasse pas déverser. Les barres se placent aux deux bouts de la ralonge ; & on doit avoir soin qu'elles passent en dehors du pied de la Table, afin de n'être pas obligé d'y faire des entailles pour laisser passer les barres des ralonges, qu'on ne met au milieu de ces dernieres, qu'autant qu'elles sont trop longues pour que deux barres suffisent pour les porter ; mais quand elles ne sont pas trop longues, ainsi qu'aux *Fig.* 1, 5 & 6, on se contente d'y mettre une clef au milieu, si la Table est d'une seule piece ; & si elle se brise en deux comme la figure 1, on y met deux clefs *P O*, *Fig. 6*, lesquelles entrent dans les deux mortaises *M N*, *Fig. 5*.

Ces clefs doivent être peu longues ; un pouce de long leur suffit, vu qu'une plus grande profondeur de mortaise ne feroit qu'affoiblir les emboîtures, sans rendre le joint de la ralonge plus solide pour cela.

Ce que je viens de dire pour une ralonge, peut & doit s'entendre pour toutes, tant des bouts que des côtés, lesquelles doivent s'assembler avec la Table de la même maniere que celle dont je viens de faire la description.

Les grandes Tables sont celles qui non-seulement peuvent contenir un grand nombre de couverts, mais encore dont le milieu est assez grand pour contenir un sur-tout de décoration, soit en fleurs, ou sucreries, &c, lequel, avec le nombre de couverts donnés, détermine au juste la grandeur de ces Tables, laquelle doit avoir 2 pieds de place au pourtour du dormant, ou base du sur-tout. Comme ces Tables sont ordinairement très-grandes, on les construit de plusieurs tables jointes ensemble à rainures & languettes, & retenues avec des

clefs placées de diftance en diftance, & on les pofe fur des trétaux le plus folidement qu'il eft poffible, les pieds brifés étant trop petits pour ces fortes de
Tables, auxquelles cependant il faut difpofer les trétaux de maniere qu'ils ren-
trent en dedans des extrémités de la Table d'environ un pied, afin que ceux
qui font affis autour de cette derniere ne s'y heurtent pas les jambes, obfervation qui eft effentielle pour tous les pieds de Table à chaffis brifés.

Après les grandes Tables dont je viens de parler, il y a encore les Tables
évuidées, nommées communément *en fer à cheval* ; foit que leur partie fupérieure foit terminée en rond, comme la figure 2, ou en retour d'équerre, comme
la figure 4 ; dans l'un ou l'autre cas ces Tables font très-commodes, en ce que
le fervice peut fe faire par leur partie intérieure, fans nuire à ceux qui font affis
autour, & n'ont d'autre difficulté que de ne pouvoir recevoir que des fur-touts
poftiches & d'une médiocre grandeur, ce qui, à mon avis, n'eft pas un grand
mal, les énormes fur-touts dont les Tables des Grands font chargées, ne fervant
qu'à rendre le fervice plus difficile, & même incommode, & à offufquer la vue
de tous les convives, qui ne peuvent voir de l'autre côté de la Table qu'avec
beaucoup de peine.

La largeur des Tables en fer à cheval, eft ordinairement de 3 pieds, fur une
longueur proportionnée au nombre des convives ; c'eft pourquoi ces Tables
doivent être difpofées de maniere qu'elles puiffent être ralongées quand on le
juge à propos, ce qu'on fait toujours de la maniere ordinaire. Les Tables en fer
à cheval font ordinairement portées par des trétaux, ou bien par des chaffis arrêtés
en deffous avec des charnieres, de forte qu'ils fe ploient fous la Table quand on
n'en fait pas ufage, & qu'on les retient en place, c'eft-à-dire ouverts, par le
moyen d'un crochet de fer attaché de même au-deffous de la Table. *Voyez la
Fig.* 3, qui repréfente un chaffis ou pied de Table, dont le battant de devant eft
reculé de 9 à 10 pouces, ce qui, joint à la faillie de la Table, donne environ un
pied de reculage à ce chaffis, pour les raifons que j'ai dites en parlant de la grandeur des pieds de Tables à chaffis & des trétaux, dont il feroit bon que les bouts
fuffent conftruits comme ce chaffis, afin qu'ils ne nuififfent pas, & que néanmoins
la Table fût portée dans toute fa largeur. Les diverfes parties qui compofent
les Tables en fer à cheval, font affemblées les unes au bout des autres à rainures
& languettes, & avec des clefs ; cependant il eft bon d'y mettre par deffous les
joints des crochets de fer plat, qui les retiennent & les empêchent de s'écarter.

En général, la conftruction des différentes Tables dont je viens de faire la
defcription, eft à toutes la même ; il fuffit que les planches qui les compofent
foient bien féches, jointes & collées enfemble le plus parfaitement poffible, &
que leurs emboîtures (qui doivent toujours être de chêne bien liant), foient
affemblées & chevillées folidement.

On fait encore de petites Tables, *Fig.* 7, nommées *Tables de Lit.* Ces Tables
ne font autre chofe qu'une planche de 12 à 14 pouces de largeur, fur 20 à 22

pouces de longueur, au milieu de laquelle on fait une échancrure en creux, d'environ 2 à 3 pouces de profondeur fur un pied de longueur, laquelle fert à placer le ventre de ceux qui étant dans le Lit, fe fervent de ces Tables, dont les bouts font emboîtés & foutenus par des petits pieds de 3 à 4 pouces de haut, ou bien deux petites planches évuidées par le milieu, ainfi qu'on peut le voir dans cette Figure.

Les Tables de Lit fe font ordinairement de noyer, de 5 à 6 lignes d'épaiffeur, ce qui eft fuffifant, vu qu'il faut les rendre les plus légeres qu'il eft poffible.

Avant de terminer ce qui regarde les Tables à manger, je crois qu'il eft néceffaire de parler des Servantes, dont l'ufage eft très-commode, lorfqu'on n'a pas de Domeftiques pour fervir à table, ou bien qu'on veut s'en paffer.

Ces Servantes font des efpeces de petites Tables d'une forme quarrée ou ronde, ou même triangulaire fur leur plan (ce qui eft affez indifférent), de 2 pieds au plus de hauteur, fur un pied de largeur. La partie fupérieure de ces Tables, eft faite en forme de boîte découverte en deffus, de 6 pouces de profondeur, dans laquelle on place un caiffon de bois, revêtu de plomb ou de fer-blanc, dans lequel on met de l'eau pour rafraîchir les bouteilles. Le deffus de cette boîte fe ferme quelquefois avec deux portes, lefquelles, étant ouvertes, laiffent jouir de l'intérieur du caiffon, & fe referment enfuite, de forte qu'il n'eft apparent en aucune façon. Au-deffous de la boîte qui renferme le caiffon, font placées, à 5 ou 6 pouces de diftance l'une de l'autre, deux ou trois tablettes, fur lefquelles on met tant les affiettes blanches que les fales. *Voyez les Fig. 8,* 9, 11 & 12, qui repréfentent l'élévation d'une Servante, fa coupe & fon plan, & un autre plan d'une forme triangulaire. Les Figures 10 & 13 repréfentent l'élévation & le plan d'une autre efpece de Servante, laquelle fert pour prendre le café ou des rafraîchiffements ; quelquefois le deffus de ces Servantes eft revêtu de marbre, de 2 à 3 lignes d'épaiffeur, appliqué fur un autre fond de bois mince, qui le foutient.

Les Servantes fe font quelquefois en placage ; mais comme on en fait auffi de bois uni, j'ai cru devoir en donner ici la defcription, afin de terminer tout ce qui regarde les Tables à manger. Quant à la conftruction de ces fortes d'ouvrages, quoiqu'on les faffe très-légers, il eft bon qu'ils foient affemblés folidement, & collés dans toutes leurs parties ; & on doit avoir foin que les traverfes qui portent chaque plancher, foient excédentes à ces derniers en deffus, afin de retenir les affiettes en place. *Voyez la Fig. 9,* qui repréfente la coupe de la Servante conftruite de la maniere que je le recommande ici, & fur laquelle on pourra prendre toutes les dimenfions de ces fortes d'ouvrages, qui doivent être très-légers de bois, ainfi que je l'ai déja recommandé, & qu'on peut le voir dans les Figures ci-deffus.

Ce que je viens de dire touchant les Tables à manger, renferme tout ce qu'il eft néceffaire à un Menuifier de favoir à ce fujet, du moins pour le général, &
pour

pour l'usage ordinaire, parce qu'il s'en fait tous les jours de formes & de constructions différentes les unes des autres selon le besoin, ou, pour mieux dire, la
volonté de ceux qui les font faire, ce qu'il n'est pas possible de détailler ici, &
ce qui, de plus, n'est pas nécessaire ; ce que je viens de dire étant plus que
suffisant pour qu'on puisse en faire & inventer d'autres de telle forme qu'on le
jugera à propos.

PLANCHE
254.

SECTION SECONDE.

Des Tables a jouer ; de leurs différentes especes, formes & constructions.

LES Tables à jouer different de celles dont je viens de parler, tant pour la
forme que pour la décoration, qui, dans celles-ci, est comptée pour quelque
chose, & qui se font quelquefois même de bois précieux, vu qu'elles sont
toujours apparentes. Ces Tables font de deux especes ; savoir, les grandes & les
petites. Les grandes comprennent les Billards de différentes grandeurs ; & les
petites, celles connues sous le nom de *Tables à quadrille*, pleines ou brisées ;
les rondes, & celles qui sont d'une forme triangulaire, & qui se brisent
quelquefois, ainsi que ces dernieres. Comme ces deux especes de Tables à jouer
font fort différentes les unes des autres, je diviserai cette Section en deux Paragraphes, dont le premier comprendra la description d'un Billard, & des instruments nécessaires à ce jeu ; & le second, la description des autres Tables de jeu,
de quelqu'espece qu'elles puissent être.

§. I. *Description d'un Billard ; de sa forme, proportion & construction.*

DE toutes les Tables de jeu, celles de Billard font, sans contredit, les plus
grandes, & dont la construction demande le plus d'attention de la part du
Menuisier, afin de leur donner toute la solidité & la perfection dont elles peuvent être susceptibles ; c'est cette difficulté qui a fait que peu de Menuisiers se
mêlent de faire des Billards, & que le petit nombre de ceux qui en font à Paris,
lorsqu'ils réussissent à les bien faire, font aux autres Menuisiers, un secret de
leurs procédés dans la construction des Billards, qui, cependant, n'est autre
chose que beaucoup de précautions dans le choix du bois, & une très - grande
précision dans l'exécution, comme on le verra ci-après.

PLANCHE
255.

Un Billard est composé de deux parties principales ; savoir, d'une Table
proprement dite, & de son pied. Le pied est un bâtis de menuiserie composé de
douze pieds ou montants de 3 pouces quarrés de grosseur, disposés sur trois rangs,
& de plusieurs traverses tant du haut que du bas, servant à entretenir ces
pieds les uns avec les autres. *Voyez les Fig.* 1, 4 & 5.

Pour qu'un pied de Billard soit parfaitement bien fait, il faut non-seulement

MENUISIER, III. Part. II. Sect.   R 8

qu'il soit assemblé avec toute la précision possible, mais encore il faut qu'il soit disposé de maniere qu'on puisse le démonter facilement, & qu'étant monté, ces différentes traverses soient construites de façon que l'ensemble du pied ne soit point susceptible d'aucune espece d'ébranlement, ce qui, jusqu'à présent, a été assez négligé de la part de ceux qui font des Billards, puisque, exception faite des traverses du haut du pourtour des pieds, toutes les autres sont faites de plusieurs pieces coupées à la rencontre des pieds du milieu; de sorte que lorsqu'elles viennent à se désassembler, comme il arrive quelquefois, rien ne peut en retenir l'écart, ce qui est assez désagréable, & à quoi j'ai tâché de remédier, comme on le verra ci-après, dans la description du Billard représenté dans cette Planche.

La grandeur ordinaire des Billards est de 11 à 12 pieds de longueur (*), pris du dedans des bandes *A B, B C* & *C D, Fig. 5*, coté *A*, sur une largeur égale à la moitié de leur longueur, toujours prise du dedans des bandes; leur hauteur doit être de 2 pieds 6 pouces du dessous des bandes, c'est-à-dire, du dessus des pieds, ce qui donne la longueur totale de ces derniers, à moins qu'ils ne soient scellés dans le plancher, comme on le pratique aux Académies de jeu, où les Billards sont arrêtés à demeure, ce qui alors oblige d'augmenter la longueur des pieds de 6 pouces au moins.

Les pieds de Billard doivent, ainsi que je l'ai dit plus haut, avoir 3 pouces de grosseur, & sont ordinairement tournés entre les traverses, soit en forme de colonnes droites ou torses, ou bien ornés de différents contours.

Les traverses du bas des pieds sont d'une largeur, ou, pour mieux dire, d'une épaisseur égale à celle des pieds, & sur 2 à 2 pouces & demi de hauteur, & s'assemblent dans les pieds à environ 6 pouces du nud du plancher. *Voyez les Fig. 6, 7 & 8.*

Les traverses du haut doivent avoir 4 pouces de largeur, sur 15 lignes au moins d'épaisseur, du moins pour celles du pourtour, un pouce étant suffisant à celles du dedans.

Les traverses du haut au pourtour, sont toutes d'une piece sur leur longueur, & s'assemblent à tenon & mortaise dans les pieds des angles, avec lesquels celles des bouts sont chevillées, & celles des côtés arrêtées avec des vis *a a a, Fig. 1, 4* & 6. Les autres pieds s'assemblent à tenon & mortaise dans ces traverses, & le reste de leur épaisseur passe en enfourchement par derriere, en observant de ralonger à l'arrasement du devant, une barbe de la largeur de la moulure qui est poussée sur ces traverses, ce que j'ai observé aux *Fig. 1, 2 & 7.*

(*) Quoique je dise que la grandeur des Billards est de 11 à 12 pieds, ce n'est pas qu'on n'en fasse de plus petits, & même de plus grands, ce qui est assez extraordinaire; mais pour de plus petits, il y en a depuis 7 pieds jusqu'à la grandeur que je donne ici, comme étant la meilleure & la plus générale, sans compter les Billards d'enfants, qu'on peut faire très-petits, tant de surface que de hauteur, en raison de la grandeur de ceux pour lesquels ils sont faits, ce qui, au reste, ne change rien à la forme & à la construction des diverses parties qui les composent, lesquelles doivent alors être moins grandes à raison de la petitesse du Billard.

Les traverses du haut de l'intérieur du pied, doivent s'assembler à tenon dans les pieds ou montants du pourtour, & on doit observer d'en faire passer les deux intermédiaires de toute la largeur du Billard, ce qu'il est facile de faire, en pratiquant dans le pied du milieu un enfourchement de la moitié de la largeur de la traverse, à laquelle on fait une entaille en dessous de la largeur du pied, moins 3 lignes de chaque côté, que cette traverse entre toute en vie dans ce dernier, tant sur l'épaisseur que sur la largeur. *Voyez les Fig.* 1 & 5, cote B, où les traverses E F & G H, passent au travers des pieds. Voyez pareillement les *Fig.* 9 & 10, qui représentent cet assemblage tant en plan qu'en élévation.

PLANCHE 155.

Ces traverses ainsi d'une seule piece, sont très-commodes pour les Billards, qui, comme celui-ci, se montent tous à vis; parce que quand ils sont démontés, ils forment moins de pieces séparées, qu'il est plus facile de remettre & de resserrer en place, & que de plus elles sont moins susceptibles de mouvement, que si elles étoient faites de deux pieces séparées, qui pourroient être moins bien assemblées, ou bien d'une inégale densité, qui les feroit rétrécir plus ou moins l'une que l'autre.

Les autres traverses du haut de l'intérieur du pied de Billard, s'assemblent à tenons à l'ordinaire, ainsi que je l'ai observé aux *Fig.* 1, 5 & 8 : & quoique j'aie fait affleurer le bout des pieds du milieu & de l'intérieur avec les traverses, il est cependant bon qu'ils soient plus courts de 2 à 3 lignes que le dessus de ces dernieres, afin que si elles venoient à se retirer, la Table du Billard ne porte pas sur le bout des pieds; de plus, les traverses étant ainsi excédentes, sont plus faciles à redresser, supposé que cela fût nécessaire; il est aussi bon que les pieds des angles soient un peu plus courts que le dessus des traverses d'environ une ligne, ce qui est tout ce que ces derniers peuvent se retirer.

Les traverses du bas ne peuvent pas, ainsi que celles du haut, être de toute la longueur & de la largeur du Billard, tant à l'intérieur qu'à l'extérieur, vu qu'elles n'affleurent pas l'extrémité des pieds; mais comme elles sont d'une épaisseur égale à celle de ces derniers, on peut y faire des assemblages doubles, lesquels étant faits avec beaucoup de précision, rendent l'ouvrage très-solide. Quant aux pieds du milieu, comme ces assemblages doubles pourroient empêcher de faire les tenons assez longs, on fera passer jusqu'au milieu des pieds les tenons de celles qui seront au-dessous de celles du haut, qui vont de toute la largeur du Billard, & on ne donne aux autres que 6 à 8 lignes de longueur de tenon, ce qui leur est suffisant, de même qu'aux bouts de celles qui sont chevillées au milieu, & qui reçoivent des vis à leurs extrémités, lesquelles vis doivent passer au milieu de la largeur du pied, & par conséquent entre les deux assemblages. *Voyez les Fig.* 6, 7 & 8.

En général, les pieds de Billard se font de bois de chêne, du moins pour l'ordinaire, & on doit avoir grand soin qu'il soit très-sec, tant pour les pieds ou montants, que pour toutes les traverses du haut, qu'on doit avoir soin de choisir d'une denfité égale, c'eft-à-dire, également dures ou tendres, afin que fi elles venoient à fe retirer, elles le fiffent également, & ne dérangeaffent pas le niveau du deffus de la Table: on doit auffi avoir foin de donner de la refuite en contre-haut aux chevilles de ces traverfes, pour ne point les empêcher de faire leur effet, fuppofé toutefois qu'elles en faffent, ce qu'il faut éviter en employant le bois le plus fec qu'il fera poffible.

J'ai dit plus haut qu'on fcelloit quelquefois les pieds des Billards, ce qui eft un moyen fûr pour éviter toute efpece d'ébranlement; mais comme il n'eft pas tou-jours poffible de le faire, fur-tout dans les étages fupérieurs d'une maifon, il arrive alors que le niveau d'un Billard fe dérange, foit par l'affaiffement du parquet, ou même du plancher; on ne peut alors remédier à cet inconvénient qu'en callant les pieds qui fe trouvent trop courts, ou en rognant les autres, ce qui eft un fort mauvais expédient, vu qu'à mefure que le plancher feroit quelque effet, il faudroit recouper les pieds du Billard, ou augmenter ou diminuer les calles, dont la trop grande hauteur, ou la multiplicité, diminueroit beaucoup de la ftabilité du Billard, qu'il eft néceffaire de conferver le plus qu'il eft poffible.

Pour obvier à ces différents inconvéniens, je crois qu'il vaudroit mieux placer fous chacun des pieds du Billard, des vis qui entraffent au milieu de la groffeur du pied, & dont la tête fût excédente au dehors de ces derniers, de maniere qu'en les faifant tourner, on pût, par leur moyen, hauffer ou baiffer le Billard autant qu'il feroit néceffaire. *Voyez la Fig.* 8, dont le bas du pied eft tourné avec une vis de fer telle que je viens de le dire.

Les vis dont je parle doivent avoir 5 pouces de longueur au moins, fur 6 lignes de diametre, & entrer dans un écrou à lanterne, comme à la *Fig.* 15, afin que leur taraudage fe fatigue moins; leur colet doit être d'une forme hexa-gone, pour donner de la prife à la clef, *Fig.* 14, & être furmonté par un bouton, afin qu'ayant moins de frottement fur le plancher, elles puiffent tourner plus aifément. *Voyez la Fig.* 16, qui repréfente cette vis vue en plan.

Quant aux autres vis qui fervent à monter le pied d'un Billard, on les fait de plufieurs façons, foit à tête quarrée ou à tête ronde en faillie; mais la meilleure maniere eft de les faire à têtes plates, lefquelles entrent tout en vie dans le bois, au nud duquel elles affleurent. Ces fortes de vis ne fe ferrent pas avec des clefs ordinaires, mais avec des clefs à deux branches, faites exprès, dont les extrémités entrent dans deux trous percés dans la tête de la vis, dont je ne fais pas une plus ample defcription, ainfi que de la clef propre à la faire mouvoir, vu que cela n'eft pas du reffort de cet Ouvrage, me contentant feulement de l'indiquer ici. *Voyez les Fig.* 11, 12 & 13.

La Table ou deffus d'un Billard eft compofée de la Table proprement dite, & des bandes qui l'entourent & qui lui fervent de cadre, & de couronnement au pied. La Table n'eft autre chofe qu'une efpece de parquet arrafé, compofé de battants de traverfes affemblés à tenon & mortaife à l'ordinaire, & de panneaux affemblés

dedans

dedans à rainures & languettes. Ces Tables font tout unies, & n'ont d'autres
difficultés que dans la régularité de leur conftruction, qui doit être la plus
parfaite poffible, afin qu'il ne fe trouve à leur furface aucune efpece d'inégalité,
ce qu'il eft très-effentiel d'obferver; c'eft pourquoi on fe fert pour les dreffer,
lorfqu'elles font affemblées, d'une varlope de 3 pieds & demi de longueur au
moins, qu'on fait aller de plufieurs fens, afin qu'il n'y ait aucune efpece de
creux, qu'il eft alors très-facile d'éviter; c'eft pourquoi il faut avoir grand foin
que le bois fervant à la conftruction de ces Tables, foit très-fec, fans nœuds ni
aucune autre défectuofité qui puiffe l'expofer à fe tourmenter.

Le bois des Tables de Billard étant ainfi choifi, on doit, après l'avoir corroyé
& fait les affemblages, ainfi que les languettes des panneaux, laiffer le tout à
un air modéré pendant deux ou trois mois de la belle faifon, après quoi on peut
les affembler fans craindre qu'ils faffent aucun effet, fur-tout fi le bois eft raifon-
nablement fec.

Les bâtis des Tables de Billard doivent avoir un pouce d'épaiffeur au moins,
fur 3 à 4 pouces de large, pour ceux de rempliffage; pour ceux du pourtour,
comme les deux battants & les traverfes des bouts, il faut qu'ils ayent affez de
largeur pour qu'il y refte un demi-pouce au moins de bois plein en dedans d'après
le creux de la bloufe, qui eft percé perpendiculairement au-deffous de l'intérieur de la bande, & qui a ordinairement 3 pouces de diametre, ce qui donne
environ 5 pouces de largeur au battant. *Voyez la Fig.* 6, où eft marquée la coupe
d'une partie de la Table, à l'endroit de la bloufe, laquelle defcend en contre-
bas de la Table, d'environ 4 pouces; de forte qu'on eft obligé d'échancrer les
pieds à l'endroit de ces dernieres, dont le pourtour, d'après les pieds & le
deffous de la Table, eft fermé par un petit caiffon de bois mince, comme on
peut le voir dans cette Figure.

Le rempliffage des Tables doit fe faire en liaifon, c'eft-à-dire, qu'il faut qu'il
y ait alternativement des traverfes longues & des courtes, & que les premieres,
c'eft-à-dire les longues, foient à côté des bloufes, afin qu'étant chevillées elles
retiennent l'écart du tout, & foulagent l'affemblage de celles qui font placées
à l'endroit des bloufes, lefquelles coupent une partie de l'affemblage. Il faut auffi
avoir foin, en faifant la divifion des panneaux fur la longueur de la Table, qu'il
fe trouve une traverfe au-deffus de celles du pied, afin que la Table porte mieux.
Voyez les Fig. 1 & 5, cote *A*, où j'ai obfervé de difpofer la Table de la
maniere que je le recommande ici.

Les panneaux de la Table d'un Billard doivent être d'une épaiffeur à peu-près
égale à celle des bâtis; & on doit avoir foin de mettre ces derniers d'épaiffeur,
afin qu'ils portent également fur toutes les parties du pied, ce qui eft effentiel à
la perfection du Billard, puifque la Table portant également par-tout, ne peut
faire aucun mouvement fenfible.

La Table d'un Billard s'attache avec des vis fur le pied, avant de la garnir de son tapis, qu'il faut ôter pour les retirer ; c'est pourquoi je crois qu'il vaudroit mieux mettre des clefs au-deſſus, leſquelles entreroient dans les traverſes du pied, & y ſeroient arrêtées avec des chevilles à l'ordinaire, de ſorte qu'on pourroit relever la Table ſans pour cela détacher le tapis. On pourroit ſubſtituer aux clefs, des équerres de fer attachées au-deſſous de la Table, leſquelles s'arrêteroient avec des vis en dedans des traverſes du pied, ce qui feroit le même effet, & ſeroit encore plus ſolide que des clefs, leſquelles peuvent ſe détacher du deſſus avec lequel on les colle.

Les bandes d'un Billard, *Fig.* 2 & 3, ſont, comme je l'ai dit plus haut, une eſpece de cadre placé autour de la Table, au-deſſus de laquelle elles ſailliſſent d'environ deux pouces. Ces bandes ſont ornées de moulures ſur leurs parties extérieures, & portent à feuillure ſur le bord de la Table, ſur laquelle on les arrête avec des vis placées de 2 pieds en 2 pieds ou environ ; leur extrémité eſt coupée d'onglet, & on les aſſemble à queue d'aronde perdue, pour qu'elles ne ſe dérangent pas en les attachant, & on y met une vis à chaque joint, pour qu'elles tiennent plus ſolidement enſemble.

La forme extérieure du profil des bandes eſt aſſez arbitraire ; cependant la plus ſimple eſt la meilleure, parce que le grand nombre de membres, & par conſéquent de vives arêtes, ou de trop petites parties, ne peuvent que bleſſer les Joueurs, qui s'appuient continuellement deſſus. *Voyez la Fig.* 2, qui repréſente une bande d'un profil ordinaire ; & celle 3, qui en repréſente une autre d'un profil plus ſimple, laquelle eſt à recouvrement par deſſous, ce qui augmente de beaucoup la ſolidité de la bande, & eſt en même temps plus propre.

De quelque forme que ſoit le profil extérieur d'une bande de Billard, il faut toujours que leurs parties intérieures ſoient diſpoſées de la même maniere ; c'eſt-à-dire, que leur face intérieure doit toujours être inclinée en dedans, afin que la garniture qu'on place deſſus, quoique d'une forme bombée, ſe préſente toujours diſpoſée de la même maniere ; c'eſt-à-dire, inclinée en dedans, ce qui eſt néceſſaire, pour que quand la bille vient frapper contre la bande, ſon point de contact avec cette derniere, la force à s'appuyer ſur la Table en s'en retournant.

Il y a des Billards où on fait des tiroirs à l'un des bouts, ou même à tous les deux, en ſens oppoſé. Ces tiroirs ſervent à placer les billes, les queues & les maſſes, & autres inſtruments propres à ce Jeu, ce qui oblige à leur donner 4 pieds & demi à 5 pieds de longueur, ſur 2 pieds de largeur au moins, & à couper à l'endroit des tiroirs, non-ſeulement les traverſes des bouts du pied, mais encore celles qui les ſuivent, ce qui diminue beaucoup de leur ſolidité ; c'eſt pourquoi on n'en fait preſque plus. *Voyez la Fig.* 4, qui repréſente un Billard vu par le bout avec un tiroir placé à gauche ; mais la meilleure maniere eſt de les mettre à droite.

Ce ſont les Menuiſiers qui font les Billards, qui ſe chargent ordinairement de les garnir, c'eſt-à-dire, d'attacher le tapis deſſus, ce qui n'eſt pas fort difficile à

faire ; vu qu'il ne s'agit que de l'étendre le plus parfaitement possible, & de
l'attacher sur les côtés de la Table, dont on doit avoir grand soin d'abattre les
arêtes, de crainte qu'elles ne coupent le tapis, comme je l'ai observé *Fig.* 1.

La garniture des barres est un peu plus difficile, parce qu'il faut construire le
bourrelet, qui se fait de plusieurs lisieres de drap, choisies les plus égales
possibles sur l'épaisseur, qu'on coud par leur extrémité supérieure à une bande
de toile *a b*, *Fig.* 1 ; & on observe de faire dégrader chaque lisiere de largeur,
& même d'en mettre entre deux d'autres qui n'aillent que jusqu'au tiers ou à la
moitié de la largeur des autres, pour faciliter le contour du bourrelet, qu'on
recouvre ensuite avec du drap semblable à celui de la Table, & qu'on commence par attacher en dessus avec des clous dorés, ainsi que la toile à laquelle
sont cousues les lisieres ; ensuite on serre le drap le plus qu'il est possible, & on
l'attache en dessous, ainsi qu'on peut le voir dans cette Figure, laquelle est
dessinée à moitié de grandeur de l'exécution.

Il est une autre maniere de garnir les bandes d'un Billard, qui est de faire le
bourrelet avec de la laine ou avec du crin, ce qui vaut mieux que de la laine
pour le cas dont il est question ; cependant comme il est assez difficile de faire ce
bourrelet bien égal dans toute la longueur des barres d'un Billard, il arrive que
les inégalités qui s'y rencontrent, dérangent la direction des billes ; c'est pourquoi il faut préférer les lisieres de drap, qui présentent par-tout une forme &
une résistance égale.

Quant à la maniere de poser les Billards, elle n'a rien de particulier ; il ne
s'agit que de les mettre exactement de niveau de tous les sens possibles, &
d'avoir soin que le dessus de leur Table soit aussi bien dressé qu'il est possible de
le faire ; de sorte qu'une bille placée dessus reste en place, à quelque endroit
qu'on la mette, sans rouler d'aucun côté.

Voilà tout ce qu'un Menuisier doit savoir touchant la forme & la construction d'un Billard, du moins pour ce qui regarde sa partie, qui est la plus considérable. Les autres parties accessoires, comme le drap qui couvre le Billard, les
billes, la passe, & les autres instruments propres à ce Jeu, n'étant pas de sa
compétence, n'ont pas besoin d'être décrites ici, vu que cette description fait
partie d'autres Arts, dont chacune de ces choses dépendent ; cependant comme
il y en a, comme, par exemple, les masses & les queues, qui, quoique faites
par les Tabletiers, se font aussi par les Menuisiers, (quoique très-rarement)
j'ai cru qu'il étoit nécessaire d'en parler ici, ainsi que de la passe de fer, que les
Menuisiers posent eux-mêmes.

La passe, *Fig.* 3, est deux montants de fer d'environ 3 lignes de diametre,
distants l'un de l'autre d'environ 3 pouces, lesquels se rejoignent en arc à
environ 8 pouces de hauteur ; au bas de chaque branche est une base très-
mince, de laquelle sort un goujon, dont le bout est taraudé pour recevoir un
écrou qu'on place lorsque la passe est posée sur la Table. *Voyez les Fig.* 2
& 3.

La passe se pose au milieu de la largeur du Billard, à une de ses extrémités, à environ 2 pieds 1 ou 2 pouces de la bande du bout, avec laquelle elle doit être parallele, ainsi que l'indique la ligne & les deux trous *b, c, Fig.* 5, *Pl.* 255, ce qui est bon pour un Billard de cette grandeur. Mais pour tous les Billards en général, tant grands que petits, on détermine la place de la passe, en laissant entre la ligne diagonale menée d'une blouse de l'angle, avec celle du milieu & la passe, un intervalle depuis 3 jusqu'à 4 pouces, afin que la bille puisse passer sur cette ligne sans toucher à la passe, dont la distance avec la bande du bout, donne aussi celle des points *d e*, placés à l'autre bout du Billard, lesquels points servent à déterminer la place de la bille, & à régler différentes opérations de ce Jeu. Quant à la maniere de placer la passe, elle ne souffre aucune difficulté, vu qu'il n'y a qu'à faire deux trous à la Table & au tapis pour faire passer au travers les branches de la passe, qu'on arrête en dessous avec des écroux, qui étant serrés, empêchent qu'elle ne se dérange en aucune maniere, sur-tout quand les trous ne sont que de la grosseur juste des branches de la passe, ce qu'il faut absolument observer. *Voyez les Fig.* 2 & 3, *Pl.* 256.

Les billes se poussent avec trois instruments d'une forme à peu-près semblable; savoir, une masse, *Fig.* 4, une queue, *Fig.* 11, & un bistoquet, *Fig.* 8; chacun de ces différents instruments a environ 4 pieds de longueur, & ils se font de bois liant & de fil, tel que le frêne, le noyer blanc & autres bois quelconques, pourvu qu'ils soient très-secs, & qu'ils aient les qualités que je recommande ici.

La masse, *Fig.* 4, 5, 6 & 7, a un manche droit & uni d'environ un demi-pouce de diametre par le plus petit bout, qui va en grossissant de peu de chose, jusqu'à l'endroit de la masse, laquelle a environ un pied de longueur, sur 20 lignes de largeur, & 8 à 9 lignes d'épaisseur à son extrémité, laquelle releve en dessous de 15 à 16 lignes, comme l'indique la ligne *a b, Fig.* 7. Le bout de la masse doit être à peu-près perpendiculaire avec la courbe de dessous, & on le garnit d'un morceau d'ivoire *A, Fig.* 6, dans toute sa surface, afin que son contact avec la bille soit plus assuré; & on fait au-dessus de la partie inférieure de la masse, une petite rainure ou alidade *c d*, servant à régler l'incidence de la bille. *Voyez les Fig.* 5, 6 & 7, qui représentent la partie inférieure d'une masse, moitié de la grandeur de l'exécution, vue en dessus, en dessous & de côté.

La queue, *Fig.* 11, n'est autre chose qu'un morceau de bois rond de 6 lignes de diametre au plus d'un bout, & de 15 à 18 lignes de l'autre, qu'on applatit par le gros bout à environ un tiers de son diametre, sur 7 à 8 pouces de long, ainsi qu'on peut le voir dans cette Figure. Cet instrument sert également par le gros & le petit bout.

Le bistoquet, *Fig.* 8, 9 & 10, est un instrument qui tient des deux premiers, plutôt cependant de la masse que de la queue. Le petit bout de cet

instrument

instrument est recourbé de 9 lignes ainsi que le gros bout, & est applati de sorte qu'il n'a à son extrémité qu'environ 2 lignes d'épaisseur. *Voyez les Fig.* 9 & 10,

qui représentent la partie inférieure de cet instrument vu de côté & en dessus, avec son alidade *e f*, & son bout d'ivoire coté *B*. Je ne m'étendrai pas davantage sur la construction de ces sortes d'instruments, vu qu'ils ne sont qu'indirectement du ressort du Menuisier, & que de plus l'inspection des Figures peut suffire pour en faire, sans avoir besoin d'une plus grande explication.

Avant de passer à la description des petites Tables de jeu, j'ai cru qu'il étoit bon de dire quelque chose de celles nommées *Galet*, représentées *Fig.* 1, jeu fort usité dans la Province & parmi les gens du commun.

Ces sortes de Tables se font ordinairement d'une seule piece de bois, tant sur la longueur que sur la largeur, lesquelles varient depuis 12 jusqu'à 18 ou 20 pieds de longueur, sur 16 ou 20 pouces de largeur, selon leur différente construction, comme je vais l'expliquer.

Les Galets sont de deux especes; savoir, ceux qui n'ont de noyons qu'aux deux extrémités, comme la *Fig.* 2, & ceux qui en ont aux deux extrémités & des deux côtés dans toute leur longueur, comme *Fig.* 1 & 3. Les noyons sont des ravalements *a a*, *Fig.* 1 & 3, qu'on fait aux deux bouts, & quelquefois, comme je viens de le dire, aux deux côtés des Galets, pour que l'écu, le palet ou disque qu'on fait glisser d'un bout à l'autre, soit exposé à tomber dedans, ce que les Joueurs évitent le plus qu'ils peuvent; puisque pour gagner à ce Jeu, il faut faire parcourir au disque toute la longueur du Galet sans qu'il tombe dans les noyons, tant des côtés que des bouts. La profondeur de ces ravalements ou noyons, doit être de 8 à 9 lignes, sur 2 à 3 pouces de largeur par les côtés, & de 4 à 5 pouces par les bouts, afin qu'ils puissent contenir aisément plusieurs palets ensemble.

Les Tables de Galets se font ordinairement de bois de sapin de 2 à 3 pouces d'épaisseur, au pourtour desquelles on attache des bandes de chêne qui excedent le dessus de la Table d'environ un pouce à celles qui n'ont pas de ravalements par les côtés, comme celles *A B*, *Fig.* 2, & de 6 lignes de plus à celles qui en ont, comme la *Fig.* 3. L'épaisseur de ces bandes doit être d'environ un pouce & demi, & être disposées de maniere que leur face intérieure soit inclinée en dedans, afin que quand le palet vient frapper contre, cette pente serve à le retenir sur la Table, ce qui se fait tout naturellement, puisque le contact du palet avec cette bande, se fait dans la partie supérieure du premier, & par conséquent au-dessus de son centre de gravité. Les bandes des Galets s'attachent ordinairement avec des clous, à plat-joint au pourtour de la Table, ou bien à recouvrement simple, comme à la *Fig.* 2; mais il seroit beaucoup mieux, pour la propreté & la solidité de l'ouvrage, d'y mettre de bonnes vis en bois, & d'assembler les bandes dans la Table en rainures & languettes, & toujours avec des vis. *Voyez la Fig.* 3. Ces bandes doivent aussi être assemblées à queues les unes avec les autres ; & on obfervera de faire les queues dans celles de côté, afin que le choc des palets ne faffe pas déjoindre celles des bouts.

J'ai dit plus haut que les Tables de Galets fe faifoient en bois de fapin, ce qui eft une très-mauvaife coutume, parce que ce bois ayant les pores très-larges & beaucoup de nœuds, il s'ufe inégalement par le frottement des palets, de forte qu'il s'y forme des inégalités qui dérangent ces derniers & les fait fouvent noyer ; c'eft pourquoi je crois qu'on feroit très-bien de faire ces Tables de bois de chêne liant & bien de fil, ou tout autre bois qui auroit les mêmes qualités, qu'on emboîteroit par les bouts, au-deffous & en travers defquelles on feroit paffer plufieurs barres à queue, qu'on affembleroit dans les bandes des côtés, ce qui rendroit ces Tables très-folides.

Les Tables des Galets fe pofent ordinairement contre le mur, à 3 pieds & demi de hauteur au plus du deffus des bandes, & on les foutient par des pieds placés affez proches les uns des autres, pour que la Table ne puiffe pas ployer fur la longueur, & on les arrête dans le mur, afin que la Table ne puiffe faire aucun mouvement. *Voyez la Fig.* 1, où le nud du mur eft indiqué par la ligne *b c d*.

Quelquefois les Galets font ifolés ainfi que les Billards ; dans ce cas, il faut qu'ils foient arrêtés bien folidement fur leurs pieds, afin qu'ils ne puiffent être ébranlés.

Quant aux pieds de Galets, on les fait de différentes manieres, ce qui eft affez indifférent, pourvu qu'ils foient conftruits folidement ; & il eft bon de mettre un ou deux tiroirs en deffous aux deux extrémités du Galet, pour qu'on puiffe y ferrer les palets.

§. II. *Defcription des petites Tables de Jeu ; de leurs formes, proportions & conftructions.*

LE nombre des petites Tables de Jeu eft affez étendu, vu la multiplicité de ces derniers ; cependant je n'entrerai que dans le détail de celles qui font le plus en ufage, & dont la forme & la conftruction demandent d'être décrites en particulier, comme celles connues fous le nom de *Tables à quadrilles*, brifées ou non brifées, les *Tables de Brelan*, les *Tables de Tri* ou triangulaires.

Les Tables à Quadrilles font d'une forme quarrée par leur plan, & fervent à jouer à quatre perfonnes, ainfi que leur nom l'indique, elles font ordinairement compofées d'un deffus garni de drap d'environ 2 pieds 6 pouces quarrés, & d'un pied très-léger, dans les traverfes du haut defquelles on place quatre tiroirs, c'eft-à-dire, un au milieu de chaque face, du moins c'eft la coutume ; car je crois que pour la commodité des Joueurs, il feroit beaucoup mieux de placer ces tiroirs aux extrémités de chaque traverfe à la droite du Joueur, qui alors pourroit en faire ufage fans fe déranger en aucune maniere. Quant à la grandeur de ces

tiroirs, 8 à 10 pouces quarrés leur suffisent, sur 2 pouces de profondeur, & on
les fait porter par des coulisseaux assemblés dans les traverses en dessous de la
Table.

La construction de ces Tables n'a, ainsi qu'on peut le voir, rien de particulier, si ce n'est la garniture de leur dessus, qui, quoique d'étoffe, est du ressort
du Menuisier, ainsi que celle des Billards dont j'ai parlé plus haut, & qui se
fait de la même maniere qu'à ces dernieres, à l'exception qu'on met entre le
dessus de la Table & le drap dont on la couvre, une garniture très-mince, soit
de ouate de coton, soit de crin ou même de flanelle dont on double les glaces,
afin que le dessus de la Table soit plus doux sous la main des Joueurs.

Le drap, ou quelquefois le velours, s'étend sur cette garniture le plus ferme
qu'il est possible, & on l'arrête sur le champ des extrémités de la Table, qu'on
recouvre ensuite avec des bandes qui entrent à recouvrement sur le dessus,
qu'elles excedent d'environ 3 à 4 lignes, & sur le champ duquel on les attache
avec des vis à tête fraisée, comme on peut le voir à la *Fig.* 15, ce qui est la
maniere la plus ordinaire d'arrêter ces bandes ou rebords, qu'il vaut cependant
mieux ne faire que coller à rainure & languette avec le dessus de la Table, afin
de n'y point voir de têtes de vis, qui font toujours un très-mauvais effet, sur-
tout quand ces Tables font faites avec soin & de bois précieux, comme il arrive
quelquefois.

Comme les Tables à jouer ne servent pas toujours, & que dans les maisons où
l'on joue ordinairement, il en faut plusieurs, il arrive que hors le temps du jeu, ces
Tables deviennent embarrassantes, ce qui a fait imaginer de les briser en deux
sur leur largeur; de sorte qu'une Table qui a 2 pieds 6 pouces de large, se trouve
réduite à 15 pouces, & n'occupe par conséquent que la moitié de la place de
celles dont le dessus est à demeure sur leurs pieds, ce qui est d'un très-grand
avantage, sur-tout dans de petits appartements où l'on est gêné par la place, ou
même dans un grand, quand on est obligé d'y placer plusieurs de ces Tables.

Le dessus des Tables à quadrilles brisées, se fait de la même maniere que ceux
dont je viens de parler plus haut, à l'exception qu'il est séparé en deux parties
égales sur sa largeur ou sur sa longueur, (ce qui est la même chose, puisque le
dessus de ces Tables est quarré), lesquelles se rejoignent à plat-joint, & sont
arrêtées en assemblage par des charnieres de fer *C D*, *Fig.* 12 *&* 13, qui sont
attachées sur le champ de l'extrémité des deux parties du dessus de la Table, &
dont le centre ou œil *E*, se trouve au milieu du joint & au-dessus des bandes
ou rebords, dans l'épaisseur desquels il est entaillé; de sorte que quand on fait
mouvoir une des deux parties du dessus de la table, elle se reploie sur l'autre
avec laquelle elle joint, ainsi qu'on peut le voir à la *Fig.* 12, & à celles 5, 6
& 7, qui représentent l'élévation d'une Table à quadrille brisée vue de côté, sa
coupe sur la longueur, & une autre coupe sur la largeur. La brisure du dessus
de ces Tables ne change rien à la maniere de les garnir; toute la précaution

qu'elles exigent de plus, c'est d'appliquer, à l'endroit du joint, une bande de
drap attachée sur chacune des parties du dessus, afin que quand il est ouvert, ou
pour mieux dire, fermé, le crin ou le coton, qui est entre la Table & le drap,
ne soit pas apparent & ne sorte pas dehors. Cette bande de drap s'attache & se
colle sur les deux côtés de la Table, comme je viens de le dire ; & il est bon de
faire un petit ravalement de son épaisseur dans les deux parties du dessus, afin
qu'elles ne fassent point lever le drap, & que la garniture de crin ou autre, soit
égale par-tout. *Voyez la Fig.* 14, où la bande de drap *e f g*, est attachée sur le
nud de la Table sans aucun ravalement, comme on le fait ordinairement, quoique ce ne soit pas la meilleure maniere, ainsi que je viens de le dire.

Les pieds des Tables dont je parle ici, sont, ainsi que les autres, composés de
quatre pieds ou montants de 26 pouces de haut du dessous de la Table, (hauteur
qui est commune à presque toutes les Tables où on joue assis), & de quatre traverses, dont deux sont de toute la largeur de la Table, moins la saillie qu'on
juge à propos de lui donner, & les deux autres n'ont de longueur que ce qui
est nécessaire pour que le pied du côté de la brisure affleure avec cette derniere,
& que l'autre pied laisse à la Table sa saillie ordinaire, *voyez la Fig.* 5 ; de
maniere que ce pied, quand il est fermé, n'a de largeur que la moitié de sa longueur. Quant à l'ouverture de ces pieds, elle se fait de la maniere suivante :

On assemble dans les pieds qui doivent rester en place sous la Table, ainsi
que ceux *G G, Fig.* 4, 5, 7, 10 *& * 11, une grande traverse & les deux petites,
dont le bout n'a qu'une petite languette qui entre dans les autres pieds *F F*,
même Figure, dans lesquels sont assemblés l'autre grande traverse & un tiroir,
dont la profondeur, (ou, pour mieux dire, la largeur,) est donnée par la
capacité intérieure du pied lorsqu'il est fermé, & la longueur, par l'espace qui
reste du dedans en dedans des deux petites traverses entre lesquelles il coule,
& dans lesquelles il est retenu par de fortes languettes saillantes, prises à même
l'épaisseur du tiroir, lesquelles entrent, soit à rainure ou à queue, dans les petites
traverses de côté, d'environ 4 à 5 lignes de profondeur au plus sur la plus grande
largeur qu'il soit possible de leur donner, afin qu'elles tiennent solidement
ensemble, ce qui vaut mieux que de les faire étroites, comme c'est la coutume,
& que je l'ai fait à la Figure 6.

La hauteur du tiroir est bornée par la largeur des traverses du pourtour de la
table, moins l'épaisseur d'une fausse traverse ou entre-toise *H, Fig.* 7 *& * 10,
laquelle sert à retenir l'écart des traverses dans lesquelles on l'assemble à queue
en dessous. *Voyez les Fig.* 4 *& * 10, qui représentent le pied de la table tout
ouvert tant en plan qu'en élévation, & celles 5, 7 & 11, qui le représentent
fermé, dont l'inspection est, je crois, suffisante pour donner toute la théorie
nécessaire de ces sortes d'ouvrages.

On observera que les pieds ainsi ouverts ne peuvent pas porter la Table dans
toute son étendue, parce qu'il faut qu'il reste environ 2 pouces de longueur du
tiroir

tiroirs sans les coulisses des traverses, avec lesquelles on le retient par le moyen
d'un tasseau *I, Fig.* 7, attaché au-dessous de la Table.

Les Tables à quadrille ainsi brisées, ont non-seulement l'avantage de tenir
moins de place que les autres, mais encore lorsqu'elles sont ployées, elles peuvent servir de tables à écrire ou de Damier, ainsi que le représente la *Fig. 9*, ce
qui est un double avantage.

La forme des Tables dont je parle est quarrée, comme je l'ai déja dit, aux
quatre angles desquelles on observoit jadis quatre parties circulaires d'environ 6
pouces de diametre, dont la circonférence passoit par l'angle de la Table, &
qui servoient à placer les cartes d'écart & l'argent des Joueurs, comme aux Figures 4 & 8 : mais on n'en fait plus usage maintenant ; on se contente d'arrondir
les angles de la Table comme à la Figure 9.

Les Tables dont je viens de faire la description, n'ont d'autres défauts que le
peu de solidité de leurs pieds, qui, lorsqu'ils sont ouverts, sont sujets à faire
beaucoup de mouvement, n'étant retenus que par l'extrémité du tiroir ; c'est
pourquoi j'ai imaginé qu'on pourroit, pour les rendre plus solides, y mettre par
le bas une entre-toise à brisure *Fig.* 17, laquelle seroit mobile près des pieds aux
points *M N*, dans le milieu aux points *O P Q R*, & qui se briseroit sur le champ
au milieu de leur longueur, où ils seroient arrêtés en place par un crochet ou un
ressort, ce que j'ai indiqué sur la Figure 10, par des lignes ponctuées *h i* & *l m*,
qui représentent l'entre-toise ouverte ainsi que le pied, lequel venant à se
reployer, fait revenir le centre *n* de l'entre-toise au point *o*, & le point *h* au point
q ; la première brisure, indiquée par le point *p*, à celui *r* ; & la seconde, indiquée par le point *s*, au point *t*, ainsi du reste, la moitié de la démonstration
pouvant servir pour le tout.

Quant à la construction de ces entre-toises, elle n'a rien de particulier ; il
faut seulement avoir soin de les faire très-légéres, & cependant solides. *Voyez*
la Fig. 16, qui représente l'assemblage de l'entre-toise avec le patin qui lui sert
de centre ; & la *Fig.* 17, dont l'inspection seule doit suffire, d'après ce que je
viens de dire ci-dessus.

On fait usage chez le Roi, de Tables à quadrille dont les pieds se reploient
en dessous, ou bien s'ôtent tout-à-fait & s'arrêtent en place avec des vis
placées au haut & à l'intérieur des pieds, qui sont coupés un peu au-dessous des
traverses, ce qui est très-commode, non seulement pour les Tables de jeu dans
les appartements, mais encore pour celles de campagne, comme je l'ai dit en
son lieu.

Après les Tables à quadrille dont je viens de parler, les plus compliquées
sont celles nommées *Tables de Brelans*, parce qu'elles servent particuliérement
à ce jeu & autres jeux de hasard, comme le Trente-un & autres. Le dessus de
ces Tables, représentées *Fig.* 1, 2, 3 & 4, est d'une forme circulaire par leur
plan, d'environ 3 pieds & demi de diametre, au milieu duquel est un trou

rond d'environ 10 à 11 pouces de diametre, dans lequel est ajusté un corbillon ou caffetin, fur lequel on place le flambeau & des jeux de cartes au pourtour, dans des caffes destinées à cet effet, comme je le dirai en son lieu, en faisant la description de ce caffetin.

Le dessus de la Table dont il est ici question, se brise en deux parties, comme ceux des Tables à quadrille, & est construit, ferré & garni de la même maniere qu'à ces dernieres, comme on peut le voir aux *Fig.* 2, 3 & 4; c'est pourquoi je n'en parlerai pas davantage. Le pied de ces Tables, *Fig.* 5, forme un demi-cercle par son plan, & est composé de quatre pieds *A B C D*, dans lesquels viennent s'assembler à tenons & mortaises les traverses cintrées & la droite, laquelle est coupée au milieu par un tiroir *E F*, de 14 pouces de large, qui glisse dans des coulisseaux *H I*, assemblés dans la traverse droite & dans les pieds du milieu, ou du moins appliqués & chevillés contre, ainsi qu'on peut le voir dans cette Figure. Au milieu de la tête de ce tiroir est assemblé un autre pied *G*, lequel sert à le soutenir quand il est tiré dehors, & par conséquent à soutenir la Table, qui, lorsqu'elle est ouverte, vient s'appuyer dessus. *Voyez la Fig.* 6, où le tiroir est ouvert, & la circonférence de la Table indiquée par un cercle ponctué (*).

Le tiroir de ces Tables coule ordinairement à queue dans les coulisseaux qui le reçoivent, afin d'en retenir l'écart, comme à la *Fig.* 7, cote *N*; mais je crois que cette queue est assez inutile & même peu convenable pour retenir cet écart, & qu'il vaut mieux faire cette coulisse quarrément à l'ordinaire, comme à cette Figure, cote *O*, & placer en dessous du tiroir une fausse traverse *L L*, *Fig.* 5 & 7, posée sur le plat, assemblée à rainure & languette dans la traverse droite de devant, & à tenon ou à queue dans celle cintrée, ce qui rendroit l'ouvrage très-solide, & ce qui seroit d'autant plus aisé à faire, que cette traverse pourroit n'avoir que 6 lignes d'épaisseur, & par conséquent être cachée dans la hauteur de traverse du pourtour de la Table, sans pour cela nuire au tiroir, auquel 2 pouces 9 lignes de profondeur, (ou, pour mieux dire, de hauteur), sont suffisants pour placer le caffetin, qui n'a que 2 pouces 6 lignes de hauteur en tout, lequel doit être placé dans le tiroir lorsqu'il est fermé, comme on peut le voir à la *Fig.* 5.

Ce tiroir doit être le plus profond qu'il est possible, afin qu'étant tiré dehors il soutienne mieux la Table; & on doit observer, en plaçant le tasseau du dessous qui sert à l'arrêter contre la fausse traverse, que le tiroir ne soit pas trop avancé, afin qu'il ne nuise pas au dessous du caffetin, qui entre dedans d'environ un pouce lorsqu'il est placé sur la Table, dont l'ouverture, & par conséquent la place du caffetin, est indiquée par un cercle ponctué *a b c*, *Fig.* 6.

(*) J'ai dit plus haut que les traverses cintrées des pieds de Tables de Brelan, venoient s'assembler dans les pieds du pourtour, parce que c'est la maniere la plus usitée; car il vaudroit beaucoup mieux faire la traverse cintrée d'une seule piece ralongée à traits de Jupiter dans son pourtour, & y assembler les pieds à tenon & à enfourchement par derriere.

Le dedans de la tête du tiroir doit être garni d'un morceau de bois *M*, *Fig.* 5, qui doit poser sur le bout du pied, (dont l'épaisseur passe en enfourchement derriere la tête du tiroir), & qui doit être d'une grandeur suffisante pour cacher le trou que fait la Table lorsqu'elle est ployée, comme on peut le voir à la Figure 4, qui représente la Table vue en dessus toute ployée & avec son pied.

Planche 258.

Le cassetin ou corbillon, *Fig.* 7 & 8, est, à proprement parler, l'ouvrage du Tourneur, lequel l'évuide & y pousse les moulures, le Menuisier ne faisant qu'y ajuster les séparations. Cependant comme ce n'est ordinairement qu'un morceau de bois de travers qui est sujet à se tourmenter, il est bon de le faire de deux pieces sur l'épaisseur, collées en contre - sens l'une de l'autre, ou bien d'y adapter en dedans un autre morceau collé toujours en contre-sens, ainsi que celui *P Q*.

Il y a des Tables de Brelan où l'on arrête le cassetin avec une vis de bois percée au travers du tiroir, & qui prend dans le dessous du cassetin, ce qui, à mon avis, est assez inutile, étant, de plus, fort aisé d'empêcher le cassetin de tourner, en y adaptant une languette sur le côté qui entre dans le trou de la Table, & par conséquent l'empêche de tourner.

Quant à la forme des profils de ces cassetins, elle est assez arbitraire ; celle qui est représentée ici, est celle qui semble leur convenir le mieux, ainsi que pour la forme & la grandeur des cassetins, dont chacun peut contenir au moins trois jeux de cartes sur l'épaisseur. *Voyez les Fig.* 7 & 8.

Les Tables de *Tri* ou triangulaires, sont, ainsi que celles à quadrille, mobiles ou immobiles ; dans ce dernier cas elles n'ont rien de particulier, tant pour la construction que pour la décoration, qui, en général, sont à peu - près les mêmes à toutes les Tables de jeu.

Planche 259.

Leur dessus, qui a la forme d'un triangle équilatéral, a environ 3 pieds & demi de longueur, pris des extrémités de chacun de ces côtés, & est garni d'étoffe, ainsi qu'aux Tables dont j'ai parlé plus haut.

Quand le dessus de ces Tables se brise, ainsi que l'indique la ligne *A B*, *Fig.* 1, on les ferre à l'ordinaire, & chaque partie se reploie l'une sur l'autre ; alors elles ont la forme d'un triangle rectangle, comme le représente la *Fig.* 2, ce qui ne souffre aucune difficulté, du moins pour le dessus de la Table, toute celle qui peut se rencontrer n'étant que dans la construction de leurs pieds, *Fig.* 3 & 4, lesquels ont trois pieds d'une forme différente ; savoir, un quarré *C* ; l'autre *D*, d'une forme losange très - alongée ; & le troisieme *E*, d'une forme aussi losange, mais moins alongée que l'autre, & tel que devroient être tous les trois pieds, si la Table n'étoit pas brisée. Cette difficulté n'est pas la seule qui se rencontre dans la construction de ces pieds de Table, vu que la différente forme du plan de ces pieds n'exige qu'un peu plus d'attention de la part de l'Ouvrier ; au lieu que leur ouverture, quoique d'une très-facile exécution, ainsi qu'on peut le voir aux *Fig.* 3 & 4, est peu solide, & fait toujours un assez mauvais effet, vu qu'elle ne peut se faire que dans l'arasement de la traverse au point *F*, *Fig.* 3; au reste, c'est la seule maniere de la faire & qu'on ne pourroit guere changer. *Voyez la Fig.* 4, où le plan de la Table est indiqué par des lignes ponctuées *G H I*, ainsi que celui du pied, indiqué par celle *L M.*

En général, les Tables de jeu dont je viens de faire la description, se font, ou du moins peuvent se faire de toutes sortes de bois; mais on les fait le plus communément en noyer, ou en cerisier & en merisier, soit en plein soit de placage, ce qui est assez ordinaire pour les dessus; mais quelque bois qu'on emploie à ces Tables, elles doivent être très - légérement construites, leurs pieds ne devant pas avoir plus de 2 pouces de grosseur par le haut, & leurs traverses 9 à 10 lignes d'épaisseur, ainsi que leur dessus; cependant quelle que soit la légéreté de ces Tables, il faut toujours qu'elles soient assemblées avec toute la précision & la solidité possibles, que leurs dessus soient faits d'assemblages, ou au moins emboîtés par les bouts, soit que les bâtis de dessus soient apparents, ou qu'ils soient recouverts de placage, qui est le cas où pour l'ordinaire ces Tables sont le plus mal construites; les Menuisiers Ebénistes (ou soi-disant) qui les font, ne connoissant que leurs placages, qu'ils font comme ils peuvent, & abandonnant le soin de la carcasse de leur ouvrage à d'autres Menuisiers qui n'en ont que le nom, qui sont très - ignorants dans l'Art de la bonne construction, & qui, à quelques mauvais assemblages près, ne connoissent d'autres moyens que de la colle & les chevilles, & quelquefois même les clous, pour retenir ensemble les diverses parties de leurs bâtis, de sorte qu'en très - peu de temps la sécheresse ou l'humidité fait déjoindre les bâtis & détruit tout l'ouvrage, qui, à la vérité, a été vendu peu cher, mais qui, par son mauvais usage, l'a été encore trop.

Les Tables qui sont à bâtis apparents, & faites par les Ouvriers dont je parle, ne sont guere mieux traitées, tant pour la construction, qui, pour l'ordinaire est mauvaise, que pour la solidité de la matiere, qui est souvent défectueuse & toujours trop épargnée, défaut qui semble attaché à presque tous les Ouvriers de ce genre, lesquels ne travaillant que pour les Marchands, ou, pour mieux dire, les Facteurs de ces sortes de marchandises, (n'y ayant de vrai Marchand que celui qui cultive ou fait la chose à vendre, & celui qui la consomme), se trouvent, si je l'ose dire, dans l'impossibilité physique & morale de faire de meilleur ouvrage, comme je crois l'avoir prouvé au commencement de cette Partie, en note, *page* 601.

Avant de finir ce qui concerne les petites Tables de jeu, j'ai cru devoir donner la forme d'une espece de Table de jeu nommée *Loptinh*, jeu Anglois, & qui a été beaucoup d'usage à la Cour. Cette Table, représentée *Fig.* 6 & 5, est de la forme d'un octogone irrégulier d'environ 4 pieds de longueur, sur 3 pieds de largeur, au pourtour de laquelle sont adaptées des bandes ou rebords de 3 pouces 6 lignes de hauteur du dessus de la Table, arrondies en dehors &

creusées

creufées en deffous, comme on peut le voir à la *Fig. 5*, qui repréfente une
partie de la coupe de cette Table au double de la *Fig. 6.*

Au milieu & d'un côté de cette Table, font incruftées neuf bandes de bois différent de celui de la Table, ce qui produit au milieu huit caffes creufées, dans lefquelles fe rapporte une petite trape *N, Fig. 5*, laquelle affleure au-deffus de tout l'ouvrage, & s'enleve par le moyen d'un bouton qui eft placé au milieu pour les changer de place comme on le juge à propos, ou, pour mieux dire, felon le nombre donné par les dés dont on fe fert à ce jeu. Vis-à-vis de ces caffetins, c'eft-à-dire, de l'autre côté du jeu, en font placés deux autres, à 2 pieds de diftance l'un de l'autre, & à 10 pouces du bord de la Table; ces caffetins font remplis par de petites trapes qui s'enlevent comme les autres, mais qui ne font pas numérotées ainfi que ces dernieres. *Voyez les Fig. 5 & 6.*

Cette Table eft portée fur un pied conftruit à l'ordinaire, & de 26 pouces de haut du deffous de la Table, ainfi que toutes les autres Tables de jeu.

Les Damiers font de petites Tables de jeu de 18 pouces de long, fur environ 13 pouces de large, dont le milieu eft rempli par 64 quarrés de différentes couleurs, difposés en échiquier, fur lefquels on place les Dames ou petits cylindres avec lefquels on joue.

Aux deux bouts du Damier, font conftruites deux petites boîtes d'environ 2 pouces de largeur en dedans, & dont le deffus ouvre à couliffe. Ces boîtes doivent s'ouvrir chacune à la droite du Joueur, & fervent à placer les Dames. *Voyez la Fig. 7*, où font repréfentées la coupe & les élévations d'un Damier.

Quelquefois les Damiers font à double parement, fait de la même maniere que celui dont je parle, à l'exception qu'ils ont cent petits quarrés d'un côté pour jouer ce jeu à la Polonoife.

Le Trictrac, *Fig. 8, 9, 10, 11, 12 & 13*, eft une efpece de Damier brifé au milieu de fa largeur, lequel étant ouvert & retourné, préfente deux caiffes *O P, Fig. 8, 11 & 12*, féparées l'une de l'autre par le côté des brifures, qu'on arrondit en dedans, pour ne point bleffer les Joueurs lorfqu'ils ramaffent leurs dés. Au fond de chacune de ces caiffes font incruftées fix lames, foit de bois, d'os ou d'ivoire, alternativement de différentes couleurs entr'elles, & par confé-quent au fond de la caiffe. Ces bandes doivent être taillées en pointe d'environ 6 pouces de longueur fur 6 lignes de largeur à leur bafe, & placées à diftance égale l'une de l'autre.

Quant à la conftruction tant des Damiers que des Trictracs, elle eft très-fimple; ce ne font que des bâtis affemblés à queue recouverte, dans lefquels font embreuvés les fonds, comme on peut le voir aux Figures ci-deffus. Les Damiers & les Trictracs fe font quelquefois en ébene ou quelques autres bois précieux, dont je ne fais pas mention ici, non plus que de la maniere d'in-crufter ou de plaquer les Damiers & le fond des Trictracs, parce que cette description appartient à l'Art de l'Ebénisterie, dont je traiterai dans la suite, n'ayant fait ici mention des Damiers & des Trictracs, que pour épuiser tout de suite ce qui concerne les Tables à jouer, du moins celles qui sont le plus en usage.

SECTION TROISIEME.

*Des Tables à écrire de toutes sortes ; de leurs formes ;
proportions & constructions.*

LES Tables à écrire peuvent, ainsi que celles à jouer, être considérées comme faisant deux especes distinctes l'une de l'autre ; savoir, les grandes & les petites. La premiere comprend les Bureaux de toutes sortes, fermés & non-fermés, sur lesquels plusieurs personnes peuvent travailler ensemble. La seconde comprend les petites Tables à écrire, propres à une seule personne, & les Secrétaires de toutes sortes, dont la description, ainsi que des premieres, va faire le sujet de cette troisieme Section, que je traiterai le plus succinctement qu'il me sera possible.

Les Bureaux proprement dits, sont de grandes Tables sur lesquelles plusieurs personnes peuvent écrire ensemble, soit à côté ou vis-à-vis l'une de l'autre.

Les Bureaux sont, ainsi que les autres Tables, composés d'un pied & d'un dessus, lesquels sont plus ou moins grands, selon qu'on le juge à propos, y ayant des Bureaux de toutes sortes de grandeurs, depuis 4 pieds jusqu'à 6, & même 8 pieds de longueur sur une largeur proportionnée à leur longueur, c'est-à-dire, depuis 2 pieds jusqu'à 3, & même 4 pieds.

Les pieds des Bureaux se font de différentes formes, soit avec des tiroirs, comme la *Fig.* 1, cote *A*, ou sans tiroirs, comme à la même Figure, cote *B* ; mais dans l'un ou l'autre cas, il faut qu'ils n'aient de hauteur du dessus de la table, que 26 ou 28 pouces au plus, afin que toutes sortes de personnes puissent y travailler à leur aise.

La construction des pieds des Bureaux ordinaires, n'a rien de particulier, du moins quant à l'extérieur, étant, ainsi qu'aux autres Tables, composés de quatre pieds ou montants, & de quatre traverses, dans lesquelles on place des tiroirs ou des tables à coulisses, ainsi que je l'expliquerai ci-après.

Les dessus ou tables des Bureaux sont composés d'un bâtis de 3 à 4 pouces de largeur (& quelquefois davantage), sur un pouce à un pouce & demi d'épaisseur, assemblé à bois de fil & rempli par un panneau de sapin, qui doit être renfoncé en dessus d'environ une petite ligne au plus, afin de laisser la place du maroquin, qu'on colle ordinairement dessus, & qui doit affleurer avec le bâtis du pourtour de la table. Cette maniere de remplir les dessus des Bureaux, est la plus ordinaire ; cependant je crois qu'il vaudroit beaucoup mieux pour la solidité de l'ouvrage, qu'au lieu de panneaux, soit de sapin ou même de chêne, on remplît le milieu de ces tables avec des bâtis d'assemblage en forme de parquet, comme je l'ai observé aux *Fig.* 6 & 7, qui représentent les coupes du Bureau *Fig.* 1, cote *B*, tant sur la longueur que sur la largeur. Cette seconde maniere de construire les dessus de Bureaux, deviendroit un peu plus compliquée & plus coûteuse que la premiere ; mais elle auroit l'avantage d'être beaucoup plus solide, ce qui est fort à considérer, sur-tout quand les Bureaux sont d'une certaine conséquence.

Les Bureaux les plus simples sont ordinairement garnis de trois tiroirs sur la largeur, ainsi que la *Fig.* 1, cote *A*, lesquels ouvrent immédiatement du dessous de la table, pour leur donner le plus de profondeur possible, laquelle, dans le cas dont je parle, ne peut être que de 3 à 4 pouces au plus, parce qu'il faut qu'il reste au moins 10 pouces d'espace entre le carteau & le dessous de la traverse qui porte les tiroirs, pour passer les jambes de ceux qui sont assis devant.

Cette maniere de disposer les tiroirs est bonne, en ce qu'elle leur procure beaucoup de profondeur ; mais elle a le défaut d'être peu solide, & même peu propre ; c'est pourquoi il vaut mieux diminuer la profondeur des tiroirs & mettre une traverse par le haut du pied de la Table, d'un pouce & demi environ de largeur, dans laquelle on puisse assembler les montants qui portent les tiroirs, ce qui soulagera la traverse du dessous, qui, lorsqu'elle est seule, porte tout le poids des tiroirs, qui la font ployer ainsi que le dessus de la table, dans lequel on assemble les montants qui séparent les tiroirs, ce qui fait un assez mauvais effet.

De plus, en mettant deux traverses, on peut orner les tiroirs de moulures au pourtour, & même les disposer en forme de frises ouvrantes dans les moulures, ainsi qu'à la *Fig.* 3.

Les tiroirs des Bureaux, & généralement de toutes les Tables, sont ordinairement portés par des coulisseaux qui les supportent & en dirigent le mouvement, soit en les ouvrant ou en les fermant ; mais ces coulisseaux ne peuvent les contenir sur la hauteur, c'est-à-dire, du haut en bas ; de sorte que quand les tiroirs sont ouverts, ils penchent en devant de tout ce qu'ils ont de jeu sur la hauteur, ce qui les expose à tomber, & qui, d'ailleurs, fait un très-mauvais effet. C'est pourquoi je crois qu'il vaut mieux faire les coulisseaux qui portent les tiroirs, d'une largeur assez considérable pour contenir les tiroirs dans toute leur largeur, ou, pour mieux dire, leur hauteur, en observant de n'y laisser que le moins de jeu possible, afin que les tiroirs ne penchent que de peu de chose lorsqu'ils sont ouverts. *Voyez la Fig.* 5, qui représente la coupe de largeur du tiroir *Fig.* 3, avec son coulisseau ainsi disposé, & dans les côtés duquel tiroir j'ai observé un petit ravalement sur l'épaisseur du côté, pour donner passage à l'air qui, lorsque les tiroirs sont ajustés avec précision, les empêcheroit de fermer sans cette précaution.

Il est bon aussi de mettre un faux-fond sous les tiroirs, (soit qu'il porte immé-

diatement ces derniers, ou qu'ils foient placés plus bas, comme aux *Fig.* 3 &
5, ce qui eft indifférent, pourvu qu'il y en ait un,) lequel non-feulement
empêche la pouffiere d'entrer dans l'intérieur des tiroirs, mais encore fert à
les renfermer d'une maniere sûre, ce qui eft abfolument néceffaire dans le cas
dont il eft ici queftion.

Quant à la forme & à la conftruction des tiroirs, ils n'ont rien de particulier,
fi ce n'eft qu'il faut les faire les plus grands & les plus légers poffibles, quatre
lignes d'épaiffeur à leurs bâtis étant fuffifantes. Ces bâtis doivent être affemblés
à queues d'aronde, au nombre de deux ou trois fur la hauteur, & jamais une
feule, ce qui n'eft pas affez folide ; il faut auffi obferver de placer les queues
dans les côtés des tiroirs, afin qu'en les faifant ouvrir, on ne les faffe pas
défaffembler, ce qui pourroit arriver fi les queues étoient difpofées autrement,
c'eft-à-dire, dans les têtes au devant des tiroirs & dans les derrieres; il faut
auffi obferver de laiffer une barbe aux côtés des tiroirs, pour remplir le vuide
de la languette du fond, qu'il faut toujours affembler dans le bâtis des tiroirs à
rainures & languettes, comme aux *Fig.* 3 & 5, & non pas à feuillure fimple,
comme le font prefque tous les Menuifiers en Meubles, ce qui eft peu folide,
& qu'il faut abfolument éviter.

Les fonds des tiroirs doivent être difpofés à bois de fil fur leur largeur, ou,
pour mieux dire, fur le fens le plus étroit, parce que plus ils font courts, &
moins ils font fujets à faire d'effet; ce qui eft d'autant plus à craindre, que ces
fonds font ordinairement très-minces, & par conféquent fujets à ployer, tant fur
la largeur que fur la longueur, que l'on ne fauroit par conféquent trop diminuer.

Les Bureaux, tels que je viens de les décrire, ne peuvent fervir qu'à une
feule perfonne, à moins qu'on ne les faffe très-grands, ce qui n'eft pas toujours
poffible, fur-tout quand on eft borné par la place, ce qui a fait imaginer de
placer, dans ceux d'une grandeur ordinaire, (comme par exemple celui repréfenté *Fig.* 4), des tables à couliffes, lefquelles fe tirent dehors au befoin, &
alors on peut y placer quatre perfonnes au pourtour ; favoir, une perfonne fur
chaque table des bouts, & deux autres fur celles de derriere, ce qui eft très-
commode, fur-tout pour écrire fous la dictée de celui qui eft placé devant le
Bureau à l'ordinaire, lequel jouit toujours de toute l'étendue de ce dernier.
Toute la difficulté qu'ont les tables à couliffes, confifte à l'inégalité de leur
hauteur, laquelle ne peut être la même à toutes, puifque celle de derriere
paffe au-deffous du deffus du Bureau, & celles des bouts fous la premiere, ce qui,
joint à l'épaiffeur des joues des couliffes, donne aux tables des bouts environ 3
à 4 pouces de plus bas que le deffus du Bureau.

Quand les Bureaux font ainfi difpofés, les traverfes de leurs pieds font ordinairement ornées de moulures en forme de frifes, (comme la *Fig.* 1, cote *B,*)
& on fait ouvrir les tables à couliffes au nud ou dans le dégagement des moulures, afin que leurs joints foient moins apparents, comme on peut le voir aux
Fig. 6 & 7.

Les

SECTION III. *Des Tables à écrire; de leurs formes*, &c. 723

Les Tables à coulisses se construisent de la même maniere que les dessus des Bureaux, soit à remplissage de panneaux, soit d'assemblages, ce qui est encore mieux; & on doit avoir soin de disposer leurs bâtis, de maniere que quand ils sont tirés dehors autant qu'ils peuvent l'être, il reste un champ apparent au dehors du Bureau, égal à ceux du pourtour, comme on peut le voir à la *Fig.* 4, qui représente le Bureau, *Fig.* 1, coté *B*, vu en dessus avec la moitié de la table *C*; & la même Figure, coté *D*, avec les tables à coulisses tirées dehors d'environ un pied: ils ne pourroient pas l'être davantage à un Bureau de cette grandeur, vu qu'il faut qu'il reste au moins 6 à 7 pouces de la table en dedans des coulisses, pour qu'elles puissent se tenir de niveau, du moins autant qu'il est possible; car quelque précaution qu'on prenne, elles penchent toujours un peu en devant, à quoi on pourroit cependant remédier en faisant déverser les coulisseaux en dedans. *Voyez la Fig.* 6, où la table à coulisse *E F*, est vue en coupe dans ces coulisseaux; & celle *G H*, qui est une des bouts, est tirée dehors & retenue en place par le tasseau *a*. Voyez pareillement la *Fig.* 7, où la table à coulisses *I L* du derriere du Bureau, est tirée dehors & arrêtée par son tasseau *b*, ainsi que la table *M N*, vue en coupe sur sa largeur & placée dans ses coulisseaux, lesquels sont assemblés dans les pieds, & les excedent de 4 lignes, ce qui est suffisant pour porter les tables à coulisses.

La largeur, ou, pour mieux dire, l'épaisseur des coulisseaux, est bornée premiérement par celle des tables, qui doit être de 8 à 9 lignes, plus 6 lignes de joue de chaque côté, ce qui détermine au juste la place des tables dans les traverses du pied, & sert en même temps à borner les champs & les profils de ces mêmes traverses, comme on peut le voir aux Figures ci-dessus, dont l'inspection seule doit suffire pour peu qu'on veuille y faire attention.

On doit avoir soin, lorsqu'on ajuste les tables à coulisses, de les faire avec le plus de précision possible, en n'y laissant que le jeu nécessaire pour qu'elles puissent couler aisément après avoir été frottées avec un peu de savon; cependant si on vouloit faire la dépense de placer des roulettes de cuivre dans l'épaisseur des coulisseaux, ces tables couleroient fort aisément & très-juste, ce qui les empêcheroit de pencher en aucune façon.

Comme les Bureaux ainsi disposés ne peuvent pas avoir de tiroirs, on a imaginé de placer au-dessus des cassetins ou serres-papiers *O P Q*, *Fig.* 1 & 2, de 6 à 8 pouces de hauteur, dans le bas desquels on met des tiroirs qui ferment à clef, & tiennent lieu de ceux qu'on place ordinairement sous les Bureaux; au-dessus de ces tiroirs on laisse des cases ou espaces vuides, qui servent à placer les papiers de peu de conséquence.

Les serres-papiers dont je parle, forment un corps à part, qu'on peut ôter lorsqu'on le juge à propos, & qu'on arrête sur la table du Bureau avec des goujons à vis, qui passent au travers de cette derniere, sous laquelle on les arrête;

de forte qu'on peut les fupprimer lorfqu'on le juge à propos, ainfi que je l'ai déja dit.

Quant à la conftruction des ferres-papiers, elle n'exige que de la propreté & de la précifion, étant pour la plupart faits de bois uni, affemblé à queue perdue; & on doit avoir foin en déterminant la profondeur, ou, pour mieux dire, la largeur des tiroirs, qu'ils foient d'une grandeur fuffifante pour qu'ils puiffent contenir du grand papier de compte, qui a ordinairement 13 à 14 pouces de long, fur 9 à 10 pouces de large.

J'ai dit plus haut que le deffus des Bureaux étoit couvert de maroquin ou de bafane de couleur noire, ce qui eft néceffaire, non-feulement pour rendre le deffus de ces Tables plus doux pour écrire facilement deffus, mais encore pour qu'en cas qu'on y répande de l'encre, il ne s'y faffe pas de tache; ce qui arriveroit néceffairement fi ces deffus étoient faits de plein bois.

Le maroquin eft une peau de bouc teinte en noir & apprêtée par des Ouvriers qui font une claffe à part parmi les Corroyeurs, lefquels les teignent & les dégraiffent, de façon qu'on peut aifément les coller fur le bois ainfi que la bafane, qui eft une peau de mouton, teinte & apprêtée à peu-près comme le maroquin, du moins en apparence; car il y a une grande différence entre les procédés dont on fe fert pour apprêter ces deux fortes de peaux, comme on peut le voir dans les Arts du Corroyeur & du Maroquinier, donnés par M. de la Lande, de l'Académie des Sciences; mais cette différence ne fait rien aux Menuifiers, dont toute l'affaire eft de les appliquer fur le bois, ce qu'ils font de la maniere fuivante:

Quand la Table eft toute finie, & le fond bien dreffé & raboté avec le rabot bretté ou rabot à dents, on coupe le maroquin de la grandeur de la Table, moins environ 4 à 6 lignes au pourtour; puis on met fur la Table une couche de colle de farine bien cuite & un peu chaude; après quoi on applique la peau deffus, en obfervant de la placer bien au milieu de la Table de tous les fens; enfuite on prend une ferviette blanche qu'on met fur le maroquin pour n'en point arracher la fleur, & on tient l'une & l'autre d'une main au milieu, & de l'autre on appuie doucement fur le maroquin en le tirant du côté des bords de la Table, ce qui le fait alonger à mefure que la colle s'y introduit, de forte que fes extrémités viennent joindre avec les bâtis de la Table. Quand les peaux, foit de maroquin ou de bafane, ne font pas affez grandes pour couvrir toute une Table, comme il arrive fouvent, (les plus grandes de ces peaux n'ayant guere que 3 pieds & demi de longueur au plus, fur 2 pieds & demi de largeur tout équarries,) on en met deux jointes l'une contre l'autre, & collées de la même maniere que ci-deffus, en obfervant de choifir le côté le plus égal des deux peaux pour faire le joint qu'on place au milieu du Bureau, ce qui, je crois, vaut mieux que de mettre un grand morceau & un petit, du moins à mon avis, fur-tout quand les deffus des Bureaux font d'une forme quarrée; car s'ils avoient des avants ou arrieres-corps, comme dans le cas des Bureaux à cylindres, dont je parlerai ci-après ; on feroit très-bien de faire aller la peau jusqu'à la rencontre d'un de ces ressauts, supposé qu'elle fût assez grande.

PLANCHE
260.

Quelquefois, au lieu de maroquin ou de basane, on couvre le dessus des Bureaux avec des peaux de veau apprêtées en suif & teintes en noir, ce qui, à mon avis, est préférable aux autres peaux dont je viens de parler, du moins pour les grands Bureaux, parce que non-seulement ces peaux sont plus grandes que les autres, mais encore elles sont plus fortes & s'écorchent moins facilement, ce qui est fort à considérer pour des Bureaux ou autres Tables à écrire d'un usage journalier, dans lesquelles la solidité est préférable à la beauté.

Les peaux de veau se collent de la même maniere que celles de bouc & de mouton, à l'exception qu'il faut y laisser moins de jeu qu'à ces dernieres, proportion gardée avec leur grandeur, vu que les peaux de veau étant plus fortes que les autres, prêtent moins ; il est bon aussi d'y mettre de la colle un peu plus chaude & plus forte, afin qu'elle s'y incorpore mieux & la retienne solidement en place.

En général, le maroquin est la plus belle espece de peau dont on puisse se servir pour couvrir le dessus des Bureaux, mais aussi sont-elles les plus cheres & très-faciles à s'écorcher ; la fleur ou le grain de dessus s'enleve très-aisément pour le peu qu'on les frotte. La basane est moins belle & moins chere, & peu solide ; c'est pourquoi on fera très-bien de se servir de peau de veau, comme je l'ai dit plus haut, sur-tout quand les Bureaux ne seront pas susceptibles de décoration.

Les Bureaux, tels que je viens de les décrire, sont à l'usage des différents Particuliers, qui les placent dans leurs Cabinets, ou dans leurs Archives ou Secrétariats ; mais dans les endroits où il faut continuellement de la place pour que plusieurs personnes écrivent à la fois, comme les Bureaux de quelque espece que ce soit, les Etudes & autres lieux de cette sorte, où les Bureaux ordinaires deviendroient trop petits & même peu commodes, on a fait de grandes Tables à une, ou le plus souvent à deux places sur la largeur, & de la longueur qu'on a jugé à propos, où chaque Ecrivain avoit son tiroir fermant à clef, & sur lesquelles ils plaçoient un pupitre, dont la forme inclinée leur étoit plus commode pour écrire que celle des Bureaux ordinaires, dont le dessus est toujours de niveau. Comme l'usage des pupitres étoit assez incommode, on a incliné le dessus de ces Tables dans toute leur longueur ; & pour profiter de l'espace que donnoit cette inclinaison, on a fait ouvrir le dessus de ces Tables vis-à-vis la place de chaque Ecrivain, ce qui lui a fait une espece de cave ou d'armoire, dans laquelle il serroit son ouvrage, mais en même temps ce qui étoit très-incommode, parce que chaque fois qu'il vouloit fouiller dans cette cave ou armoire, il falloit déranger tout ce qui étoit dessus.

PLANCHE
261.

Pour remédier à ces différents inconvénients, on a imaginé une espece de

Bureau fermé en forme de Secrétaire, lequel, sans tenir beaucoup de place, a l'avantage d'être très-commode, comme on le verra ci-après.

Ce Bureau, représenté *Fig.* 1, 3, 5 & 6, a six places de 3 pieds de largeur chacune, & n'a que 6 pieds de long sur 3 pieds de large; sa hauteur tout fermé, est de 3 pieds 2 pouces, & la partie plate de son dessus est de 4 pieds 2 pouces de long, sur 16 pouces de largeur, & le reste est fermé de six portes ou abattants; savoir, une à chaque bout, & les quatre autres sur les deux côtés; de sorte qu'on peut les ouvrir indépendamment les unes des autres; & que quand elles sont ouvertes, ou, pour mieux dire, abaissées, elles présentent une surface de 2 pieds de largeur, comme on peut le voir à la *Fig.* 3, cote D, qui représente la coupe du Bureau ouvert & fermé; & à la *Fig.* 6, qui représente ce même Bureau vu en dessus & tout ouvert.

Comme les abattants des angles ne peuvent pas être quarrés, puisqu'ils viennent joindre ensemble sur les lignes d'arêtes *a b* & *c d*, *Fig.* 5, on remplit ce qui leur manque pour être quarrés, par une partie triangulaire *e f g*, *même Figure*, laquelle est jointe avec l'abattant par une feuillure, & y est ferrée sur l'arête, de manière que quand on veut fermer ce dernier on reploie en dedans cette partie triangulaire, laquelle ne nuit pas à la fermeture de l'abattant, comme je le démontrerai ci-après. Cette partie triangulaire ne peut pas être de toute la longueur indiquée par l'abattant; mais il faut en supprimer le petit triangle *e h i*, c'est-à-dire, le couper au nud du joint de l'abattant avec le dessus du Bureau, & abattre le reste de la partie triangulaire en pente depuis la ligne *l m* jusqu'à l'arête du dessous, indiquée par la ligne *h i*, laquelle pente est donnée par l'inclinaison de l'abattant fermé avec le dessus du Bureau. *Voyez la Fig.* 3, cote C, où la distance *n o*, qui est produite par la rencontre de la double épaisseur de l'abattant avec le dessus du Bureau, est égale à celle qui est entre les lignes *h i* & *l m*, prise perpendiculairement à ces mêmes lignes. Pour rendre l'usage de ces Bureaux plus commode, on en fait le dessus en pente d'environ 4 pouces dans toute son étendue, & on a soin de ferrer les abattants sur l'arête avec le dessus du Bureau, afin que quand ils sont ouverts, ils présentent, avec ce premier, une surface unie. *Voyez la Fig.* 3, cote D, & celle 4, où j'ai marqué à moitié de grandeur de l'exécution, le profil du dessus du Bureau, ainsi que celui de l'abattant, tant ouvert en E, que fermé en F, lesquels profils sont disposés de manière que le plein de l'un remplit le vuide de l'autre, ce qui est d'autant plus commode, que ces profils, en ornant l'ouvrage, le rendent plus solide, en soulageant les ferrures.

Les abattants se soutiennent ouverts par des tirants de fer *p q* & *r s*, *Fig.* 3, lesquels entrent dans le dessous du Bureau, & y sont arrêtés par des charnières *t t*; de manière que quand ils sont tirés dehors, ils soutiennent les abattants, qu'il est bon qu'ils fassent relever un peu du devant, parce qu'avec le temps, leur propre poids joint à celui de la personne qui écrit dessus, les fait revenir à leur place.

Les

Les barres ou tirants de fer dont je parle, conviennent pour les angles de ces
Bureaux, où on les fait paſſer les uns au-deſſus des autres, c'eſt-à-dire, ceux des
bouts par-deſſous ceux des côtés, comme l'indiquent les trous *u*, *u*, *Fig.* 3;
mais pour le milieu on peut s'en paſſer, en y mettant des tringles ou brides de
fer plat, à crochet d'un bout, & à briſure dans le milieu; de ſorte que quand
l'abattant eſt ouvert, cette bride eſt retenue par la gâche ou crampon *x*; & qu'au
contraire, lorſqu'on le ferme, elle ſe briſe au point *y*, & remonte en contre-
haut de ce qui eſt néceſſaire, ce que j'ai indiqué par des lignes ponctuées,
cote ⟨ & & & *x*.

La partie pleine du milieu de ce Bureau, contient douze tiroirs, dont deux
de chaque bout & quatre de chaque côté; de ſorte que chaque perſonne en a
deux ou bien un ſeul, ſuppoſé qu'on n'en mît qu'un ſur la hauteur, & que le
reſte fût occupé par une caſe vuide; & on obſervera de placer l'ouverture de
ces tiroirs à la droite de chaque place, du moins de celles des côtés, ainſi que je
l'ai fait ici. *Voyez la Fig.* 1, cote *B*, & celle 6.

On peut encore placer des tiroirs au-deſſous de l'appui de ces Bureaux, en
obſervant de les faire ouvrir au-deſſous du paſſage des barres ou tirants de fer qui
ſoutiennent les abattants. *Voyez la Fig.* 3.

Ces ſortes de Bureaux ne ſont pas ſuſceptibles de beaucoup de décoration; il
ſuffit qu'ils ſoient bien aſſemblés à bois de fil ſur tous les ſens, comme on peut le
voir aux *Fig.* 1, cote *A*, & à celles 5 & 6.

Le deſſus de la table de ces Bureaux peut être garni de peau de veau ou autre,
ainſi que le dedans des abattants, ce qui ſeroit d'autant mieux, que ce cuir
retiendroit leurs joints & les cacheroit, ainſi que le vuide des extrémités des
parties triangulaires des abattants, du moins en partie.

En général, les Bureaux dont je parle doivent être conſtruits très-ſolidement,
ſans cependant être trop maſſifs, ſur-tout les abattants, auxquels il ne faut pas
donner plus de 9 à 10 lignes d'épaiſſeur, afin de les rendre plus légers; & on doit
avoir ſoin de les aſſembler très-ſolidement, ainſi que tout le reſte de l'ouvrage.

La conſtruction de ces Bureaux n'a, ainſi qu'on l'a pu voir, rien de particulier, ſi ce n'eſt la coupe des angles des abattants, laquelle eſt d'une ſujétion
conſidérable pour ceux qui n'ont aucune connoiſſance de l'Art du Trait, tant
pour déterminer la longueur de la pièce de l'angle, que la pente & la profondeur des feuillures ſervant à recevoir la partie triangulaire de ces abattants; c'eſt
pourquoi je vais en faire une courte démonſtration en faveur de ceux qui
ignorent cette partie de l'Art du Trait, toujours ſuivant les mêmes principes
que j'ai enſeignés dans cette Partie de mon Ouvrage, à laquelle on pourra avoir
recours ſi on le juge à propos. Voyez l'*Art du Trait*, Seconde Partie, *page* 341
& ſuivantes.

Pour parvenir à avoir la longueur de la pièce d'angle des abattants dont il eſt
ici queſtion, on commence par tracer le plan du Bureau, comme la Figure 5;

puis la ligne d'angle *a b* étant tracée, on éleve à l'extrémité de cette derniere, une ligne perpendiculaire *b c*, dont la hauteur doit être égale au deſſus du Bureau ; & du point *a* au point *c*, on mene une autre ligne qui eſt celle demandée, ou, pour mieux dire, dont la longueur donne celle de la piece d'arête, dont la pente ſe trace de la maniere ſuivante :

On trace à part, *Fig.* 2, un angle du plan avec ſa diagonale *a f*, (ſemblable à celle *a b*, *Fig.* 5,) ſur laquelle on trace la ligne *a g* ſelon la méthode que j'ai donnée ci-deſſus ; ce qui étant fait, on trace à un des côtés du plan la pente verticale de l'ouvrage, indiquée par la ligne *a b*, à laquelle on mene une parallele *u & r*, ſelon la largeur qu'on veut donner à la piece ; & du point *u* on abaiſſe une ligne perpendiculaire à la diagonale *a f*, laquelle la rencontre au point *y* ; & de ce point on éleve à la ligne *a g* une autre perpendiculaire *y z*, dont la diſtance au point *a*, donne la pente demandée ; de ſorte que pour tracer la piece, on prend cette diſtance, que l'on porte quarrément & de ſon extrémité, d'un côté à l'autre, comme l'indique le point *x*.

La pente de la piece étant ainſi tracée, reſte à trouver ſa fauſſe équerre pour le joint de l'angle, ce qui ſe fait de la maniere ſuivante :

On trace, *Fig.* 2, l'épaiſſeur de la piece ſelon ſon inclinaiſon verticale *a b* & *c d* ; du point *d* on abaiſſe une perpendiculaire à la ligne *a u*, ſur la diagonale *a f* ; & du point *e*, où elle rencontre cette ligne, on mene une parallele à la ligne de l'arête *a g*, ſur laquelle, & à une diſtance quelconque, on abaiſſe une perpendiculaire *g ×* ; enſuite on prend ſur le plan la diſtance *a e*, qu'on porte de *i* à *h* ; puis par les points *g h*, on fait paſſer une ligne qui repréſente le deſſus de la piece, à laquelle on augmente ſon épaiſſeur, & dont par conſéquent la pente eſt déterminée par la ligne *g i*.

Cette opération étant faite, on trace la feuillure *o p q* de la profondeur & de la largeur que l'on juge à propos, & toujours parallélement aux lignes *g h* & *g i*, ce qui détermine la longueur & l'épaiſſeur de la piece qui reçoit les abattants ; ce qui eſt très-aiſé à concevoir, puiſque la ligne *o n* eſt parallele à celle *a g*, & que la diſtance *l m* eſt égale à celle *p o*.

S'il arrivoit que cette ſéparation fût faite avant les feuillures des abattants, on feroit l'inverſe de l'opération ; c'eſt-à-dire, que du point *n* on méneroit une ligne parallele à celle *a g*, & qu'on prolongeroit juſqu'à ce qu'elle rencontrât la ligne *g ×*, ſur laquelle elle donneroit un point pour déterminer la profondeur de la feuillure, dont la largeur ſeroit pareillement donnée par la diſtance *l m* ; ſoit qu'elle fût plus ou moins conſidérable.

La pente de la piece de la partie ployante de l'abattant ſe trace par la même méthode que celle dont je viens de parler, ainſi que ſes feuillures, qui ſe font à l'inverſe de l'autre, mais toujours ſuivant la même pente, comme on peut le voir dans cette Figure, où la diſtance *s t* eſt égale à celle *o g* ; celle *s r*, égale à celle *o p* ; & celle *q r*, égale à celle *q p*. Au reſte, ceux qui

voudront acquérir une théorie plus étendue, pourront avoir recours à mon Art
du Trait, comme je l'ai dit plus haut , & ils y trouveront tout ce qu'ils pourront defirer, tant pour l'efpece dont il s'agit ici , que pour toutes les autres
parties de cet Art, lefquelles y font démontrées par principes fuivis , ce qui en
rend l'intelligence plus facile.

PLANCHE
261.

Le Bureau ou Secrétaire repréfenté dans cette Planche , fe nomme *Bureau à*
cylindre, à caufe de la maniere dont il eft fermé par-deffus , comme je l'expliquerai ci-après.

PLANCHE
262.

Ce Bureau, *Fig.* 1, 2 , 3 , 4 & 5 , eft compofé (ainfi que ceux dont je viens
de faire la defcription,) d'un pied garni de tables à couliffes par les bouts , &
de tiroirs par-devant , & d'une table garnie de cuir , quelquefois mobile, comme
on peut le voir aux *Fig.* 5 & 6.

Au-deffus de la table de ce Bureau, eft placé un fecrétaire ou ferre-papiers ,
garni de cafes & de tiroirs, comme le repréfente la *Fig.* 2, qui fe ferme, ainfi
que la totalité de la table du Bureau, par le moyen d'un cylindre ou trape
circulaire, lequel s'ouvre & fe ferme à volonté.

Les cylindres ou fermetures de ces Bureaux, fe font de deux manieres différentes ; favoir, en deux parties brifées & jointes à rainures & languettes, dont
une fe reploie derriere le ferre-papiers , ou bien en un nombre de petites alaifes
jointes enfemble, lefquelles fe reploient autour d'un cylindre lorfqu'on le juge
à propos. Ces cylindres fe meuvent par le moyen d'un reffort dont je donnerai
ci-après la figure ; & ce font probablement eux qui ont donné le nom à ces
fortes de Bureaux.

Quand la fermeture d'un Bureau à cylindre fe fait de deux pieces , comme à la
Fig. 6 , qui repréfente la coupe de la partie fupérieure du Bureau , au double
des élévations, *Fig.* 1 & 2 , on fait la brifure la plus haute poffible , afin que
quand on la fait tourner dans la rainure difpofée à cet effet , elle occupe toute
la profondeur du Bureau, & que la partie qui fe ploie ne defcende que le moins
bas qu'il eft poffible , & on difpofe la rainure du derriere du ferre-papiers , de
maniere que la partie ployante puiffe y paffer facilement. Cette rainure eft très-
facile à tracer, parce qu'il n'y a qu'à faire deux regles courbes d'une longueur
égale à chacune des parties de la fermeture, dont l'une *A B*, entre dans la rainure circulaire de la joue ou côté du ferre-papiers ; de forte que l'autre *C D*, qui
eft mobile & que l'on attache deffus comme une fauffe équerre , détermine , en
fe reployant entre le derriere des tiroirs & le fond du ferre-papiers , la largeur
& la forme de la rainure dans laquelle elle doit paffer. Il faut obferver , en faifant
le dedans de cette feuillure , qu'elle ne vienne pas jufqu'au derriere des tiroirs,
mais qu'elle s'en écarte d'environ un demi-pouce par le bas , afin d'éviter le
frottement, qui , s'il y en a, ne doit être qu'à la partie fupérieure , ainfi que
l'indique la ligne *a b c*, *Fig.* 6.

Les fermetures des Bureaux étant ainfi difpofées , fe tiennent d'elles-mêmes en place, tant ouvertes que fermées, & sur leur propre poids, (qu'on doit observer de faire le moindre possible, afin qu'ils soient plus aisés à mouvoir); cependant si, pour quelque raison que ce fût, on vouloit que la partie supérieure de la fermeture *D*, n'entrât pas dans l'épaisseur de la table, comme dans cette Figure, & qu'elle fût néanmoins d'une même grandeur, il faudroit alors qu'elle remontât en contre-haut au point *E*, ce qui seroit facile à faire, mais ce qui, en même temps, l'exposeroit à se refermer toute seule, & à retomber sur les mains de la personne qui seroit usage du Bureau, ce qu'il faut absolument éviter, soit en mettant de petits vérouils montants à ressort au-dedans du serre-papiers au point *F*, lesquels retiendroient la fermeture en place; ou bien, ce qui seroit encore mieux, en mettant en dessous de cette derniere un ressort au point *G*, lequel en la retenant en place, aideroit à l'ouvrir, ce qui seroit un double avantage, comme je le prouverai ci-après, en parlant des véritables fermetures à cylindres.

La rainure dans laquelle coule la fermeture du Bureau, doit avoir 6 lignes de profondeur au plus, sur 7 à 8 lignes d'épaisseur, y compris le jeu nécessaire, qui doit cependant se réduire à peu de chose, parce qu'il faut que la fermeture joigne dedans le plus qu'il est possible. La forme de cette rainure, ainsi que celle de la fermeture, doit toujours être un arc de cercle dans toute son étendue, afin que la fermeture y glisse également & y joigne par-tout, ce qui ne pourroit être si cette forme étoit en anse de panier, à moins que d'aggrandir la largeur des rainures autant qu'il seroit nécessaire, pour que la partie la plus cintrée de la fermeture pût y passer, ce qui ne peut être quand cette derniere n'est que de deux pieces, comme dans cette Figure, parce que les rainures étant ainsi élargies, la fermeture retomberoit dessus, & par conséquent ne pourroit plus joindre étant fermée.

Il faut cependant convenir que si la fermeture du Bureau dont je parle étoit d'une forme elliptique, ou, comme disent les Menuisiers, en anse de panier, elle feroit un meilleur effet; mais cette forme ne peut avoir lieu que quand ces fermetures sont de beaucoup de pieces, & dont par conséquent le cintre est peu différent; on pourroit cependant faire les cintres des Bureaux, dont la fermeture est de deux pieces, d'une forme elliptique, en donnant dans toute la longueur de la rainure, toute la plus grande largeur nécessaire, & en garnissant le dessus des parties les plus plates, de distance en distance, afin de remplir les rainures exactement, & de faire joindre le dessus de la fermeture avec leur joue extérieure, du moins autant bien que faire se pourroit.

Quand la fermeture des Bureaux se fait de plusieurs pieces, comme aux *Fig.* 1 & 2, elles sont plus aisées à mouvoir & tiennent moins de place que de la premiere maniere. Ces sortes de fermetures se font d'alaises de 2 à 3 pouces de largeur jointes ensemble à rainures & languettes, soit à joint arrasé, comme à la *Fig.* 2, ou à recouvrement, comme à la *Fig.* 3, sur-tout ceux cotés *a, a,* lesquels sont d'autant mieux, qu'ils sont disposés de maniere que la poussiere ne peut y entrer en aucune façon.
De

De quelque maniere que soient construites ces fermetures, elles se meuvent d'elles-mêmes par le moyen d'un cylindre autour duquel elles s'enroulent, & qui est lui-même entraîné par des ressorts placés à ses deux extrémités, ou bien à la maniere des stores ou jalousies de croisées, comme je vais l'expliquer.

La premiere maniere de faire mouvoir ces cylindres est la plus usitée : elle consiste en deux ressorts de pendule, ou du moins semblables, dont l'extrémité *a*, *Fig. 6*, est fortement attachée sur le cylindre, & l'autre *b*, dans un tambour ou enfoncement circulaire, pratiqué dans le côté ou joue du Bureau, de maniere qu'en tirant la fermeture en dehors, (laquelle est roulée autour du cylindre,) comme de *a* à *c*, on comprime alors le ressort, lequel, pour se remettre à l'aise, tend à retirer la fermeture à lui, & par conséquent à la faire entourer le cylindre, dont l'axe *d*, qu'il est bon de faire de fer, tourne dans un colet de cuivre placé au fond du tambour. *Voyez la Fig. 5*, qui représente le cylindre avec la coupe du ressort & de la platine de fer *e f*, qui le recouvre, laquelle est enfoncée dans la joue de la profondeur de la rainure, afin de ne pas nuire au bout de la fermeture qui vient s'y loger. *Voyez les Fig. 5 & 6*, qui sont dessinées au tiers de l'exécution.

Cette maniere de faire mouvoir les cylindres est très-facile, comme je l'ai dit plus haut ; cependant comme elle est un peu coûteuse pour être bien faite, & que quelque soin que l'on prenne, il arrive quelquefois que l'un des deux ressorts vient à casser ou bien qu'ils tirent inégalement, je crois qu'on feroit aussi bien d'y mettre des ressorts de stores semblables à ceux que les Serruriers font pour les jalousies de croisées & des voitures, ce qui, à mon avis, seroit plus solide & moins coûteux. *Voyez la Fig. 4*, qui est disposée de cette maniere avec la fermeture entourée dessus, & cotée comme aux Figures 1 & 2. Les brisures de ces fermetures ne sont pas ferrées, mais elles sont retenues ensemble par une forte toile collée derriere, qu'on garnit ensuite de nerf de bœuf battu & collé dessus cette toile, qu'on étend le plus juste possible sur la fermeture, dont on place les extrémités dans des rainures ou entailles qui servent à arrêter les joints, & à les serrer les uns contre les autres, ce qui se fait par le moyen d'un coin placé à l'extrémité des morceaux de bois dans lesquels ces rainures sont faites.

Il faut observer, en faisant ces rainures, de les cintrer un peu davantage que celles des joues, & par conséquent de dégraisser les joints un peu en dedans, afin que la toile étant appliquée dessus les joints, tende à les faire serrer lorsqu'ils sont dans leur état naturel, ce qui est absolument nécessaire, sur-tout quand les joints sont apparents. La toile, dont on garnit le dessous des fermetures, ne se coupe pas au nud de ces dernieres ; mais on la prolonge, du moins par le haut, de ce qui est nécessaire pour que ces dernieres étant fermées, la toile puisse être attachée sur le cylindre, au pourtour duquel il est bon qu'elle fasse un tour, qu'on y colle après l'avoir attachée.

Ce que je viens de dire touchant le mouvement & la fermeture des Bureaux

Menuisier, *III. Part. II. Sect.*   A 9

à cylindre, renferme toute la théorie de ces fortes d'ouvrages, du moins pour l'ordinaire ; car on pourroit en rendre les mouvements plus doux & plus faciles, en faisant porter ces fermetures sur des roulettes de cuivre ou d'acier, & placées dans l'épaisseur des joues, ce qui obligeroit à garnir le dedans des extrémités de ces fermetures avec des bandes de fer ou de cuivre, assez minces pour pouvoir ployer autant qu'il seroit nécessaire ; on pourroit aussi placer des roulettes au fond des rainures pour faciliter le mouvement des bouts de ces fermetures, qui, pour peu qu'elles avancent plus d'un côté que de l'autre, vont difficilement ; c'est pourquoi de telle maniere que soit disposée la fermeture d'un Bureau à cylindre, il faut observer de faire cette derniere très-juste de longueur, afin qu'elle ne puisse pas se déranger ; & on aura soin d'en abattre toutes les arêtes pour en diminuer le frottement.

Les fermetures s'arrêtent en place par le moyen d'une serrure placée dans la tête du tiroir du dessus du serre-papiers, laquelle sert à la fois pour le tiroir & la fermeture, qu'on hausse ou baisse par le moyen de deux mains ou portants, placés à son extrémité inférieure, lesquels sont mouvants, de sorte qu'ils servent non-seulement à relever la fermeture, mais encore à la baisser (*).

Le dessus du serre-papiers ou secrétaire d'un Bureau à cylindre, est ordinairement terminé en forme d'amortissement, dans lequel on fait ouvrir plusieurs tiroirs sur la largeur, comme on peut le voir aux *Fig. 1, 2, 3 & 6* ; & quand ces Bureaux seront placés contre le mur, comme il arrive souvent, on fera bien de supprimer non-seulement le profil de l'amortissement, mais encore la saillie du derriere de la table, afin qu'il ne reste point d'espace entre le mur & le dessus du Bureau.

L'extérieur, ou, pour mieux dire, le coffre du serre-papiers, forme un bâtis à part, qui entre à rainure & languette dans le dessus du Bureau, & qui y est arrêté avec des clefs chevillées en dedans, ou, ce qui est mieux, avec des vis qui peuvent s'ôter au besoin. La partie qui porte les tiroirs forme un coffre à part, qui entre juste dans celui-ci, & s'y arrête pareillement avec des vis. Quant à la construction tant du bâtis intérieur que de l'extérieur, elle n'a rien de particulier ; c'est pourquoi je n'entrerai pas dans un plus grand détail à ce sujet, vu que leur plus ou moins grande décoration peut changer toute la disposition, du moins des parties accessoires, car les principales ne sauroient changer. Ce que j'ai dit jusqu'à présent, tant au sujet des autres Bureaux que de celui-ci, joint à l'inspection des Figures, doit, à ce que je crois, être suffisant, pour peu qu'on veuille y faire attention.

Le dessus de la table du Bureau est quelquefois mobile en devant, afin de lui rendre une partie de la profondeur occupée par le serre-papiers, dont le plan

_____

(*) Je n'entrerai pas ici dans le détail des ferrures de ces sortes de Meubles, non plus que de tous les autres, dont la description fait le sujet de cette Partie de mon Ouvrage, parce que non-seulement ce détail est très-compliqué, mais encore qu'il fait partie d'un autre Art que le mien, dont il est cependant bon que les Menuisiers prennent des connoissances élémentaires, ainsi que je l'ai toujours recommandé.

eſt indiqué par les lignes *d*, *e* , *f* , *g* , *Fig.* 5. Le mouvement de cette table ſe fait
horiſontalement & à rainures & languettes ſur l'épaiſſeur, comme on peut le
voir à la *Fig.* 6 , où cette table *H I L* , eſt marquée en coupe & tirée dehors ,
ainſi qu'à la *Fig.* 5. J'ai dit plus haut qu'on mettoit des tiroirs ſous les tables à
couliſſes , comme le repréſente la *Fig.* 7 ; mais ils ne peuvent pas avoir beaucoup
de profondeur , parce qu'alors ils deſcendent trop bas & empêchent de paſſer
les jambes de la perſonne qui eſt aſſiſe devant le Bureau , ce qui oblige de pratiquer un renfoncement au milieu de ce dernier , d'environ un pied de profondeur , comme on le pratiquoit aux anciens Bureaux qui , alors , avoient 4 pieds ſur
la face , & pluſieurs rangs de tiroirs au-deſſus les uns des autres , ce qui rendoit
ces ſortes de Bureaux très-lourds & peu commodes , vu que les pieds du milieu
devenoient embarraſſants ; à quoi on a remédié en coupant ces pieds , comme à la
Fig. 1 , ce qui , à mon avis , fait un très-mauvais effet ; c'eſt pourquoi il vaut
beaucoup mieux faire les tiroirs moins profonds , & ne point faire de renfoncement , comme je l'ai obſervé à la *Fig.* 2 , ce qui , non-ſeulement , rend le
Bureau moins lourd , mais encore donne la facilité de paſſer les jambes de pluſieurs perſonnes aſſiſes à côté les unes des autres.

Pour ce qui eſt des dimenſions des Bureaux à cylindre , c'eſt la même choſe
qu'à ceux dont j'ai parlé plus haut , tant pour la hauteur de la table du deſſus ,
que pour la longueur & la largeur , leſquelles ne peuvent cependant guere être
moindres qu'à celui qui eſt repréſenté ici , lequel a 4 pieds 8 pouces de long , ſur
2 pieds 5 pouces de largeur.

Les Bureaux à cylindre ſont ordinairement très-ornés , & le plus ſouvent
couverts de bois de rapport & de marqueterie ; cependant comme on peut très-
bien les faire unis & même de bois ordinaires , j'ai cru devoir en faire la deſcription ici , afin de terminer tout ce qui regarde les Tables à écrire , & par conſéquent toutes les différentes eſpeces de Bureaux , dont l'uſage eſt à la mode à
préſent.

Avant de paſſer à la deſcription des petites Tables à écrire , j'ai cru devoir
parler de celles qui ſervent dans les Bureaux de peu de conſéquence & dans les
Ecoles. Ces ſortes de Tables , repréſentées *Fig.* 7 , 8 & 9 , ſont compoſées
d'un pied très-ſolide & ſimple , ſur lequel eſt placé un deſſus , ſouvent de bois
de ſapin & emboîté de chêne au pourtour pour le rendre plus ſolide ; quelquefois on fait le deſſus de ces tables en pente en forme de pupitre , ce qui en rend
l'uſage plus commode , & on y réſerve une partie horiſontale ſur le derriere ,
d'environ 6 à 8 pouces de largeur pour y placer des livres & autres choſes dont
on peut avoir beſoin. La largeur de ces Tables doit être de 2 pieds un quart à 2
pieds & demi ; quant à leur longueur , elle eſt ſouvent déterminée par la place
qu'elles doivent occuper , & on doit faire en ſorte qu'elles aient un nombre pair de
pieds comme ſix , huit , dix , &c , chaque perſonne qui écrit occupant au moins 2
pieds de largeur ; il eſt bon auſſi de mettre des tiroirs au-deſſous de la Table & à

Planche 262.

Planche 263.

chaque place, afin que chacun puiffe y ferrer ce dont il a befoin. Les pieds ou montants qui fupportent la Table, doivent être divifés en raifon des places, de maniere qu'ils fe rencontrent entre deux, comme je l'ai obfervé à la *Fig.* 7.

Les Tables à deffiner, *Fig.* 10, font femblables à celles dont je viens de parler, à l'exception qu'elles font droites par-deffus, & qu'on y obferve une rainure fur le devant d'environ un pouce de largeur, comme celle *a c*, laquelle fert à paffer le papier & à l'empêcher d'être froiffé par ceux qui, en deffinant, s'appuient fur le bord de la Table, ce qui eft prefqu'inévitable. Le rebord des Tables à deffiner doit être de chêne ou tout autre bois liant, d'environ un pouce & demi à 2 pouces de largeur, & on le foutient par un petit montant *b*, placé entre l'intervalle de chaque place, afin qu'il ne nuife pas aux Deffinateurs.

Les arêtes de ce montant ainfi que de la Table, doivent être bien arrondies, ainfi que le refte de ces Tables, lefquelles n'ont befoin que de propreté & de folidité; c'eft pourquoi on fera très-bien de les emboîter au pourtour, comme je l'ai déja dit, d'y mettre des clefs dans les joints, & de faire paffer des traverfes en deffous d'un pied à l'autre, pour foutenir la Table fur fa largeur. Ces Tables s'arrêtent à clefs dans les pieds, ou y font fimplement attachées deffus avec des vis à tête fraifée, ce qui eft fuffifant.

Les petites Tables à écrire ne different guere de celles dont je viens de parler que par la grandeur de leurs deffus, lefquels font quelquefois réduits à 2 pieds de longueur, fur 15 à 18 pouces de profondeur ou de largeur, ce qui eft la même chofe.

Au nombre de ces Tables il faut comprendre les Secrétaires de différentes efpèces, lefquels font à la fois Tables & Meubles fermés, & qui tiennent de la forme des Bureaux dont je viens de faire la defcription, & des petites Commodes à pieds de biche, dont je traiterai dans la fuite.

Les Secrétaires repréfentés *Fig.* 1, 2, 3, 5, 7 & 8, font compofés d'un pied de 24 à 27 pouces de hauteur; dans la partie fupérieure duquel font placés deux rangs de tiroirs, qui occupent 9 à 10 pouces de hauteur; le fecond rang de tiroirs, c'eft-à-dire, celui du bas, ouvre de toute la largeur du Secrétaire; & le premier rang eft divifé en trois fur la largeur, dont les deux des bouts font mobiles, & celui du milieu arrêté à demeure, ou, pour mieux dire, n'a qu'une tête apparente, fa place étant occupée par la cave, dont l'ouverture eft en deffus du Secrétaire, comme je l'expliquerai ci-après. *Voyez la Fig.* 1, cote *A & B*, laquelle repréfente l'élévation d'un Secrétaire & fa coupe prife fur fa largeur; & la *Fig.* 8, cote *C D*, laquelle repréfente le plan de ce même Secrétaire vu du deffus de fon pied, & coupé au-deffus du premier rang de tiroirs, & par confé-quent de la cave, dont il eft aifé de voir la conftruction, tant dans cette Figure que dans la précédente.

Le deffus du Secrétaire eft terminé par un ferre-papiers compofé de deux rangs de tiroirs, l'un à droite & l'autre à gauche, lefquels font au nombre de
deux

tablettes. Le ferre-papiers forme un coffre ou bâtis à part, lequel entre à rainure & languette dans le deffus de la table du Secrétaire, avec lequel on le colle & l'arrête quelquefois avec des clefs, (ainfi qu'aux Bureaux dont j'ai parlé plus haut), & il eft fermé par-devant avec une porte ou abattant ferré fur le devant du pied pour fervir de Table à écrire. *Voyez les Fig.* 2, 3, 5 & 7.

Ces portes ou abattants font ordinairement à recouvrement deffus le devant du ferre-papiers, ce qui fait un affez mauvais effet, parce qu'alors il faut y faire des feuillures très-profondes, comme le repréfente la *Fig.* 4, où cette feuillure eft indiquée par la ligne *a b*, ce qui fait que la partie inférieure du côté forme un angle au point *b*, au lieu de venir fe terminer à celui *c*, ce qui fembleroit plus naturel; de plus, l'angle *c d e* de l'abattant, fe préfente mal, à moins qu'on ne l'orne d'une moulure, comme je l'ai fait ici, où j'ai eu foin que le membre fupérieur de cette moulure profile avec le recouvrement du pourtour de l'abattant, ce qui remédie au mauvais effet de l'angle de l'abattant, mais qui laiffe toujours fubfifter celui des feuillures trop profondes, & l'irrégularité de la forme des côtés; c'eft pourquoi je crois qu'il vaudroit mieux ne point faire de feuillures à l'abattant, comme je l'ai obfervé à la *Fig.* 6, ce qui eft plus régulier & plus propre, parce qu'alors on peut orner de champ & de moulures les côtés du ferre-papiers, & faire au niveau de la table du Secrétaire, une efpece de cymaife, fur laquelle l'abattant vienne s'appuyer, ce qui en foulage beaucoup les ferrures, & fait en même temps un très-bon effet. *Voyez la Fig.* 6, où l'abattant eft ouvert & fermé.

Les abattants des Secrétaires fe foutiennent horifontalement de différentes manieres; favoir, avec des tirants de fer placés au-deffous de la Table, ou bien avec des crochets attachés d'un bout au-dedans de l'abattant, & qui s'arrêtent de l'autre dans une mortaife pratiquée à cet effet dans la piece qui fépare les bâtis intérieurs & extérieurs du ferre-papiers, entre lefquels ce crochet paffe lorfqu'on ferme l'abattant, comme on peut le voir à la *Fig.* 7, qui repréfente les coupes, ou, pour mieux dire, les plans du ferre-papiers; pris au-deffus du troifieme & du premier tiroir; & à la *Fig.* 9, qui repréfente l'abattant ouvert & fermé, ainfi que fon crochet difpofé felon ces deux cas.

Cette feconde maniere de retenir l'abattant des Secrétaires, eft très-commode & plus fûre que la premiere, parce qu'elle n'a d'autre inconvénient que de gêner un peu par le côté; au lieu que l'autre non-feulement eft moins propre, vu que le bout des tirants eft toujours apparent, & que fi on oublioit à les tirer avant que d'ouvrir l'abattant, on s'expoferoit au rifque d'en arracher les ferrures, ce qui eft fort à craindre, & par conféquent à éviter.

J'ai dit plus haut que la cave ou efpace vuide qui devoit occuper le tiroir du milieu, s'ouvroit en deffus, & cela par la raifon, dit-on, que l'argent & les papiers de conféquence qu'on y place ordinairement y font plus en fûreté, ce qui ne me paroît pas exactement vrai, parce qu'un tiroir fermé à clef eft auffi

difficile à forcer que l'abattant du Secrétaire, qui l'étant une fois, donne la
liberté de fouiller dans la cave, qui n'est ordinairement fermée que par la
tablette inférieure du serre-papiers, laquelle couvre l'ouverture de la cave, &
est retenue en place par un tasseau collé en dessous, lequel frotte avec le devant
de l'ouverture de la cave. Je sai bien qu'on ferme quelquefois cette tablette par
le moyen de quelques ressorts secrets à l'usage de ces sortes de meubles; mais
qu'est-ce qu'un secret, dont la copie ou l'original est entre les mains de tout le
monde, ou qui, quand bien même il n'y seroit pas, oppose peu de résistance,
& est par conséquent plus aisé à forcer qu'une bonne serrure?

En général, les Secrétaires, lorsqu'ils ne sont pas couverts de marqueterie,
se font de bois uni, sans aucune espece de moulure, qu'on assemble (sur-tout
le serre-papiers) à queues recouvertes par le bout, & à rainures & languettes
par le bois de fil, ce qui est peu solide; c'est pourquoi je crois qu'il vaudroit mieux
les faire d'assemblages à l'ordinaire, soit qu'ils soient ornés de moulures, ou
qu'ils soient unis ou arrasés, ce qui ne change rien à leurs formes; &, à mon
avis, cela seroit beaucoup plus solide, sur-tout pour le serre-papiers, lequel,
lorsqu'il n'est pas d'assemblage, présente, du côté de l'ouverture, une surface
qui n'est ni de bois de bout ni de bois de fil, ce qui l'expose à se fendre aisément, ou du moins à se tourmenter. Je crois aussi qu'il seroit bon, pour la solidité de ces sortes de Meubles, qu'ils fussent d'une seule piece sur leur hauteur,
c'est-à-dire, que les pieds de derriere montassent jusqu'au haut du serre-papiers,
ce qui seroit très-aisé à faire, si on en assembloit toutes les parties à tenons &
mortaises, comme je le propose ici.

Comme les Secrétaires sont de très-petits meubles, il est bon qu'ils soient
construits de bois mince, sur-tout pour la partie du serre-papiers & de ses tiroirs,
dont les bâtis ne doivent avoir que 2 à 3 lignes d'épaisseur au plus: il en sera de
même pour toutes les autres parties, qu'on tiendra le plus minces qu'il sera
possible de les faire, sans ôter la solidité de l'ouvrage, laquelle doit toujours
être préférée dans quelque cas que ce puisse être, & qui est souvent très-négligée
dans celui dont il est ici question, où les Menuisiers mettent souvent des bois
non-seulement trop minces & de mauvaise qualité, mais encore poussent l'é-
pargne jusqu'à ne mettre les séparations qui portent les tiroirs, & autres parties
qui ne sont pas apparentes, que de la moitié, ou tout au plus les deux tiers de
leur largeur totale, de sorte que la poussiere peut aisément tomber d'un tiroir
dans un autre, & qu'on peut y fouiller étant fermés, ce qui est encore pis.

La hauteur de la table des Secrétaires doit être, comme je l'ai déja dit, de 24
à 27 pouces au plus, ce qui ne sauroit varier. Quant à leur largeur, elle varie
depuis 2 jusqu'à 3 pieds, sur 12, 15 & 18 pouces de profondeur. Pour ce qui
est du serre-papiers, sa hauteur perpendiculaire varie depuis 9 pouces jusqu'à un
pied, & sa pente depuis 9 pouces jusqu'à 11, afin que l'abattant ait une
largeur suffisante pour écrire commodément dessus.

Il se fait d'autres Secrétaires dont, lorsqu'on ne veut pas faire usage du serre-papiers, le dessus représente une Table ordinaire, sur laquelle on peut jouer ou écrire selon qu'on le juge à propos. Ces sortes de Secrétaires se nomment *Secrétaires à culbute*, parce que leur serre-papiers rentre dans l'intérieur du pied de la Table, & fait par conséquent ce qu'on appelle communément la *culbute*. Voyez la *Fig.* 1, qui représente la coupe de ce Secrétaire, prise au milieu de sa largeur, avec le dessus de table rabaissé. Voyez aussi la *Fig.* 2, qui représente l'élévation de ce Secrétaire, avec sa table ou dessus relevé en forme de pupitre.

Les serres-papiers de ces sortes de Secrétaires n'ont rien de différent de ceux dont j'ai parlé ci-dessus, si ce n'est qu'ils sont arrondis par leur partie extérieure, afin de pouvoir passer entre la traverse de la table, sur laquelle ils s'arrêtent par le moyen de deux loqueteaux à ressort *a a*, *Fig.* 1, 4 & 6, lesquels ploient sur le serre-papiers lorsqu'on le relève, & viennent s'appuyer sur le haut de la traverse. Lorsqu'on veut baisser le serre-papiers, on repousse ces loqueteaux par le moyen de deux boutons *b b*, *Fig.* 4, ce qui les fait échapper de dessus cette derniere.

Les serres-papiers dont je parle, sont plus étroits que l'intérieur de la Table d'environ 2 pouces de chaque côté, afin d'éviter, dans leur révolution, la rencontre des pieds de devant & de derriere, & de laisser deux espaces pour placer les plumes & l'encre, qui se répandroit nécessairement si elle étoit renfermée dans le serre-papiers, lequel étant abaissé, penche tout-à-fait en arriere, & s'arrête sur les bouts des traverses de côté de la Table, par le moyen de deux petits mentonnets de fer *c c*, *Fig.* 3 & 6, qui représentent l'une l'élévation du Secrétaire avec son serre-papiers relevé, & l'autre le même Secrétaire vu en dessus avec sa table ouverte, c'est-à-dire, dans la disposition où elle doit être pour écrire dessus, & en même temps faire usage du serre-papiers.

Cette Table, comme je l'ai dit plus haut, peut servir de pupitre, soit pour lire ou pour chanter ; dans l'un ou l'autre cas, on le leve au degré qu'on le juge à propos, par le moyen de deux petites tringles de fer attachées dessous, dont l'extrémité entre dans des crémailleres taillées dans l'épaisseur de la Table. *Voyez les Fig. 5 & 6.*

Ces mêmes tringles peuvent aussi servir à retenir le devers de la Table lorsqu'elle est ouverte, en y observant un crochet par le bout, qui vient s'appuyer dans une entaille faite à la traverse de la Table, laquelle est faite en contre-sens des crémailleres, *voyez la Fig.* 8, ce qui soulage beaucoup les ferrures de la Table, qui n'ont, du moins pour l'ordinaire, pour point d'appui que l'épaisseur de la Table, plus la saillie du rebord servant à retenir les livres lorsqu'elle sert de pupitre, ce qui est très-peu de chose, sur-tout quand cette Table est d'une certaine largeur, ce qui en augmente de beaucoup le poids, & qu'on ne peut alors soutenir que par des tirants de fer placés au-dessous, ainsi qu'aux Secrétaires dont j'ai parlé ci-dessus.

Dans le cas où le deſſus de ces Tables ſeroit très-lourd , & qu'on ne voudroit
ou ne pourroit pas placer de tirants de fer pour les ſupporter, on pourroit ,
ainſi qu'à la *Fig.* 7 , briſer la Table à 5 ou 6 pouces du bord au point *d* , de
maniere qu'en l'ouvrant elle ſe reploieroit ſur elle-même , ce qui l'appuieroit
ſolidement , & en diminueroit la largeur , qui eſt un peu trop conſidérable à la
Fig. 6 ; de plus , cette Table étant ainſi diſpoſée , pourroit avoir une ſaillie
égale au pourtour , ce qui ne peut être dans le premier cas , où il faut néceſſai-
rement qu'elle affleure au pied de la Table du côté de ſon ouverture.

On fait encore des Tables à écrire ou Secrétaires ſemblables aux Bureaux à
cylindre , dont elles ne different que par la grandeur. On en fait auſſi d'une forme
à peu-près ſemblable aux Tables de toilettes dont je vais donner la deſcription.
Il eſt encore une autre eſpece de Secrétaire fort à la mode à préſent ; mais comme
il tient plutôt de la forme des Armoires que de celle des Tables & des Bureaux,
je n'en ferai la deſcription qu'à l'article des Meubles fermés , comme étant
leur place naturelle.

Quant aux petites Tables à écrire proprement dites , elles ne different en rien
des Bureaux ſimples , que par leur grandeur & par un petit rebord qu'on y
ajoute de trois côtés , & par un cintre qu'on y fait par-devant , je ne ſai pas trop
pourquoi , vu que ce cintre étant bombé , ne peut que nuire à la perſonne qui
écrit , dont la poſition ſemble plutôt exiger une forme creuſe qu'une forme
ronde. Le deſſus de ces petites Tables eſt quelquefois garni de peau , ainſi que
les Bureaux & les Secrétaires ; quelquefois on les fait de bois uni & apparent.
Dans l'un ou l'autre cas , il eſt bon qu'ils ſoient d'aſſemblages , ou au moins
emboîtés par les bouts , ne fût-ce qu'à rainures & languettes , (quand elles ſont
trop minces pour y faire des aſſemblages) , afin d'empêcher qu'elles ne ſe tour-
mentent.

Les Pupitres repréſentés *Fig.* 9 , 10 , 11 , 12 & 13 , ne ſont autre choſe
qu'une eſpece de petite caſſette , dont le deſſus eſt incliné d'environ 2 à 3 pouces
pour faciliter ceux qui écrivent deſſus , ou même qui y liſent , & dans le derriere
deſquels eſt placé un petit tiroir propre à ſerrer l'encre & les plumes. Leur
deſſus eſt quelquefois garni de cuir , & ſe ferme à clef. La grandeur des Pupitres
eſt de 20 à 24 pouces de longueur , ſur 16 à 18 pouces de largeur , & 4 à 5
pouces de hauteur. On les aſſemble à queues recouvertes , & on les orne quelquefois de marqueterie , ainſi que les Tables & les Bureaux dont je viens de
faire la deſcription , qui , quelque riches qu'ils ſoient , ne changent guere des
formes ſous leſquelles je les ai décrits.

§. I. *Description des Tables de Toilette, des Tables de nuit & autres ;*
de leurs formes & proportions.

Les Tables de toilette proprement dites, ne font autre chofe que des Tables
ordinaires, dont les angles font arrondis, & au pourtour defquelles on ajoute
des rebords d'environ 3 à 4 lignes de hauteur, & qu'on couvre d'un tapis & d'une
toilette ou tavaïolle, garnie foit de moufſeline ou de dentelle, felon la volonté
ou l'opulence de ceux qui en font ufage. On fait ufage d'autres petites Tables
de toilette portatives, lefquelles contiennent tout ce qui fert à la toilette des
Dames, comme le miroir, la boîte à poudre, les pomades, les flacons propres
à mettre les odeurs, & autres ingrédients de cette efpece, qui fe pofent fur les
Tables de toilette ordinaires.

Les petites Tables de toilette repréfentées *Fig. 1 & 2*, font compofées d'un
pied & d'un deſſus, lequel eſt divifé en trois parties fur la largeur ; favoir, celle
du milieu, laquelle porte une glace, & ouvre verticalement, & celles des deux
côtés, qui couvrent deux caiſſons, & fe rabattent aux deux côtés de la Table ;
au-deſſous de la glace, c'eſt-à-dire, dans le milieu de la traverfe du pied, eſt
placée une petite Table à écrire, large d'environ un pied, laquelle entre à couliſſe
horifontalement, & qu'on tire dehors lorfqu'on veut en faire ufage. Au-deſſous
de cette Table & des deux caiſſons, font placés trois tiroirs à l'ordinaire, dont la
profondeur, jointe à celle des caiſſons, eſt ordinairement de 6 pouces ; favoir,
3 pouces au moins pour le caiſſon, & le reſte pour le tiroir & la traverfe qui le
porte, ce qui réduit la profondeur des tiroirs de deſſous le caiſſon à très-peu de
chofe, à la vérité ; mais il n'eſt pas poſſible de leur en donner davantage, vu
qu'il faut que les genoux de la perfonne aſſife devant cette Table, puiſſent
aifément paſſer deſſous la traverfe qui porte les tiroirs. *Voyez la Fig. 3*, qui
repréfente la coupe de cette Table de toilette, prife au milieu de fa longueur ;
& la *Fig. 4*, qui repréfente une autre coupe prife à l'endroit d'un caiſſon,
lequel fe remplit d'un fecond caiſſon garni de fon couvercle ou deſſus. *Voyez la*
Fig. 5, qui repréfente la Table vue en deſſus & toute fermée ; & la *Fig. 6*,
qui repréfente cette même Table toute découverte.

La conſtruction de ces fortes de Tables n'a rien de particulier, fi ce n'eſt
l'ouverture du deſſus, à l'endroit qui porte la glace, laquelle fe fait de la
maniere fuivante :

On fait une rainure dans les deux féparations de la Table, dans laquelle on
fait entrer une traverfe *A A, Fig. 7*, fûr laquelle on ferre la partie de la
Table qui porte le miroir, & dont l'arête extérieure eſt abattue en pente, pour
donner à la glace l'inclinaifon qui lui eſt néceſſaire ; de forte que quand on
veut faire ufage de cette derniere, on la tire en devant pour la dévêtir de
deſſous la partie *B* du deſſus, qui demeure en place ; puis on la retire & on

PLANCHE 266.

Menuisier, III. Part. II. Sect. C9

l'approche du devant de la Table comme on le juge à propos, en faisant couler la traverse *A* dans les rainures des côtés, ainsi qu'on peut le voir dans cette Figure.

Les deux autres parties du dessus sont ferrées sur les traverses des bouts de la Table; & on doit avoir soin de faire déborder le centre ou œil de la ferrure, d'une distance égale à la saillie du dessus, afin que ces derniers puissent se renverser tout-à-fait en dehors. *Voyez la Fig.* 8. Les deux côtés du dessus se ferment à clef dans les séparations de la Table, & elles arrêtent la partie du milieu par le moyen de deux pannetons *a*, *b*, *Fig.* 2, attachés au-dessous & aux deux côtés de cette derniere.

Il se fait encore d'autres Tables de toilette différentes de celles dont je viens de faire la description, soit pour la forme générale soit pour la maniere de les faire ouvrir; mais ces différences sont de peu de conséquence; de plus, celles que je viens de décrire sont les plus commodes & dont on fait le plus d'usage.

J'ai dit plus haut qu'on faisoit des Tables à écrire à peu-près semblables à celles de toilette. Ces Tables ne different de ces dernieres que par l'ouverture de la partie du milieu, laquelle se brise en trois autres parties; savoir, celle de derriere, qui reste en place, comme aux Tables de toilette; celle du milieu *a b*, *Fig.* 9, qu'on releve en forme de pupitre; & une autre petite partie *b c*, d'environ 2 pouces de largeur, laquelle est ferrée avec la partie du milieu, de maniere qu'en faisant mouvoir cette derniere autour du point *d* où elle est ferrée avec la Table, la partie *b c* se releve & sert de rebord au pupitre, qu'on tient relevé par le moyen d'un petit chassis *e f*, qu'on reploie en dessous du pupitre, lorsqu'on ne veut pas faire usage de ce dernier.

Les Tables de nuit représentées *Fig.* 10, 11 & 12, sont composées de quatre pieds & de deux tablettes, dont une est placée à environ 18 pouces de hauteur, & l'autre à 26 pouces au moins, au-dessus de laquelle on fait saillir les pieds & les trois côtés, pour retenir ce qu'on pose sur ces Tables, qu'on place auprès des Lits, & dont on ne fait usage que pendant la nuit ou dans le cas de maladie. Au-dessous de la premiere tablette, c'est-à-dire la plus basse, on pratique un tiroir d'environ 2 pouces de profondeur, qu'on fait ouvrir par le côté droit de la Table, avec laquelle il est arrasé. Les trois côtés qui entourent l'espace compris entre les deux tablettes de la Table de nuit, sont ordinairement percés à jour, pour qu'elles contractent le moins d'odeur qu'il est possible; & on y met quelquefois des tablettes de marbre très-minces, tout au moins à celle de dessus, ce qui est un très-bon usage, vu que le marbre n'est pas sujet, ainsi que le bois, à se tourmenter à l'humidité, à laquelle ces sortes de Tables sont exposées, ni à contracter aucune mauvaise odeur. *Voyez les Fig.* 10 & 11, qui représentent une Table de nuit vue de côté & de face; & la *Fig.* 12, qui représente cette même Table vue en dessus, ce qui est, je crois, suffisant pour donner toute la théorie nécessaire à ces sortes d'ouvrages.

En général, ces fortes de Tables ne font fufceptibles d'aucune efpece d'ornement; il fuffit qu'elles foient propres & fur-tout très-légeres, pour être plus
faciles à tranfporter; c'eft pourquoi un pouce & demi fuffit pour la groffeur de
leurs pieds, qu'on évuide en creux en deffus, & feulement à pan en dedans, afin
que le peu de bois qui refte, ferve à porter la tablette du deffus, qu'il eft cependant bon de faire entrer à rainure & languette dans les côtés, afin de l'empêcher
de fe coffiner; on doit avoir la même attention pour celle du bas, qui, ainfi
que celle du deffus & les côtés de la Table, ne doit avoir que 4 à 5 lignes
d'épaiffeur au plus.

Quand on met des tablettes de marbre aux Tables de nuit, il eft bon qu'elles
foient foutenues en deffous par une autre tablette de bois, (quoique ce ne foit
pas la coutume), ce qui les empêche de fe rompre, comme il arrive fouvent.

Il fe fait encore une infinité de Tables de toutes les efpeces, de toutes formes
& grandeurs, dans le détail defquelles je n'entrerai pas ici, vu qu'elles ne font
fouvent que l'ouvrage du caprice de quelques Ouvriers, ou de ceux qui les font
faire; de plus, ces fortes de Tables different peu de celles dont j'ai fait la
defcription, dont l'ufage eft le plus généralement reçu, & d'après lefquelles
on pourra en inventer de telle forme qu'on le jugera à propos.

Avant de terminer ce qui concerne les Tables, & généralement les Meubles
à bâtis fimples, & par conféquent de paffer à la defcription des Meubles fermants, je vais donner dans la Planche 267, divers exemples de pieds de Tables
ornés, ainfi que je l'ai annoncé à l'Article des pieds de Tables, *page 697;* &
je terminerai ce Chapitre par la defcription des Ecrans & des Paravents de
différentes efpeces.

§. II. *Defcription des Ecrans & des Paravents; de leurs formes & proportions.*

Les Ecrans *Fig.* 2 & 3, font compofés de deux pieds ou montants affemblés
dans deux patins, & joints enfemble par deux traverfes; favoir, une par le bas,
& l'autre par le haut, laquelle eft de deux pieces fur l'épaiffeur, afin de laiffer un
vuide entr'elles, pour paffer le chaffis qui coule dans des rainures pratiquées dans
les montants. *Voyez la Fig.* 1, qui repréfente la coupe d'un montant d'Ecran
avec celle du chaffis, qui entre dans fa rainure ou couliffe, à laquelle j'ai obfervé
le jeu néceffaire pour la place qu'occupe l'étoffe dont le chaffis eft couvert.

Les Ecrans fe placent devant les cheminées, pour empêcher que l'ardeur du
feu ne nuife à ceux qui font affis devant, & on hauffe ou baiffe le chaffis felon
qu'on le juge à propos, & on le retient en place par le moyen d'un cordon,
ainfi que les glaces des voitures. Ces fortes de Meubles font fufceptibles de beaucoup de décoration, vu qu'ils font, ainfi que les Siéges, partie de la décoration
des appartements, du moins pour ce qui eft des Meubles. Quelquefois ces
Meubles font très-fimples, & on y adapte de petites Tables, lefquelles fervent

soit à lire ou à écrire, & qu'on hausse ou baisse selon qu'on le juge à propos; par le moyen d'un chassis & d'une crémaillere taillée dans le devant du montant. *Voyez les Fig.* 4 & 5.

Quant à la grandeur des Ecrans, elle varie depuis 2 pieds & demi jusqu'à 3 pieds & demi de hauteur, sur 2 à 3 pieds de largeur au plus, du moins pour l'ordinaire; car on en fait de très-petits qui ne different de ceux dont je parle que par la grandeur.

Les Paravents *Fig.* 6, 7, 8 & 9, sont les plus simples de tous les Meubles, du moins pour ce qui est de la partie de la Menuiserie, laquelle ne consiste qu'en des bâtis unis, assemblés à l'ordinaire avec une traverse au milieu. Ces sortes de Meubles servent pendant l'hiver pour entourer les Tables & les cheminées, & garantir de l'air extérieur ceux qui sont dans les appartements.

Les bâtis ou feuilles de Paravents, sont ferrés les uns avec les autres en sens contraire, afin qu'étant fermés, ils se reploient les uns sur les autres, & par conséquent tiennent le moins de place possible, comme les représentent les *Fig.* 8 & 9. On fait des Paravents depuis 3 pieds jusqu'à 6 & même 7 pieds de hauteur, sur une largeur proportionnée depuis 18 pouces jusqu'à 2 pieds & demi chaque feuille, lesquelles sont au nombre de quatre, six, huit, & même dix, selon qu'on le juge à propos; & chacune de ces feuilles est recouverte d'étoffe ou de toile, recouverte de papier peint, ce qui n'est pas du ressort du Menuisier; c'est pourquoi je n'entrerai dans aucun détail à ce sujet, si ce n'est que dans le cas de certaines étoffes ou papiers à fleurs, dont la largeur est bornée, ainsi que la hauteur des compartiments ou dessins dont ils sont décorés; dans ce cas, dis-je, il est bon que le Menuisier prenne connoissance de la longueur & de la largeur de ces dernieres, afin de ne point occasionner de fausse coupe dans l'étoffe en construisant les feuilles selon les grandeurs données.

CHAPITRE NEUVIEME.

Des Meubles fermés, connus en général sous le nom de gros Meubles.

L e s Meubles dont il me reste à faire la description, quoique très-nécessaires, sont ceux qui, jusqu'à présent, ont été sujets à moins de changement, du moins pour la plupart, lesquels se font encore d'une même forme qu'il y a 30 & même 50 ans. Ces sortes de Meubles ne se placent pas dans les appartements de conséquence, n'étant guere d'usage que dans les appartements des gens d'un état médiocre, ce qui, à mon avis, n'a pas peu contribué à leur conserver leur ancienne forme. Ce n'est pas que ces Meubles ne soient nécessaires aux gens riches; mais c'est que dans ce cas ils ne sont placés que dans des Garde-robes, les Offices ou autres appartements de peu de conséquence. Ces Meubles sont de deux especes; savoir, les Armoires de toutes sortes, qui sont les plus grands de tous, & les Commodes, lesquelles ont succédé aux anciens Bureaux, qui sont les seuls anciens Meubles fermés dont on ait quelque connoissance, encore n'ont-ils guere que 250 ans d'ancienneté (*); c'est pourquoi je vais passer tout de suite à la description des Meubles d'usage, comme les grandes Armoires, les Buffets, les Commodes, les Secrétaires en Armoires, enfin toutes les autres especes des Meubles, qui, quoique d'une forme différente de ceux-ci, n'en sont cependant que des nuances, & qui ne méritent par conséquent pas de faire une classe à part. Dans la description de ces différents Meubles, je suivrai la même méthode que j'ai suivie jusqu'à présent, c'est-à-dire, que je n'entrerai dans le détail de leur construction qu'autant qu'il sera absolument nécessaire, m'attachant sur-tout à faire connoître leurs différentes formes & proportions.

Les Meubles dont je vais faire la description, se font pour la plupart en bois de noyer poli, du moins toutes les parties les plus apparentes, & on doit avoir soin de les faire avec le plus de précision & de propreté qu'il est possible, ce qui est une des principales perfections de ces sortes d'ouvrages, comme on le verra dans la suite (**).

(*) Je ne donnerai pas ici d'exemple de ces sortes de Meubles, quoique cela puisse paroître nécessaire pour faire connoître les progrès des Menuisiers par rapport à ces Meubles; car comme ils étoient presque tous faits d'ébénisterie, je réserve cet exemple pour la partie de l'Ebénisterie, afin de faire un parallele de la manière ancienne de travailler avec la moderne, laquelle n'a, je crois, d'autre avantage sur la premiere, que beaucoup d'éclat, mais qui n'en

a pas le précieux & la solidité, comme je le ferai voir en son lieu.

(**) Quoique je dise que les Meubles fermants se fassent en noyer poli, ce n'est pas qu'on n'en fasse quelquefois de chêne ou d'autres bois doux, comme le hêtre, le poirier & autres, selon que les bois sont plus ou moins communs, & par conséquent plus ou moins coûteux; de plus, il importe fort peu à la description que je fais ici des Meubles fermants, de quels bois on

SECTION PREMIERE.

Description des Armoires ; de leurs décorations, proportions & construction.

PLANCHE
269.

LES Armoires font les plus grands des Meubles fermants : elles ont pour l'ordinaire depuis 6 jufqu'à 7 & même 8 pieds de hauteur, fur 3 pieds 6 pouces jufqu'à 4 pieds 6 pouces de largeur, & depuis 18 jufqu'à 24 pouces de profondeur. Elles font compofées de fix parties principales ; favoir, la devanture, compofée de deux portes *A*, *B*, *Fig.* 1; d'un chambranle *C C*, *Fig.* 1 & 4, & d'une corniche *D D*; de deux côtés *E E*, *Fig.* 2 & 4; d'un derriere *F*, *Fig.* 4; & de deux fonds, l'un du haut *G*, *Fig.* 2, & l'autre du bas *H*, *Fig.* 4. Quelquefois on y met des tiroirs apparents par le bas, ainfi que ceux *I L*, *Fig.* 1, lefquels fe difpofent de différentes manieres, comme je le dirai ci-après.

L'intérieur des Armoires eft garni de tablettes & de tiroirs, dont je donnerai la forme & la difpofition en parlant de leur conftruction intérieure.

Comme les Armoires font quelquefois fujettes à être tranfportées d'un lieu à un autre, on les conftruit de maniere qu'elles puiffent fe démonter par pieces, & cela avec le moins de rifque poffible, ce qui fe fait de la maniere fuivante :

On conftruit à part & on encheville les traverfes avec le chambranle & le pied de derriere, comme le repréfente la *Fig.* 2 ; & les traverfes du devant, tant du haut que du bas, & le derriere, s'affemblent dans fes côtés, & s'y arrêtent avec des vis *a*, *a*, *Fig.* 2, qu'on ferre ou qu'on defferre comme on le juge à propos. Ces vis fe placent comme celles des Lits, dont j'ai parlé ci-devant, *page 669*; & on doit obferver que leurs écroux foient pofés par derriere, pour la plus grande propreté de l'ouvrage. Il y a des Armoires où au lieu de chambranle comme à celle-ci, *Fig.* 1, 2 & 3, on met des pieds corniers fur l'angle, ce qui fait affez bien, mais en même temps ce qui devient très-difficultueux, par rapport à la vis, dont la tête ne peut pas porter à plat, ainfi qu'on peut le remarquer *Fig.* 5, où, pour que la tête de la vis portât également, j'ai été obligé de faire une entaille dans le pied, ce qui fait un très-mauvais effet, & qui doit abfolument faire rejetter l'ufage des pieds corniers à ces fortes d'Armoires.

PLANCHE
270.

La corniche des Armoires fe conftruit à part, & on la fait entrer à rainure & à languette dans les traverfes du haut; ou bien quand elles n'ont pas affez

les conftruife, pourvu qu'ils aient les qualités requifes, c'eft-à-dire, qu'ils foient doux & fecs ; d'ailleurs les Meubles dont je vais parler, peuvent être auffi bien faits de bois uni couvert de placage, qu'affemblés avec des panneaux & ornés de moulures, fans rien changer de leurs formes & dimenfions principales, du moins pour la plupart, comme les Commodes, les Ecoinf-fons, les Secrétaires & autres, qui fe font également des deux manieres ; c'eft pourquoi je ferai la defcription de toutes fortes de Meubles, fans avoir égard s'ils font faits par les Ebéniftes ou les autres Menuifiers en Meubles, ainfi que je l'ai obfervé jufqu'à préfent dans la defcription des autres Meubles, comme les Chaifes, les Lits, les Tables, &c.

d'épaisseur, on y fait simplement une feuille, & on y pose par derriere des taquets *a*, *b*, *Fig. 6*, lesquels la retiennent, lui servent de joue, & par conséquent la retiennent en place.

Ces corniches s'assemblent d'onglet à l'ordinaire, & on y place un pigeon *c d*, *Fig. 6*, & *e f g h*, même Figure, dans le fort du bois, ce qui, lorsqu'il est bien collé & ajusté, vaut mieux que d'y faire un tenon en plein bois, ou du moins ce qui rend le joint plus facile à faire. *Voy. la Fig. 3*, cote *B*. La saillie des corniches ne retourne pas par derriere l'Armoire, où elle seroit nuisible, mais on coupe les retours au nud de cette derniere, & on en retient l'écart par une barre à queue placée en dessus, comme celle *C D*, *Fig. 6*, ou, ce qui est mieux, placé à bois de bout, comme je l'ai indiqué à la *Fig. 3*, cote *A*. Comme ces corniches sont quelquefois cintrées; on peut, pour éviter la perte du bois, les prendre dans du bois de moyenne largeur, dont la levée du dedans puisse servir au dehors, ainsi qu'il est indiqué *Fig. 3*, par les lignes *i l* & *m n*.

Le derriere des Armoires se brise en deux parties sur la hauteur, lesquelles sont assemblées à rainures & languettes; chaque partie est composée de deux traverses & de quatre montants au moins, entre lesquels sont des panneaux unis. Ces montants sont quelquefois ornés d'une moulure sur l'arête, ainsi que sur celle des traverses. *Voyez les Fig. 1 & 2*, qui représentent la coupe d'une Armoire, & par conséquent du derriere coupé au milieu du panneau, & où sont marquées les places des vis cotées *a*, *a*.

Les traverses du haut & du bas des Armoires sont rainées pour recevoir les fonds, ainsi que celles de devant & de côté, comme on peut le voir à la *Fig. 1*, cote *B*, qui représente la coupe d'un côté de l'Armoire, & à la *Fig. 2*.

Quand les Armoires sont cintrées, comme celle dont je fais la description, le fond du haut forme un bâtis avec la traverse du chambranle & une autre traverse de derriere, dans laquelle on place la vis. Cette traverse est jointe à rainure & languette avec celle du haut du derriere, dont le joint, avec cette derniere, est indiqué par la ligne *o p q*, *Fig. 1 & 2*. Quelquefois on ne cintre que la traverse du devant de l'Armoire; dans ce cas, le fond du haut passe droit & s'assemble comme celui du bas, ce qui ne souffre aucune difficulté. La traverse de chambranle s'assemble toujours à l'ordinaire, c'est-à-dire, à tenon & enfourchement, son arrasement de derriere étant coupé quarrément au nud du battant, n'y ayant que la saillie de la moulure qui soit coupée d'onglet & qui passe en enfourchement. *Voyez les Fig. 4 & 5*, qui représentent un battant de chambranle vu de face, & ce même battant vu sur le champ.

Les derrieres & les traverses des côtés des Armoires, se font de bois d'un pouce d'épaisseur au moins, & leurs panneaux de 8 à 9 lignes; leurs pieds doivent avoir 2 pouces d'épaisseur, sur 3 pouces de largeur au moins. Quant aux traverses du bas, un pouce & demi d'épaisseur leur suffit, vu qu'il faut qu'elles affleurent au nud du ravalement du chambranle, comme on peut le voir à la *Fig. 2*, cote *E*.

Les fonds des Armoires se font de bois uni de 9 lignes d'épaisseur au moins, & on les entaille à l'endroit de la saillie intérieure des pieds, dans lesquels ils entrent à rainures & languettes, auxquelles on ne donne que le moins de longueur qu'il est possible, afin de ne point trop affoiblir la joue des assemblages, ces languettes n'étant faites que pour empêcher la poussiere d'entrer dans l'intérieur de l'Armoire. Comme ces fonds sont sujets à être démontés, il est bon d'y mettre des barres à queues par derriere, pour les empêcher de se coffiner & de se casser s'ils venoient à tomber lorsqu'ils sont démontés. *Voyez les Fig. 1, 2 & 3.*

Les tablettes des Armoires se font aussi de bois plein & uni, & on les pose dans les Armoires ordinaires au nombre de trois, sans compter le dessus du caisson qui porte les tiroirs, qui fait la quatrieme.

Ces tablettes posent sur des tasseaux *b, b, b, Fig. 1 & 2*, lesquels sont assemblés dans les battants ou pieds de l'Armoire, mais plus ordinairement porté par des taquets *c, c*, ce qui est plus commode, parce qu'on a la commodité de hausser ou baisser les tablettes selon qu'on le juge à propos.

Le caisson qui porte les tiroirs du milieu, est composé d'une tablette en dessus, & d'une autre en dessous, avec des montants assemblés tant par la face que par les côtés, lesquels forment deux cases à part, dans lesquelles entrent les tiroirs, comme on peut le voir aux *Fig. 1 & 2*, où ces tiroirs sont représentés tant en face qu'en coupe de longueur & de largeur.

Ces tiroirs ont ordinairement 4 à 5 pouces de profondeur du dedans, & on doit avoir soin que le caisson soit ajusté de maniere qu'il n'y ait aucun jour tant en dessus qu'en dessous, où la tablette doit être de toute la profondeur de l'Armoire, quoique la plupart des Menuisiers qui font des Armoires, ne les fassent aller qu'à la moitié au plus, ce qui est malpropre & peu sûr, ces tiroirs étant destinés à renfermer ce qu'on a de plus précieux.

Les tiroirs du bas des Armoires ouvrent de toute la largeur de ces dernieres, & leur tête est ordinairement ornée de moulures en forme d'une base attique, comme celui *I, Fig. 1, Pl. 269*, ou bien ils forment une frise qui ouvre du dedans des moulures, comme celui *L, même Figure*. Dans l'un ou l'autre cas, ces tiroirs passent sur des coulisseaux *d, Fig. 1*, qu'on assemble dans les côtés de l'Armoire, qu'ils débordent de 8 à 9 lignes, sur une épaisseur à peu-près égale. Il faut observer que ces coulisseaux doivent remplir tout l'espace qui reste depuis le devant du pied jusqu'au derriere de la traverse de côté, qu'il est bon de faire descendre jusqu'au dessous du tiroir, afin de le cacher, & qu'étant jointe avec le coulisseau, il ne reste aucun vuide par où la poussiere ou les souris puissent s'introduire dans les tiroirs, dont la construction, ainsi que ceux du milieu, n'a rien de particulier; il suffit qu'ils aient une épaisseur suffisante, c'est-à-dire, 8 à 10 lignes celui du bas, & environ 6 lignes les autres, & qu'ils soient solidement assemblés à queue d'aronde; leurs fonds doivent y être placés à

rainures

rainures & languettes , & on doit les placer à bois de bout à celui du bas, afin que les planches qui le composent étant les plus courtes possible , elles soient moins sujettes à se tourmenter.

Cette maniere de disposer l'intérieur des Armoires est la plus en usage ; cependant lorsqu'on les destine uniquement à serrer des habits, on y met des tablettes de 6 pouces en 6 pouces, lesquelles coulent dans des coulisseaux assemblés dans les côtés de l'Armoire, qu'ils excedent d'environ 6 lignes, pour que leur rainure, qui en doit avoir quatre, laisse 2 lignes de jeu de chaque côté des pieds. *Voyez les Fig.* 7, 8 & 9, qui représentent un coulisseau vu en face par le bout avec une partie de la tablette, & ce même coulisseau vu en dessus avec son assemblage : la rainure se fait ordinairement de toute l'épaisseur de la tablette, comme à la *Figure* 4, cote *B*, ce qui n'est bon qu'autant qu'elle est fort mince ; mais comme, pour qu'elles aient quelque solidité, il est bon qu'elles aient au moins 10 lignes d'épaisseur, on fait la rainure du coulisseau des deux tiers de l'épaisseur de la tablette, à laquelle on fait une feuillure en dessus pour leur conserver plus de force. *Voyez la Fig.* 4, cote *A*, & la *Fig.* 8.

Les tablettes se font quelquefois pleines, comme celle *Fig.* 5 ; mais il vaut mieux les faire à claire-voie, comme la Figure 6, non-seulement pour les rendre plus légeres, mais encore pour que l'air y circule plus aisément, & que les habits ne prennent aucun goût. De quelque maniere que soient faites ces tablettes, il est bon d'y mettre des mains de fer qui servent à les tirer dehors de l'Armoire, soit pour serrer les habits, soit pour les ôter.

Il y a des Armoires de garde-robe, où au lieu de placer ainsi les habits sur des tablettes, on les place sur des porte-manteaux, *Fig.* 11, qu'on accroche ensuite sur une barre de fer qui passe dans toute la largeur de l'Armoire, de sorte qu'on peut y placer un nombre de porte-manteaux où les habits sont beaucoup mieux que sur des tablettes ; sur-tout ceux qui sont enrichis de broderie, & les robes de femme. *Voyez la Fig.* 10, où cette barre de fer est représentée avec les deux tasseaux *A B* qui la supportent, dans l'un desquels elle entre en entaille, du moins par un bout, afin de la pouvoir retirer quand on le juge à propos.

La décoration des Armoires est assez arbitraire ; cependant il faut toujours que leurs formes, tant générales que particulieres, soient les plus gracieuses possible ; c'est pourquoi j'ai représenté la moitié de l'Armoire cote *A, Fig.* 1, *Pl.* 269, selon la maniere la plus ordinaire des Menuisiers en Meubles ; & l'autre côté cote *B,* d'une autre décoration, qui, sans être moins riche, est plus réguliere que la premiere ; les côtés des Armoires sont ordinairement très-simples, n'y ayant de moulures que sur les traverses, & un simple chanfrein sur les battants, comme à la *Fig.* 2, *Pl.* 269 ; cependant on peut les décorer plus richement & sans diminuer de l'épaisseur des battants, qui, dans ce cas, deviennent la largeur : on y rapporte des moulures, comme je l'ai observé à la *Fig.* 3, même Planche.

Quant aux profils, tant des chambranles que des portes, ils doivent être plus ou moins riches en raison de la décoration totale de l'Armoire ; c'est pourquoi je me suis contenté d'en donner ici de quatre sortes, dont deux, *Fig.* 12 & 13, d'une forme très-simple, & les deux autres plus riches, un desquels, *Fig.* 14, est à cadre, à double parement & à recouvrement sur le chambranle, ce qui est la maniere ordinaire, qui, cependant n'est pas la meilleure, parce que ces sortes de portes sont fort aisées à forcer, au lieu que celles qui sont arrasées dans le chambranle, comme la *Fig.* 15, sont beaucoup plus solides, & font tout aussi bien que les autres.

Les Armoires, telles que je viens de les décrire, servent aux gens du commun pour serrer le linge, les hardes & autres effets ; c'est pourquoi il s'en fait de très-propres, vu qu'elles font un des principaux ornements de leurs chambres ; au contraire, chez les gens aisés les Armoires ont moins besoin de décoration, parce qu'elles ne servent que dans les garde-robes & les offices, où elles ont plus besoin de solidité que de magnificence, sur-tout les dernieres, qui doivent être très-solides, & avoir leurs panneaux arrasés, parce que c'est dans ces Armoires dans lesquelles on sert l'argenterie & le linge de table.

On fait encore des Armoires d'office, nommées *Etuves*, lesquelles se font de bois très-fort, & dans lesquelles on met plusieurs rangs de tablettes assemblées à claire-voie, dont toutes les parties qui les composent, n'ont qu'un pouce & demi de largeur au plus.

Les Armoires se construisent en chêne, en hêtre & en noyer, sur-tout celles qui sont susceptibles de quelque décoration & dont on fait parade. Quant aux autres, comme celles de garde-robes & d'offices, il vaut mieux les faire de chêne que de hêtre, dont l'usage est absolument vicieux.

Les tablettes se font pour l'ordinaire de sapin, qui, lorsqu'il est beau, est très-propre à cet usage.

Au reste, il ne faut pas croire que les Menuisiers qui font des Armoires, prennent toutes les précautions que je recommande ici ; la plupart de celles qu'ils font n'ayant que l'apparence, tant pour la solidité que pour la décoration, laquelle est souvent mal-entendue, les contours jarreteux, & les profils d'une mauvaise forme.

La solidité est encore plus négligée que la décoration, la plupart des bois étant d'une mauvaise qualité, trop minces, & trop étroits, les panneaux de derriere étant souvent faits avec de vieilles douves de tonneau, & le tout mal fait & mal assemblé. Il est vrai que ces Armoires se vendent peu cher, puisqu'elles ne coûtent guere plus, toutes faites & fournies, qu'elles ne vaudroient de façon si elles étoient bien faites ; mais cette apparence de gain ne doit point en imposer, puisque de l'ouvrage aussi mal fait est toujours payé trop cher.

Il faut cependant avouer qu'il se fait de très-bons ouvrages dans ce genre ; mais ils sont fort difficiles à trouver, les Ouvriers se souciant peu d'en faire, à cause de la difficulté qu'ils auroient à les vendre ce qu'elles valent, sur-tout depuis que les Marchands se mêlent de vendre l'ouvrage des Menuisiers, ainsi que je l'ai démontré au commencement de cette Partie de mon Ouvrage.

§. I. *Defcription des Buffets ; de leurs formes , proportions ,*
décoration & conftruction.

Après les Armoires , les Buffets font les plus grands des Meubles fermants ;
leur ufage n'eft propre que dans les falles à manger des gens d'un état médiocre ,
où ils tiennent lieu des Buffets décorés dont j'ai parlé dans la feconde Partie de
mon Ouvrage , *page* 188 & *fuivantes.* PLANCHE
272.

Les Buffets dont je fais ici la defcription , font fufceptibles de beaucoup de
décoration ; c'eft pourquoi j'ai deffiné celui qui eft repréfenté dans cette Planche ,
d'une décoration très-réguliere & très-riche , quoique fans ornements de fculpture , afin que la Menuiferie étant toute feule , on puiffe mieux fuivre le détail
de fa conftruction , dont l'intelligence fera d'autant plus facile , que j'en ai
deffiné toutes les coupes dans la Planche fuivante.

Les Buffets *Fig.* 1 , 2 & 3 , font ordinairement divifés en deux parties fur leur
hauteur , à l'endroit de la tablette d'appui , de forte qu'on peut , lorfqu'on les
change de place , les porter chacune féparément , ce qui eft très-commode , vu
qu'étant ainfi divifés , ils font bien moins lourds & plus aifés à paffer par des efca-
liers étroits & difficiles , comme le font fouvent ceux des maifons à loyer.

Le corps du bas du Buffet eft chevillé dans toutes fes parties , & renferme
communément une rangée de tiroirs d'environ 4 pouces de hauteur , placés au-
deffous de la tablette d'appui , dans lefquels tiroirs on enferme l'argenterie ;
c'eft pourquoi il eft bon qu'ils foient renfermés dans un bâtis ou caiffon , comme
je l'ai obfervé à la *Fig.* 2 , cote A , & à la *Fig.* 3 , qui repréfente la coupe du
Buffet , & par conféquent du tiroir & de fon caiffon , dont on peut aifément
voir la conftruction dans cette Figure. On place ordinairement une tablette au
milieu de l'efpace qui refte du deffous du caiffon au-deffus du fond d'en-bas ,
qu'on doit faire faillir au-deffus du battement des portes , afin qu'il foit plus aifé
à nétoyer , & que les ordures ne s'y arrêtent pas ; ce qu'on doit auffi obferver à
la tablette d'appui , laquelle fert de fond au corps du haut , qui doit être plus
étroit , ou , pour mieux dire , moins profond que celui du bas de 6 pouces au
moins , non compris la faillie de la tablette. *Voyez les Fig.* 3 & 5 , dont le côté
C repréfente le plan de la partie fupérieure du Buffet , au-deffus de la tablette
d'appui ; & l'autre côté D , qui repréfente le plan de la partie du bas.

La partie fupérieure du Buffet eft remplie par trois ou quatre tablettes au plus ,
fur lefquelles on place les plats & les affiettes , & autres chofes néceffaires au
fervice de la table ; & comme ces plats font quelquefois très-riches , ou d'une
matiere précieufe & fragile , comme , par exemple , la porcelaine , on les met
debout fur ces tablettes , où , pour qu'ils n'y gliffent pas , on y fait une rainure
pour en retenir les bords ; ou , ce qui eft mieux , on y rapporte un petit taffeau
placé à environ deux pouces du derriere. *Voy. la Fig.* 5 , cote C , où j'ai indiqué

par la ligne *a b*, la place de ce dernier. Ces tablettes fe font droites, & ont ordinairement toute la largeur, ou, pour mieux dire, la profondeur du corps du Buffet, moins ce qui eft néceffaire pour que les portes ferment aifément.

Quelquefois on les retrécit au milieu en les chantournant de maniere qu'elles aient à leurs extrémités toute leur largeur, afin qu'on puiffe y placer commodément des piles d'affiettes. *Voy. la Fig. 5*, cote *C*, où j'ai indiqué le chantournement par la ligne ponctuée *c d e*. Les arrêtes de ces tablettes font ornées d'une moulure en forme de doucine, & on les pofe fur des taffeaux foutenus à l'ordinaire par des taquets, foit de face ou de côté, qu'il eft bon d'attacher avec des vis, afin de ne pas faire fendre le bois, comme il arrive fouvent quand on y met des clous. *Voyez les Fig. 4 & 6*, qui repréfentent un taquet de côté & un de face.

La face d'un Buffet, tant du haut que du bas, eft fermée de deux portes à chaque partie, à côté defquelles on fait deux pilaftres, qui ouvrent à brifure avec les portes. Ces pilaftres font non-feulement bien pour la décoration, mais encore ils font néceffaires pour que les portes étant ouvertes puiffent fe reployer fur les côtés du Buffet, & par conféquent ne nuifent pas, par leur faillie, dans l'intérieur de la falle à manger, fur-tout pendant le temps des repas, où ces portes reftent toujours ouvertes, plus cependant par oftentation que par néceffité. *Voyez la Fig. 2*, cote *A*, où le Buffet eft repréfenté ouvert, & l'autre côté *B* eft fermé tant du haut que du bas.

La largeur des Buffets varie depuis 3 pieds & demi jufqu'à 4 pieds, fur 6 jufqu'à 7 pieds & demi de hauteur. La hauteur de l'appui doit être à tous de 2 pieds 8 à 10 pouces au plus. Quant à leur profondeur, elle doit être, pour le corps du bas, de 18 à 20 pouces au plus; & celle du haut, de 5 à 6 pouces de moins qu'à l'autre.

En général, les Buffets peuvent, ainfi que je l'ai dit, être très-riches; tant pour les ornements de Menuiferie que pour ceux de Sculpture, ainfi que je l'ai dit plus haut; & il faut avoir foin que leur décoration foit la plus réguliere poffible, de maniere que tous les champs foient égaux & regnent enfemble, que les cintres des traverfes foient gracieux & difpofés de maniere que ceux des deux portes faffent un enfemble, ce qui fait beaucoup mieux que de faire des cintres particuliers à chacune, ce que j'ai obfervé au Buffet dont je fais la defcription, & dont le développement que j'en ai fait à part, donnera toutes les lumieres néceffaires pour donner à ces fortes de Meubles toute la perfection dont ils peuvent être fufceptibles, comme on le verra ci-après dans l'explication de la Planche 273.

Les Figures 1, 2 & 3, repréfentent les coupes du haut du Buffet, tant de derriere que de devant & de côté, les joints de la corniche avec ces dernieres, ainfi que l'ouverture de la porte, dont le profil eft à double parement, & le champ égal à celui de côté, lequel doit être plus large que celui de la porte, de la largeur de la languette qui entre dans la corniche, laquelle y eft collée

ou

ou arrêtée avec des clefs, ce qui est nécessaire puisqu'elle fait partie du corps du
haut du Buffet, qui n'a point d'autre traverse par-devant, les portes emportant le
champ avec elles, & battant sur la corniche, qui, à cet endroit, est plus large que
par les côtés de toute la largeur du battement, laquelle doit être de 5 à 6 lignes.

Les Figures 4, 5 & 6, représentent la coupe du Buffet, à l'endroit de
l'appui tant en dessus qu'en dessous, avec le joint du corps du dessus, indiqué
par la ligne *d e f*, ainsi que la coupe du dessus, qui est plus épaisse de 3 lignes
dans l'intérieur du Buffet *a b c*, qu'à l'endroit de sa saillie, ce qui est nécessaire
non-seulement pour servir de battement aux portes, comme à la *Fig.* 4, mais
encore pour assurer d'une manière fixe le dessus du Buffet, lequel est retenu
avec le bas par le moyen de quatre clefs, qu'on place au pourtour de ce dernier,
comme je le dirai ci-après. Cette plus grande épaisseur que je recommande ici,
coûte un peu plus de bois & de sujétion ; mais en même temps elle est très-
avantageuse pour la solidité de l'ouvrage, ce qui doit faire préférer cette
méthode, quoique plus coûteuse, à la manière ordinaire de faire ces dessus d'une
égale épaisseur, & de mettre des tasseaux en dedans du corps du dessus pour
l'empêcher de varier, ce qui est peu solide & malpropre ; de plus, les dessus
étant ainsi disposés, ne donnent pas de battement aux portes, lesquelles, alors,
ne sont retenues en place que par leur ferrure.

Le corps du dessus est, comme je viens de le dire, retenu en place par quatre
clefs ; savoir, deux sur le derrière, & les deux autres de chaque côté, & le plus
près du devant qu'il est possible, pour mieux retenir l'ébranlement de ce corps.
Ces clefs *g*, *h*, *Fig.* 4 & 6, sont arrêtées à demeure dans les traverses de l'appui, ou, pour mieux dire, du corps du bas du Buffet, & passent au travers de la
tablette d'appui, entrent dans les traverses du corps du haut, avec lesquelles on
les cheville ordinairement au travers des traverses, ce qui est sujet à plusieurs
difficultés, parce qu'il faut, chaque fois qu'on déplace un Buffet, repousser ces
chevilles, ce qui est sujet à faire des éclats aux traverses, ou du moins à les gâter,
sur-tout quand l'ouvrage est poli ou verni ; de plus, ces chevilles étant ainsi apparentes, peuvent aisément être repoussées, de sorte que l'on peut enlever le dessus du Buffet, & fouiller dedans malgré que les portes soient fermées, ce qu'il
faut éviter ; c'est pourquoi je crois qu'il vaut mieux mettre à chaque clef &
en dedans du Buffet, des chevilles de fer *i*, *i*, *Fig.* 4 & 6, lesquelles peuvent
se retirer quand on le juge à propos, & on a soin de ne pas les faire passer
au travers des traverses, ce qui obvie à tout inconvénient. On peut aussi, à la
place des clefs chevillées, mettre en dedans du Buffet, des crochets de fer attachés sur les traverses du corps du haut, lesquels s'arrêtent dans des pitons à
vis placés sur la tablette d'appui, ce qui, toutefois, ne dispense pas d'y mettre
des clefs de 9 lignes de longueur au plus, afin de retenir l'écart extérieur du
corps du dessus du Buffet.

Les Figures 7, 8 & 9 représentent la coupe du bas du Buffet au-dessus du fond, lequel entre à rainure & languette dans le derriere & les côtés *Fig. 7 &* 9, & en embreuvement dans la plinthe du devant, afin de servir de battement aux portes. *Voyez la Figure* 8.

La Figure 10 repréfente la coupe, ou, pour parler en terme d'Ouvrier, le plan du pied de derriere, lequel eft évuidé pour affleurer avec les traverfes de derriere & de côté.

La Figure 11 repréfente le plan d'un pied cornier C du Buffet, le pilaftre ouvrant *B*, & le battant de porte *A* avec fa brifure, qui eft placé au derriere de la moulure du pilaftre, lequel eft pris en plein bois pour lui donner plus de folidité. J'ai tracé autour de cette Figure le plan de la plinthe avec fes divers membres de moulures, lefquels reffautent à l'endroit du pied cornier, excepté la partie liffe qui tourne tout uniment, fon reffaut étant peu néceffaire, & faifant même mal dans une partie auffi petite que celle-ci, qui eft fujette à être gâtée ou meurtrie.

La Figure 12 repréfente le plan du pied cornier du haut du Buffet avec le plan de la corniche & fes reffauts, qui ne regnent que dans la partie inférieure de fon profil, & vont fe perdre fous fa gorge ou larmier.

Les Buffets, tels que celui dont je viens de faire la defcription, ne font, comme je l'ai dit plus haut, qu'à l'ufage des perfonnes d'un état médiocre, mais aifées, lefquelles en décorent leur falle à manger. Pour ce qui eft des gens du commun, ou, pour mieux dire, dont l'état ne permet pas de faire la dépenfe de ceux-ci, on fait d'autres petits Buffets moins grands & moins riches que ces derniers, qui n'ont que deux portes de largeur fans pilaftres, & dont les panneaux de celles du haut font fupprimés & remplis par des treillis de fil de laiton, pour donner de l'air à l'intérieur de ces Buffets, qui fervent en même temps de garde-manger. Les Buffets dont je parle, fe font quelquefois très-propres & en bois de noyer ainfi que les premiers, mais le plus fouvent de chêne ou de hêtre, afin qu'ils coûtent moins cher; mais de quelque maniere qu'ils foient faits, & quelque forte de bois qu'on y emploie, on doit toujours avoir foin de les faire propres & folides, ce qui fe rencontre rarement à ces fortes d'ouvrages, où la propreté & la folidité font le plus fouvent très-négligées.

On fait encore d'autres Buffets à l'ufage des Offices, lefquels ne font autre chofe que des faces d'Armoires féparées fur la hauteur par un appui faillant & rempli en dedans par des tablettes. Ces fortes de Buffets font du reffort du Menuifier en bâtiment, & font peu fufceptibles de décoration, la folidité & la propreté étant ce qu'on y doit le plus rechercher. Quant à leurs proportions, on ne peut guere leur en affigner aucune, puifque c'eft la grandeur de la piece & le plus ou moins de befoin qui en décide; il n'y a guere que la hauteur des appuis qui doit toujours être la même.

On fait encore de petits bas de Buffets nommés auffi *Bas-d'Armoires*, & quelquefois *Bureaux*, lefquels font conftruits à peu-près comme le bas des

Buffets ordinaires, excepté que leurs tiroirs sont apparents, & que leurs portes
ouvrent du dessous de ces derniers, ainsi qu'aux petits Buffets servant de garde-
manger. Ces petits Bas de Buffets ou Bureaux étoient fort en usage il y a environ 30 ans, du moins parmi les gens du commun; mais présentement on
n'en fait presque plus que pour les salles à manger, dont j'ai parlé dans la
seconde Partie de mon Ouvrage, *page 189*, où ces sortes de Buffets sont plutôt considérés comme faisant partie de la décoration, que comme des Meubles,
ainsi que je l'ai dit en son lieu.

A la place des petits Bas de Buffets ou Bureaux dont je viens de parler, on
a substitué une autre espece de Meubles, qui, quoique d'une forme à peu-près
semblable, different de ceux-ci en ce qu'au lieu de portes, leur devanture, &
par conséquent leur capacité, est remplie par des tiroirs placés les uns au-dessus
des autres. Ces especes de Meubles se nomment *Commodes*, peut-être à cause
de la facilité qu'on a d'y placer beaucoup de choses séparément les unes des
autres, ainsi que je vais l'expliquer dans la Section suivante.

SECTION SECONDE.

*Description des Commodes de toutes sortes ; de leurs formes ,
proportions & construction.*

ON nomme *Commodes*, des Meubles dont la hauteur n'excede pas 2 pieds 8
à 2 pieds 10 pouces, & dont la capacité est remplie par des tiroirs au nombre
de trois ou quatre sur la hauteur; c'est en quoi ils different des Bureaux fermés
à hauteur d'appui, dont on se servoit anciennement, auxquels on les a préférés à
cause de leurs tiroirs, qui, dans un même espace que ces derniers, donnent la
facilité de serrer beaucoup plus de choses séparément, ce qui leur a fait donner
le nom de *Commodes*, sous lequel ces sortes de Meubles sont connus maintenant.

Les Commodes sont de deux especes; savoir, celles dont toute la hauteur est
remplie de tiroirs, & celles qui n'en ont que jusqu'à un pied ou 18 pouces de
terre, à laquelle hauteur leurs pieds ou montants se terminent en pieds de biche,
comme les pieds des Secrétaires & autres Meubles de cette espece.

Les Commodes de la premiere espece, c'est-à-dire les grandes, ainsi que
celles représentées *Fig.* 1, 2, 3, 4 & 5, sont composées de trois rangs de
tiroirs; savoir, deux par le bas qui occupent toute la largeur de la Commode,
& d'un en haut, lequel est séparé en deux, & quelquefois même en trois sur
la largeur, ce qui est cependant rare. Quand les Commodes ont plus de trois
rangs de tiroirs sur la hauteur, elles prennent alors le nom de *Garde-robes*, &
ont quelquefois 3 pieds de hauteur.

Le coffre ou bâtis de la Commode est composé, comme les Armoires dont
j'ai parlé ci-devant, de quatre pieds ou montants, de traverses & de panneaux de

PLANCHE
273.

PLANCHE
274.

côté, d'un derriere d'assemblage, & par-devant de traverses qui servent à porter
les tiroirs ainsi que les fonds, qui sont assemblés à rainures & languettes dans
ces traverses, au-dessus desquels elles affleurent, comme on peut le voir aux
Fig. 3 & 4, qui représentent la coupe de la Commode tant sur la largeur que
sur la profondeur. Le fond du bas de la Commode entre à rainure & languette au
pourtour de son bâtis à l'ordinaire ; & les autres, qu'on nomme *faux-fonds*,
entrent par les bouts dans des coulisseaux qui sont assemblés dans les pieds de la
Commode, & qui doivent être d'une largeur suffisante pour qu'ils affleurent au
nud du dedans des pieds, pour contenir les tiroirs lorsqu'on les ouvre ou qu'on
les ferme, & qu'en même temps ces coulisseaux viennent joindre contre les panneaux de côté ainsi que la *Fig. 3*, afin qu'ils les soutiennent, & qu'un tiroir
étant ouvert, la poussiere ne puisse pas pénétrer dans ceux de dessous. Il faut
aussi avoir la même attention pour le derriere de ces fonds, qu'il est nécessaire
de faire bien joindre contre le derriere, & de faire même entrer à rainure d'environ deux lignes dans l'épaisseur des montants, afin que ces derniers les soutiennent sur leur longueur, où ils sont d'autant plus sujets à ployer, qu'on ne
leur donne qu'environ 6 lignes d'épaisseur, afin de rendre le Meuble plus
léger ; ou bien si le derriere est à panneaux arrasés, comme à la *Fig. 5*, (ce qui
est la meilleure maniere de les faire à ces sortes de Meubles,) d'y faire des rainures au travers pour recevoir les fonds, en observant de les faire très-peu profondes pour ne pas affoiblir les panneaux, ce qu'on pourroit encore éviter en
les couchant, & en mettant au derriere des Commodes, des traverses à la
rencontre de chaque faux-fond.

Le dessus des Commodes se fait ordinairement d'un seul ou de deux morceaux
de noyer joints ensemble & attachés sur le bâtis avec des chevilles, ce qui, à
mon avis, est d'un assez mauvais usage, parce que quelque sec que soit le bois,
il n'est guere possible qu'il ne fasse quelqu'effet, n'étant pas emboîté, ce qui
arrive assez communément ; de plus, cette maniere de l'arrêter me paroît peu
solide, vu que rien n'est si facile que de lever un dessus ainsi attaché, & de fouiller du moins dans les tiroirs du haut ; c'est pourquoi je crois qu'il est nécessaire
d'emboîter les dessus des Commodes à bois de fil, & d'y coller plusieurs clefs
en dessous, qui entrent dans les traverses du pourtour où on les chevilleroit en
dedans de la Commode, ainsi que je l'ai recommandé en parlant des Buffets,
page 751.

Il y a des Commodes dont le dessus est de marbre ; dans ce cas on y met un
double fond en dessous à l'ordinaire, ce qui ne souffre pas de difficulté.

Les tiroirs des Commodes se construisent de la même maniere que ceux des
Bureaux dont j'ai parlé plus haut ; c'est pourquoi je n'entrerai dans aucun détail à
ce sujet. Tout ce que je puis recommander, c'est de les assembler le plus solidement possible ; de disposer leurs fonds à bois de travers, & de les assembler
dans leurs bâtis à rainure & languette, quoique la coutume soit de ne les
mettre qu'à feuillure, comme je l'ai fait à la *Fig. 10.*

J'ai

J'ai dit plus haut que le premier rang des tiroirs d'une Commode, étoit
divisé en deux sur la largeur, au milieu desquels étoit un montant ou petit tiroir;
dans ce dernier cas, ce tiroir est quelquefois ouvrant & se ferme à clef comme
les autres, soit avec la même clef ou une autre d'une forme différente, afin que
ce tiroir soit plus sûrement fermé; alors il ne peut s'ouvrir que les deux autres ne
soient hors de leur place, à moins qu'on ne lui fasse un bâtis qui serve de battement aux deux autres, ce qui arrive rarement.

Quelquefois les tiroirs du milieu des Commodes ne se tirent pas, mais se
glissent de côté, & sont retenus en place par le moyen d'une languette saillante
qui entre dans la tête du tiroir, tant en dessus qu'en dessous. Quand les tiroirs
dont je parle sont disposés de la sorte, on n'y met pas de serrure, se contentant
de celle du tiroir du côté duquel celui-ci ouvre, & en y mettant quelquefois un
petit pêne ou vérouil à ressort en dessous, pour empêcher de l'ouvrir quand même
le tiroir de côté seroit ouvert, ce qui est assez sûr, mais encore moins qu'une
bonne serrure, ces sortes de fermetures secrettes ne pouvant guere l'être long-
temps, vu que ce sont des secrets connus de tout le monde. *Voyez les Fig. 5
& 6*, qui représentent le plan d'une Commode, pris à la hauteur du petit
tiroir; & la *Fig. 6*, qui représente plus en grand la coupe de ce même
tiroir disposé comme je viens de l'expliquer.

Les Commodes sont quelquefois très-richement ornées, sur-tout quand elles
sont recouvertes de placage & de marqueterie, comme je l'expliquerai en son
lieu; mais quand elles le sont en bois ordinaire, comme le noyer & autres, elles
sont décorées comme le représente la *Fig. 1*, cote *A*. Cependant je crois qu'on
pourroit très-bien ravaler les têtes des tiroirs, comme je l'ai fait à cette même
Figure, cote *B*, ce qui, à mon avis, feroit mieux que de la première maniere,
à condition toutefois que les moulures seroient très-douces & auroient peu de
relief, ce qu'il est, en général, bon d'observer à toutes sortes de Meubles.
Voyez les Fig. 7, 8, 9 & 10, qui représentent les deux manieres d'orner les
têtes des tiroirs tant en face qu'en profil.

La hauteur des Commodes ordinaires est, comme je l'ai dit plus haut, de 2
pieds 8 à 10 pouces, sur 3 pieds 6 à 3 pieds 9 pouces de largeur, & 18 à 20
pouces de profondeur. On en fait de plus petites, du moins pour la largeur &
la profondeur; car pour ce qui est de leur hauteur, elle ne peut jamais varier,
vu que c'est celle du lambris d'appui des appartements (d'une grandeur ordinaire,) au-dessus duquel il faut qu'elles affleurent.

Les Commodes sont ordinairement cintrées sur le plan, ainsi qu'aux *Fig. 1*
& 5, *Pl. 274*, ou simplement bombées, comme la *Fig. 1*, cote *A*. Quelquefois
on les fait aussi cintrées sur le côté, comme à cette même Figure, cote *B*,
mais cela est très-rare à présent, quoique cette forme soit assez bonne; elle
n'est plus guere à la mode depuis qu'on a adopté les formes quarrées pour tout

ce qui s'appelle ouvrages faits à la grecque. *Voyez la Fig.* 3 , cote C & D, qui repréſente deux différents plans de Commodes dans le goût actuel.

Les Commodes ſont quelquefois cintrées ſur l'élévation , comme le repré-ſente la *Fig.* 2 , ſoit en ſuivant le contour plein de cette figure , ou ſeulement celui indiqué par des lignes ponctuées ou quelqu'autres à peu-près ſemblables , qui ont fait donner aux Commodes cintrées de cette façon , le nom de *Commodes en tombeau* , leſquelles ſont pour l'ordinaire revêtues de placage ; mais elles ſont peu à la mode à préſent , où , comme je viens de le dire , le goût des formes droites a prévalu ſur tout autre , non-ſeulement dans la décoration extérieure & intérieure de nos édifices quelconques , mais encore dans celle des Meubles & même des habits , comme ſi chacune de ces choſes , quoique très-différentes entr'elles , devoient ſe reſſembler dans le genre , ou , pour mieux dire , la forme de leur décoration.

Les petites Commodes ne different de celles dont je viens de parler , que par leur grandeur & par le nombre de leurs tiroirs , lequel eſt réduit à deux ſur la hauteur ; de ſorte que l'eſpace qui reſte entre celui du bas & le plancher , reſte vuide & eſt porté par des pieds de biche ou de telle autre forme qu'on le juge à propos , ainſi qu'à la *Fig.* 4 , cote *E*. Quelquefois on ne fait point de tiroirs apparents à ces ſortes de Commodes , mais on en décore la face par un panneau , comme à cette même Figure , cote *F,* lequel ouvre dans les moulures du haut & du bas , & dans le milieu de ſa largeur , ce qui , à mon avis , fait un très-mauvais effet , parce que quelque bien fait que ſoit le joint , il paroît toujours , & indique la ſéparation des tiroirs qu'on veut cacher , je ne ſai d'ailleurs pour quelle raiſon , vu qu'il eſt très-naturel qu'ils ſoient apparents , & n'y ayant , à ce qu'il me ſemble , que très-peu d'adreſſe à faire des choſes dont la forme & la décoration ſont oppoſées à leur uſage.

Les Ecoinſſons ſont de petits Meubles d'une forme & d'une décoration quel-quefois ſemblables aux petites Commodes dont je viens de parler , ou bien aux Bureaux fermés , ainſi que les *Fig.* 5 & 8 ; de quelqu'eſpece qu'ils ſoient , ils ſont toujours d'une forme triangulaire par leur plan , ainſi que leur nom l'in-dique ; & il vaut mieux les fermer avec des portes , comme à la *Fig.* 5 , que d'y mettre des tiroirs , dont la forme triangulaire les rend peu ſolides , ou , pour mieux dire , les expoſe à ſe renverſer lorſqu'on les tire dehors. Les Ecoinſſons ſe conſtruiſent de la même maniere que les Commodes & les Bas de Buffets dont j'ai parlé ci-deſſus ; c'eſt pourquoi je ne m'étendrai pas davantage à ce ſujet. Quant à leur hauteur , c'eſt la même choſe qu'aux Commodes , ſur 18 à 20 pouces de largeur , priſe ſur un de leurs côtés ; cependant quand on les fait exprès pour un appartement , il eſt bon de conformer la largeur des Ecoinſſons dont je parle , avec la place où ils doivent être poſés , afin qu'ils n'anticipent point ſur les chambranles tant des croiſées que des portes. Il faut auſſi , lorſqu'on fait des

Ecoinssons pour les appartements, prendre garde si les angles qu'ils doivent remplir sont droits, ou s'ils sont aigus ou obtus, parce qu'alors il faudroit s'y conformer dans la construction des Ecoinssons, qui doivent être par leur plan d'un angle égal à celui de la place dans laquelle ils sont posés.

Les Chiffonnieres représentées *Fig. 7, 8, 9 & 10*, sont des especes de petites Commodes, ou, pour mieux dire, de petites Tables à l'usage des Dames, dont elles se servent lorsqu'elles travaillent, soit à coudre ou à broder. Ces Tables ont deux ou trois tiroirs placés au-dessous de leur dessus, dont l'ouverture se fait par-devant, ou, ce qui est mieux, par le côté de la Table, afin de ne point nuire à celles qui en font usage. Le dernier de ces tiroirs, ou, pour mieux dire, celui du haut, est disposé pour y mettre un encrier ainsi qu'aux Secrétaires, & on garnit aussi quelquefois le dessus de ces Tables avec du maroquin, comme aux Tables à écrire dont j'ai parlé ci-dessus. A 5 ou 6 pouces du bas des pieds des Chiffonnieres, est placée une tablette assemblée avec les quatre pieds dont elle retient l'écart. Cette tablette est garnie d'un rebord au pourtour pour retenir ce qu'on y place, ce qu'on doit aussi observer au dessus de la Table, à l'exception qu'on ne doit y mettre des rebords que de trois côtés, & laisser le devant libre.

La hauteur ordinaire des Chiffonnieres doit être d'environ 2 pieds, sur 12 ou 15 pouces de longueur, & 9 à 12 pouces de largeur: on en fait de beaucoup plus petites; mais elles ne peuvent guere servir qu'à des enfants, à l'usage desquels elles doivent plutôt être considérées comme un jouet, que comme une chose utile.

Il y a des Chiffonnieres auxquelles on adapte un écran par derriere, pour s'en servir l'hiver & n'être pas incommodé par le feu. Elles n'ont rien de différent de celles dont je viens de parler, que deux coulisseaux qu'on y attache pour retenir l'écran en place.

Ces sortes de Meubles se construisent le plus légérement qu'il est possible, & il est bon, pour les rendre d'un usage plus commode, de mettre des roulettes de cuivre sous leurs pieds, ainsi qu'à toutes les autres Tables dont j'ai parlé ci-dessus, où cette précaution est très-bonne, tant pour les changer de place plus aisément, que pour empêcher que leurs pieds ne se fatiguent & même ne se cassent, comme il arrive quelquefois lorsqu'on tire ces Tables pour les changer d'un lieu à un autre.

La derniere espece de Meubles fermés & dont on fasse usage actuellement, sont les Secrétaires ou Bureaux en forme d'Armoires, lesquels servent à la fois de Coffres-forts, de Secrétaires, & même de Commodes, selon qu'on le juge à propos. Le bâtis de ces sortes de Meubles se construit à peu-près comme ceux des Armoires, comme on peut le voir aux *Fig. 1, 2, 4, 5 & 6*, & a de hauteur environ 4 pieds, sur 2 pieds & demi à 3 pieds de largeur, & 12 à 15 pouces de profondeur.

Leur face principale, *Fig.* 1, eft compofée de quatre portes, dont les deux du bas ouvrent à l'ordinaire, c'eft-à-dire, verticalement ; & les deux autres du haut, lefquelles tiennent enfemble, & font par conféquent feintes, fe rabattent horifontalement pour fervir de Table à écrire, quand on veut faire ufage de ce meuble comme d'un Secrétaire, ainfi que le repréfente la *Fig.* 2. Au-deffus des portes, c'eft-à-dire, immédiatement au-deffous de la corniche, eft placé un tiroir qui ouvre de toute la largeur, & dont l'ouverture fe fait foit dans le dégage-ment des moulures ou au nud des champs, comme je l'ai obfervé ici ; quelque-fois le haut de ces efpeces de Meubles, au lieu d'être couronné par une cymaife, comme aux *Fig.* 1, 2 & 6, eft terminé en forme d'amortiffement, comme le repréfente la *Fig.* 3, ce qui fait affez bien, fur-tout quand ces Meubles font placés dans un cabinet, & fervent à porter foit des fpheres, des buftes, &c ; ce qui n'empêche pas d'y mettre des tiroirs qui fuivent à l'extérieur le contour de l'amortiffement ou couronnement. Quelquefois le deffus de ces Secrétaires eft couvert par une tablette de marbre, ce qui ne change rien à leur conftruction, comme je l'ai expliqué en parlant des Commodes. On incline auffi le deffus des Secrétaires ou Bureaux dont je fais la defcription, en forme de pupitres, afin qu'étant debout, on puiffe écrire commodément deffus, ce qui alors empêche d'y mettre des tiroirs par le haut, & diminue de la hauteur du Meuble, qui alors ne peut guere avoir que 3 pieds & demi du devant, afin qu'une perfonne d'une taille ordinaire puiffe commodément en faire ufage.

Dans le bas de l'intérieur des Meubles dont je parle, eft placé un caiffon d'en-viron un pied de haut, qui contient deux rangs de tiroirs fur la hauteur ; lefquels ouvrent de toute la largeur, comme aux Commodes ordinaires, ou bien font féparés en deux comme à la *Fig.* 6. Quelquefois ces tiroirs ne font que feints, foit en tout ou en partie, ou la devanture du caiffon s'ouvre par-devant en forme d'Armoire, ou par-deffus, ce qui eft plus commode, quand ce caiffon fert de Coffre-fort. De quelque maniere que ce foit, il faut que ce dernier foit très-foli-dement conftruit, & forme, comme je l'ai dit plus haut, un coffre à part, tant fur le derriere que par les côtés, & qui foit cependant arrêté folidement avec le refte du bâtis.

La partie fupérieure du Meuble eft remplie, au-deffus de la table à écrire, par un ferre-papiers, comme aux autres Secrétaires, lequel eft compofé d'un caiffon qui contient deux rangs de tiroirs placés de chaque côté, & dont le milieu eft rempli par un autre petit caiffon *A*, *Fig.* 2 & 6, qui entre dans le grand le plus jufte poffible, lequel petit caiffon fert non-feulement à placer différents papiers, mais encore à cacher de petits tiroirs *B*, *B*, *Fig.* 2, & à fermer la cave *C*, même figure. *Voyez les Fig.* 2, 5 & 6, où le ferre-papiers eft marqué en coupe, en plan & en élévation, ainfi que tout le refte du Meuble dont je fais la defcrip-tion, fur laquelle je ne m'étendrai pas davantage, vu que l'infpection feule doit

suffire;

suffire, après ce que j'en ai dit ci-devant, en parlant des autres Meubles, dont la
construction est peu différente de ceux dont je parle.

L'abattant ou tablette d'appui se place de maniere que quand il est abaissé,
le dessus soit à 26 pouces de hauteur; & on doit le disposer de façon que quand
il est ouvert, il vienne joindre le dessous du serre-papiers, qui lui sert de
point d'appui, qui, s'il n'est pas suffisant pour soutenir le poids de l'abattant, en
soulage cependant beaucoup la serrure. *Voy. la Fig.* 7, où j'ai marqué plus en grand
la coupe de l'abattant tant ouvert que fermé, ainsi que la coupe de la cymaise,
laquelle est fouillée intérieurement pour faciliter la révolution de l'abattant,
& qui sert en même temps de devant à la cave de dessous le serre-papiers.

L'abattant roule sur deux axes ou pivots placés aux points *a*, *a*, *Fig.* 7
& 8, & sont retenus par des tirants de fer placés aux deux côtés, comme aux
autres Secrétaires; cependant je crois qu'on pourroit s'en passer, en plaçant aux
deux côtés de l'abattant des équerres de fer *c*, *d*, *e*, *Fig.* 7, dont la branche
saillante, lorsque l'abattant seroit ouvert, viendroit s'appuyer contre les côtés
du serre-papiers, ou, pour mieux dire, en dessous, dans des ravalements prati-
qués à cet effet, & qui, lorsqu'il seroit fermé, se trouveroient cachés derriere le pied ou montant du bâtis, ce que j'ai indiqué par les arcs ponctués
e f & *c g*.

Les Secrétaires en forme d'Armoire font fort à la mode à présent; on en fait
de très-grands & d'une décoration très-riche, tant pour le choix de la matiere que
pour les ornements qu'on y ajoute. Mais de quelque maniere qu'ils soient faits,
ils ne sortent guere de la forme sous laquelle je les ai représentés ici, ce qui est
la même chose qu'aux autres especes de Meubles, dont la description a fait
l'objet de cette Partie de mon Ouvrage; ayant toujours eu plus d'égard à la forme
& à la bonne construction de chacun d'eux (relativement à leurs différents'
usages), qu'à leur décoration, qui, comme je l'ai déja dit, est assez arbitraire
& susceptible de beaucoup de changements; c'est pourquoi je n'ai pas donné un
grand nombre d'exemples de ces différentes décorations, me contentant de
celles qui m'ont paru absolument nécessaires pour instruire les Menuisiers, &
pour laisser à la postérité un tableau raccourci des usages & du luxe de notre
siecle. Au reste, quelque soin que j'aie pris pour rendre la description des
Meubles la plus succincte qu'il m'a été possible, je n'ai pas pu faire autrement
que de passer beaucoup au-delà des bornes que je m'étois prescrites au commencement, non-seulement de tout mon Ouvrage, mais même de cette Partie,
laquelle est devenue très-considérable, vu la grande quantité des objets qui y
font détaillés; de sorte que, sans m'être trop étendu sur chacun d'eux en particulier, & après avoir, autant que je l'ai pu, généralisé les préceptes & les démonstrations, sans cependant faire tort à l'Ouvrage, j'ai été obligé, non pas de
l'augmenter, mais de le faire beaucoup plus considérable que je ne me l'étois

imaginé ; & cependant il ne peut pas l'être moins, ainsi qu'on en a pu juger, pour peu qu'on l'ait examiné avec quelque attention (*).

(*) Il fera fort aifé de fe convaincre de ce que j'avance ici, fi on veut obferver que l'Art du Menuifier eft, fans contredit, le plus étendu des Arts méchaniques, tant pour les différentes efpeces de Menuiferie, que pour la multitude des ouvrages appartenants à chaque efpece de Menuiferie, ce qui demande quantité de connoiffances diftinctes les unes des autres ; de forte que l'Art du Menuifier peut & doit même être regardé comme fix Arts connus fous le même nom, mais tous différents les uns des autres ; favoir, l'Art du Menuifier de Bâtiment, qui eft très-confidérable ; l'Art du Menuifier en Voitures ; l'Art du Menuifier en Meubles, qui eft féparé en deux claffes diftinctes l'une de l'autre ; l'Art du Menuifier Ebénifte, qui embraffe non-feulement la connoiffance du choix & de l'emploi des bois, mais encore celle de différents métaux & autres fubftances tant minérales que végétales, & l'ufage même du Tour & de la lime ; l'Art du Trellageur ou Menuifier des Jardins, qui fait encore une claffe à part, fans compter l'Art du Trait, néceffaire à diverfes fortes de Menuiferie, dont le détail a fait l'objet de plus de la moitié de la feconde Partie de cet Ouvrage. Cette obfervation eft d'autant plus naturelle, que c'eft le feul Art qui, fous le même nom, fe rapporte à tant d'objets différents ; car, exception faite de la Charpente, l'Art du Menuifier embraffe tout ce qui a rapport à l'emploi des bois ; au lieu que les Arts qui ont pour objet l'emploi des métaux, prennent différents noms, quoiqu'employant la même matiere. Car, fans parler de l'exploitation des Mines & des Forges à fer, les Ouvriers qui emploient ce métal, font connus fous différents noms, comme les Maréchaux des deux efpeces, les Serruriers auffi de deux efpeces, les Taillandiers, les Ferblantiers, les Couteliers, les Cloutiers, & même les Horlogers, ceux qui font les Inftruments de mathématiques, & quantité d'autres qui font autant d'Arts féparés & diftincts les uns des autres, dont la defcription, s'ils étoient réunis en un feul & même Art, contiendroit plus de dix à douze volumes, fuppofé qu'ils fuffent traités felon les intentions de l'Académie Royale des Sciences, c'eft-à-dire, avec la précifion & toute l'étendue convenable à chacun d'eux.

Fin de l'Art du Menuifier en Meubles.

TABLE
DES CHAPITRES ET ARTICLES
DE LA
MENUISERIE EN MEUBLES.

SECONDE SECTION DE LA TROISIEME PARTIE
DE L'ART DU MENUISIER.

Fin de la Table de la Menuiserie en Meubles.

EXTRAIT DES REGISTRES

DE L'ACADÉMIE ROYALE DES SCIENCES.

Du 8 Juillet 1772.

Monsieur Duhamel qui avoit été nommé pour examiner la Seconde Section de la Troisieme Partie de l'Art du Menuisier, par M. Roubo, en ayant fait son rapport, l'Académie a jugé que cette suite de l'Art, traitée avec le même soin que les Parties précédentes, étoit digne de paroître comme elles sous son approbation : en foi de quoi j'ai signé le présent Certificat. A Paris, le 26 Juillet 1772.

GRANDJEAN DE FOUCHY,
Secrétaire perpétuel de l'Académie Royale des Sciences.

Fautes à corriger.

Page 619, ligne 8, ou; lisez : &.
Page 659, ligne 1, au commencement, ajoutez : perpendiculaire.
Page 685, ligne 8, qu'on peut le voir; lisez : qu'on l'a pu voir.
Page 715, au titre, §. I. lisez : §. II.
Ibid. ligne 1, tiroirs sans les coulisses; lisez : tiroir dans les coulisses.
Au commencement de la page 735, ajoutez : deux ou trois sur la hauteur, & dont le milieu est occupé par une ou deux.

DE L'IMPRIMERIE DE L. F. DELATOUR. 1772.

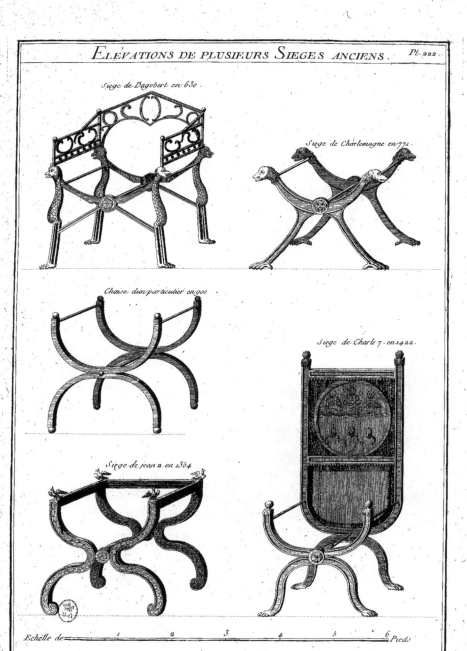

Siege de Dagobert en 630.

Siege de Charlemagne en 771.

Chaise d'un particulier en 900.

Siege de Charle 7. en 1422.

Siege de jean 2. en 1364.

Echelle de ___ 1 ___ 2 ___ 3 ___ 4 ___ 5 ___ 6 Pieds

A. J. Roubo. Inv. Del. et Sculp.

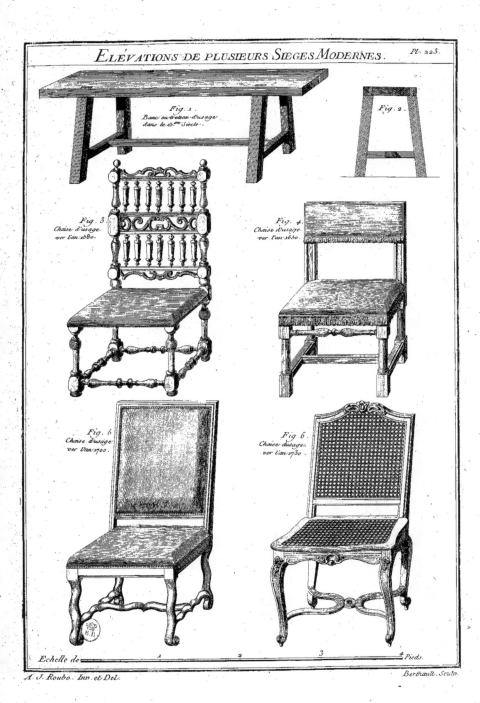

ELÉVATIONS DE PLUSIEURS SIEGES MODERNES.

Pl. 223.

Fig. 1
Banc ou treteau d'usage
dans le 13.me Siecle.

Fig. 2.

Fig. 3
Chaise d'usage
ver l'an 1680.

Fig. 4.
Chaise d'usage
ver l'an 1650.

Fig. 5.
Chaise d'usage
ver l'an 1700.

Fig 6.
Chaise d'usage
ver l'an 1730.

Echelle de   2   2   3   4 Pieds.

A. J. Roubo. Inv. et Del.

Berthault. Sculp.

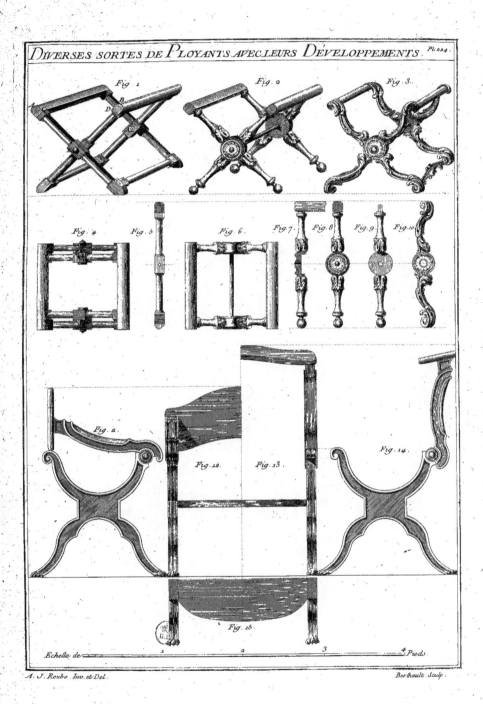

Pl. 224.

DIVERSES SORTES DE PLOYANTS AVEC LEURS DÉVELOPPEMENTS.

Fig. 1   Fig. 2   Fig. 3.

Fig. 4   Fig. 5   Fig. 6.   Fig. 7. Fig. 8. Fig. 9. Fig. 10.

Fig. 11.   Fig. 12.   Fig. 13.   Fig. 14.

Fig. 15.

Echelle de   1   2   3   4 Pieds.

A. J. Roubo Inv. et Del.   Berthault Sculp.

Pl. 226

PLANS ET ELEVATIONS DE DIFFERENTES sortes de Tabourets et de Banquettes.

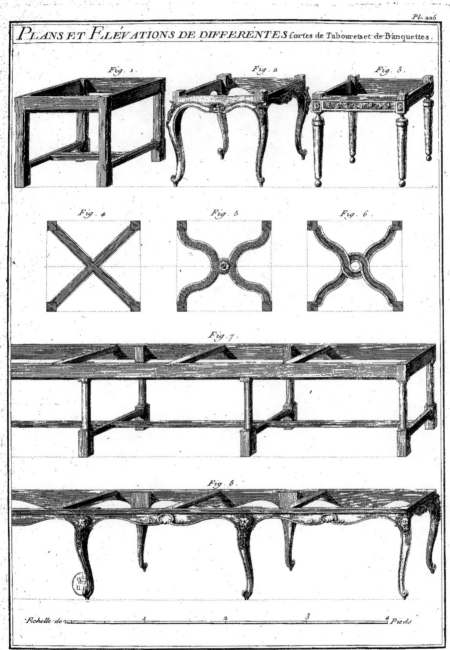

Fig. 1.   Fig. 2.   Fig. 3.

Fig. 4.   Fig. 5.   Fig. 6.

Fig. 7.

Fig. 8.

Echelle de   1   2   3   4 Pieds

A. J. Roubo Inv. Del. et Sculp.

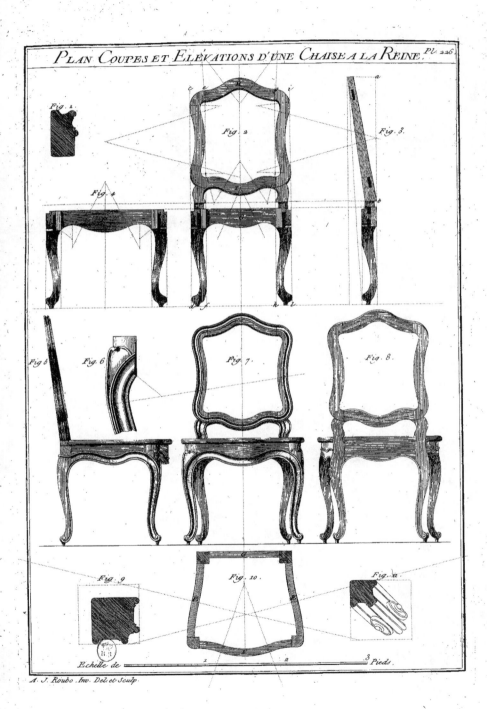

Fig. 1.

Fig. 2.

Fig. 3.

Fig. 4.

Fig. 5.

Fig. 6.

Fig. 7.

Fig. 8.

Fig. 9.

Fig. 10.

Fig. 11.

Echelle de ————— 1 ————— 2 ————— 3 *Pieds.*

A. J. Roubo. Inv. Del. et Sculp.

Pl. 227.

MANIERE DE CONSTRUIRE LES PIEDS DE BICHES, et de disposer les Sieges pour recevoir les Garnitures d'etoffe.

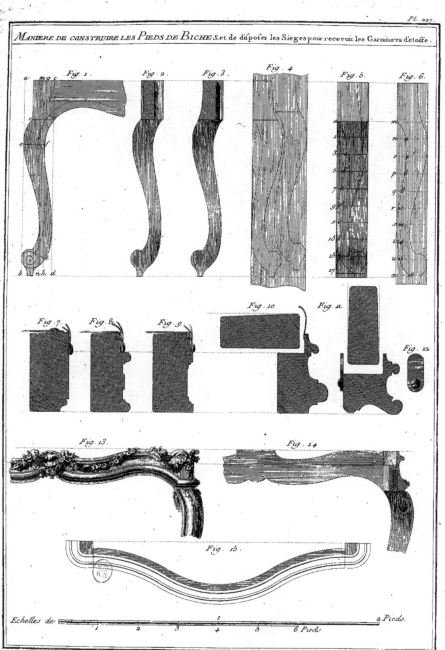

Fig. 1. Fig. 2. Fig. 3. Fig. 4. Fig. 5. Fig. 6.

Fig. 7. Fig. 8. Fig. 9. Fig. 10. Fig. 11. Fig. 12.

Fig. 13. Fig. 14.

Fig. 15.

Echelles de .... 1 .... 2 Pieds.
1 2 3 4 5 6 Pieds

A. J. Roubo Inv. Del. et Sculp.

Pl. 228

DIFFERENTE MANIERE DE DISPOSER LES SIEGES pour recevoir la Canne.

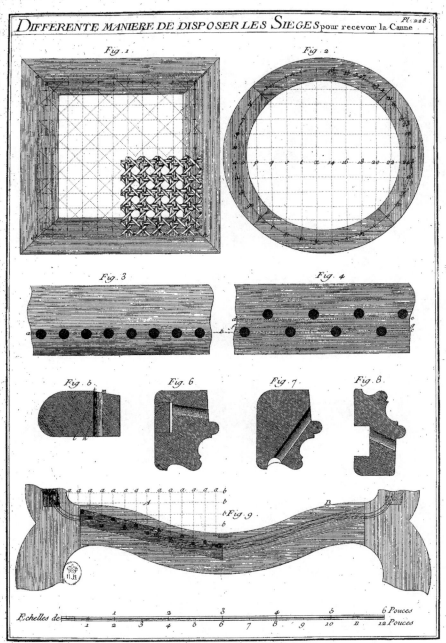

Fig. 1.

Fig. 2.

Fig. 3.

Fig. 4.

Fig. 5.

Fig. 6.

Fig. 7.

Fig. 8.

Fig. 9.

Echelles de

	1	2	3	4	5	6 Pouces

A. J. Roubo Inv. Del. et Sculp.

Pl. 229.

MANIERE DE FENDRE LA CANNE ET LES Outils propres a cet Usage.

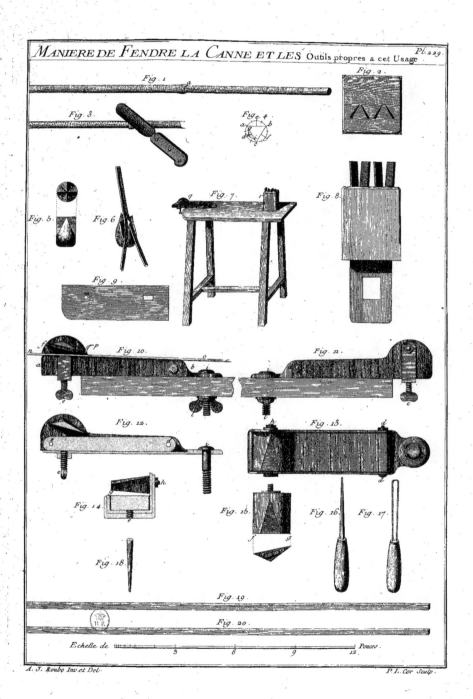

Fig. 1.

Fig. 2.

Fig. 3.

Fig. 4.

Fig. 5.

Fig. 6.

Fig. 7.

Fig. 8.

Fig. 9.

Fig. 10.

Fig. 11.

Fig. 12.

Fig. 13.

Fig. 14.

Fig. 15.

Fig. 16.

Fig. 17.

Fig. 18.

Fig. 19.

Fig. 20.

Echelle de ⊢⊣⊣⊣⊣⊣   3   6   9   12   Pouces.

A. J. Roubo Inv. et Del.   P. I. Cor Sculp.

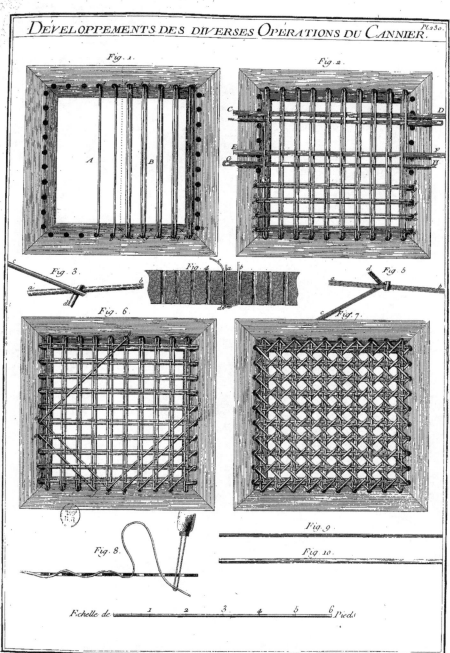

Pl.230.

DÉVELOPPEMENTS DES DIVERSES OPÉRATIONS DU CANNIER.

Fig. 1.

Fig. 2.

Fig. 3.

Fig. 4.

Fig. 5.

Fig. 6.

Fig. 7.

Fig. 8.

Fig. 9.

Fig. 10.

Echelle de 1 2 3 4 5 6 Pieds.

A. J. Roubo. Inv. Del. et Sculp.

Pl. 231.

PLANS COUPE ET ELÉVATIONS D'UN FAUTEUIL EN CABRIOLET.

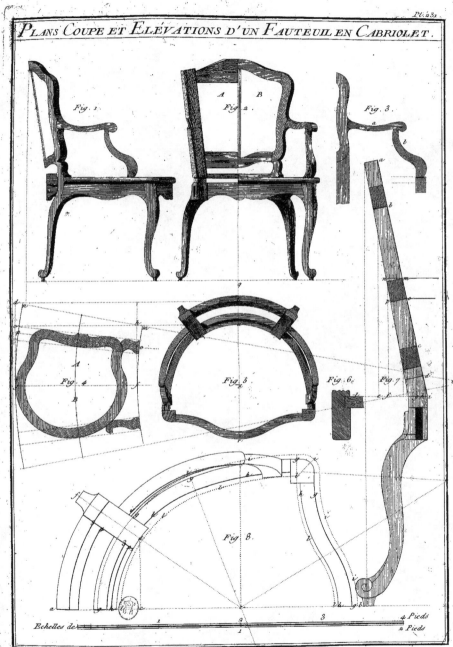

Fig. 1.

Fig. 2.

Fig. 3.

Fig. 4.

Fig. 5.

Fig. 6.

Fig. 7.

Fig. 8.

Echelles de

1   2   3   4 Pieds
1   2 Pieds

A. J. Roubo Inv. Del et Sculp.

Pl. 232.

DIFFERENTES MANIERES DE CONSTRUIRE LES ACCOUDOIRS des Fauteuils.

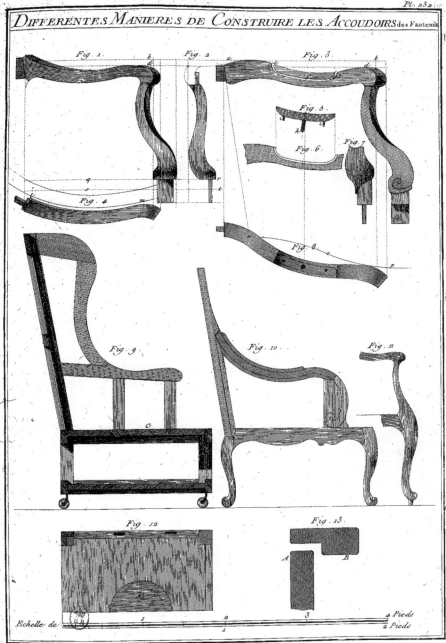

Fig. 1.
Fig. 2.
Fig. 3.
Fig. 5.
Fig. 6.
Fig. 7.
Fig. 4.
Fig. 8.
Fig. 9.
Fig. 10.
Fig. 11.
Fig. 12.
Fig. 13.

Echelle de

1   2   3   4 Pieds
2 Pieds

A. J. Roubo. Inv. Del et Sculp.

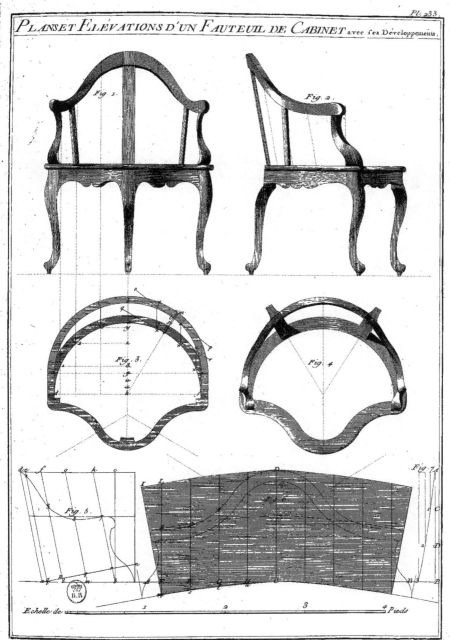

Pl. 233.

PLANS ET ÉLÉVATIONS D'UN FAUTEUIL DE CABINET avec ses Développements.

Fig. 1.

Fig. 2.

Fig. 3.

Fig. 4.

Fig. 5.

Fig. 6.

Fig. 7.

Echelle de _____ 1 _____ 2 _____ 3 _____ 4 Pieds

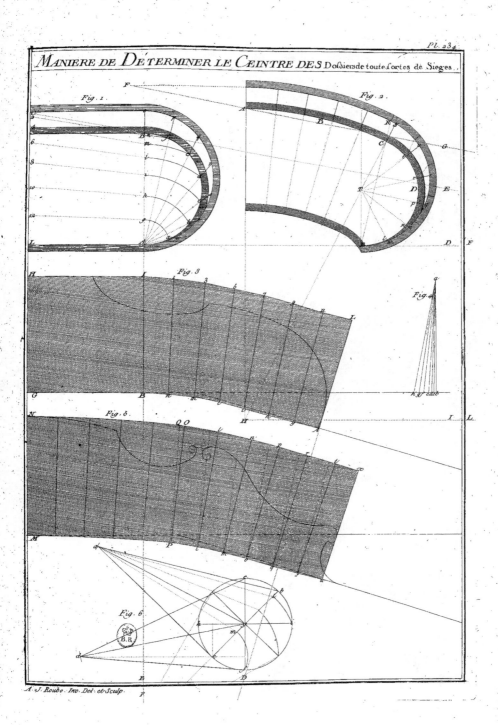

Pl. 234.

MANIERE DE DÉTERMINER LE CEINTRE DES Dossiers de toutes sortes de Sieges.

Fig. 1.

Fig. 2.

Fig. 3.

Fig. 4.

Fig. 5.

Fig. 6.

A. J. Roubo. Inv. Del. et Sculp.

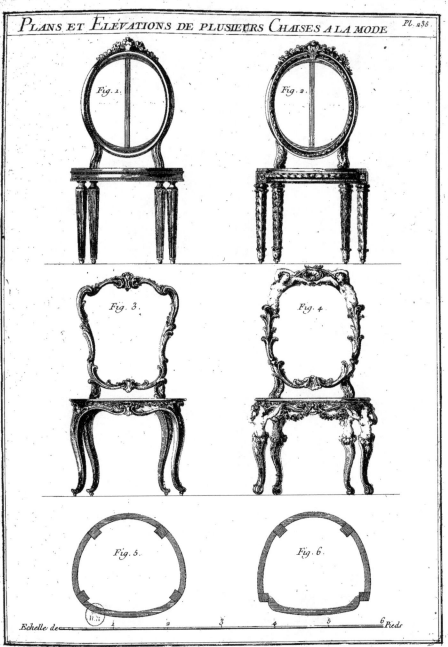

Fig. 1.

Fig. 2.

Fig. 3.

Fig. 4.

Fig. 5.

Fig. 6.

Echelle de   1   2   3   4   5   6 Pieds

A. J. Roubo Inv. Del. et Sculp.

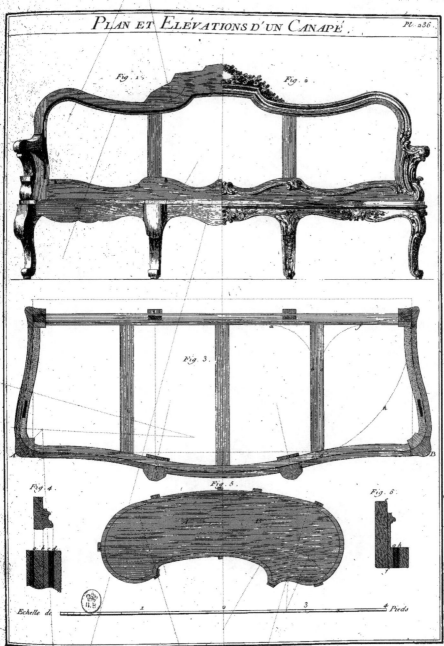

PLAN ET ELÉVATIONS D'UN CANAPÉ.

PL. 236.

Fig. 1.

Fig. 2.

Fig. 3.

Fig. 4.

Fig. 5.

Fig. 6.

Echelle de ⊢━━━━━━━━━━━━━━━━━━━━━━━━━━━━━━━━┥ Pieds
1   2   3   4

A. J. Roubo, Inv. Del. et Sculp.

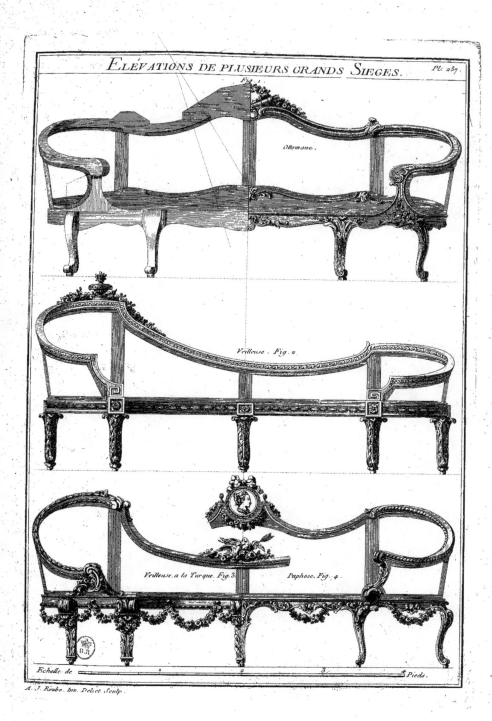

ELÉVATIONS DE PLUSIEURS GRANDS SIEGES. *Pl. 287.*

Fig. 1.

Ottomane.

Veilleuse. Fig. 2.

Veilleuse, a la Turque. Fig. 3.   *Paphose, Fig. 4.*

Echelle de   1   2   3   *5 Pieds.*

A. J. Roubo. Inv. Delise Sculp.

Pl. 238

MANIERE DE TRACER LE CALIBRE RALONGÉ D'UNE COURBE DE SIEGE.

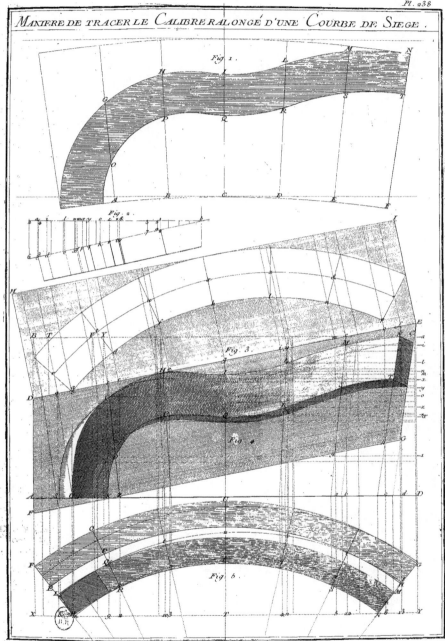

Fig. 1.

Fig. 2.

Fig. 3.

Fig. 4.

Fig. 5.

A. J. Roubo Inv. Del et Sculp.

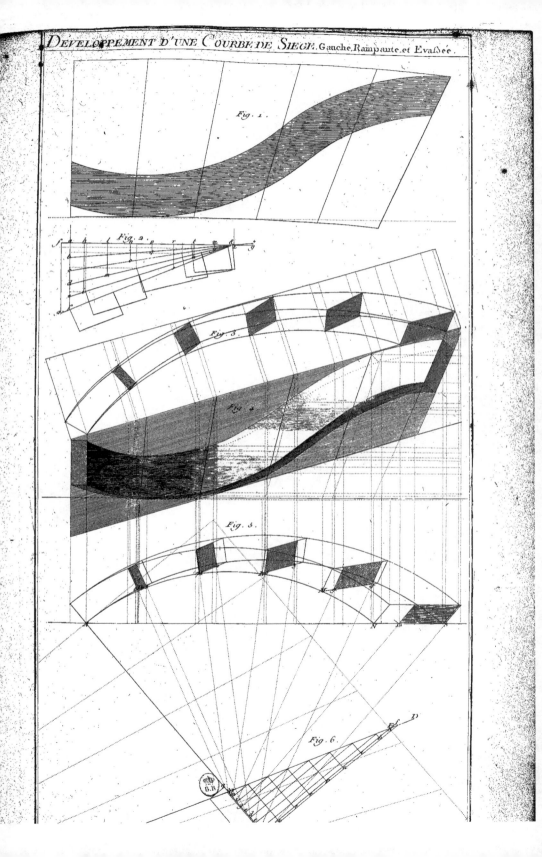

DÉVELOPPEMENT D'UNE COURBE DE SIÈGE, Gauche, Rampante et Évasée.

Fig. 1.

Fig. 2.

Fig. 3.

Fig. 4.

Fig. 5.

Fig. 6.

Pl. 240.

PLANS ET ELÉVATIONS DE DIFFERENTES SORTES DE BAIGNOIRES.

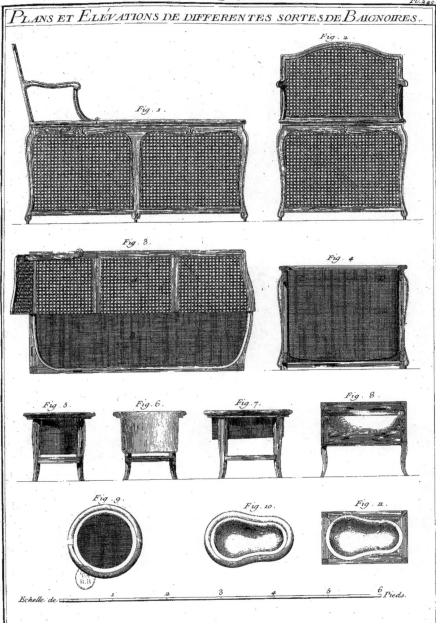

Fig. 1.

Fig. 2.

Fig. 3.

Fig. 4.

Fig. 5. Fig. 6. Fig. 7. Fig. 8.

Fig. 9. Fig. 10. Fig. 11.

Echelle de ————— 1 ———— 2 ———— 3 ———— 4 ———— 5 ———— 6 Pieds.

A. J. Roubo, Inv. Del. et Sculp.

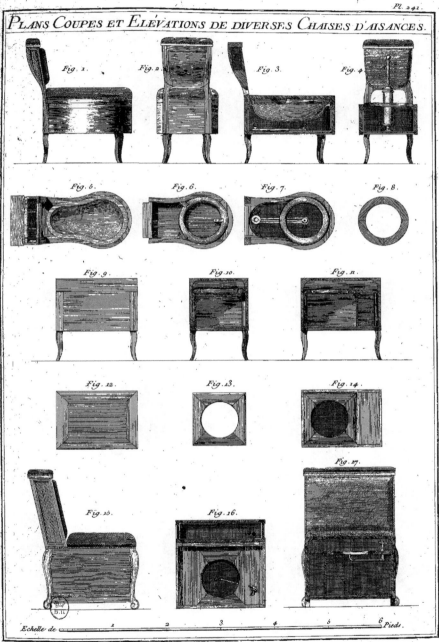

Pl. 241.

PLANS COUPES ET ELÉVATIONS DE DIVERSES CHAISES D'AISANCES.

Fig. 1.

Fig. 2.

Fig. 3.

Fig. 4.

Fig. 5.

Fig. 6.

Fig. 7.

Fig. 8.

Fig. 9.

Fig. 10.

Fig. 11.

Fig. 12.

Fig. 13.

Fig. 14.

Fig. 17.

Fig. 15.

Fig. 16.

Echelle de ⊢⊣⊢⊣⊢⊣ 1 2 3 4 5 6 Pieds.

A. J. Roubo. Inv. Del. et Sculp.

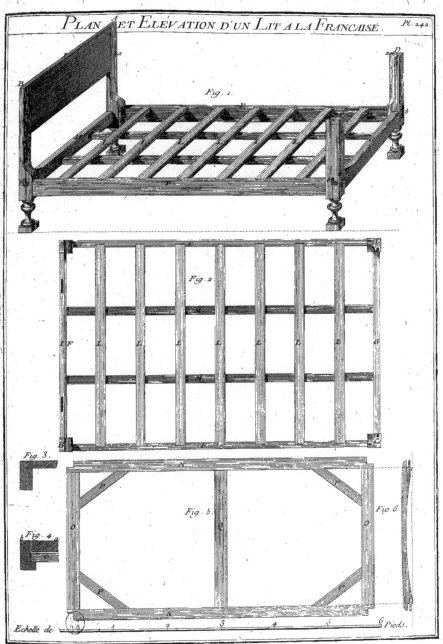

Fig. 1.

Fig. 2.

Fig. 3.

Fig. 4.

Fig. 5.

Fig. 6.

Echelle de   1   2   3   4   5   6 Pieds.

A. J. Roubo. Inv. Del et Sculp.

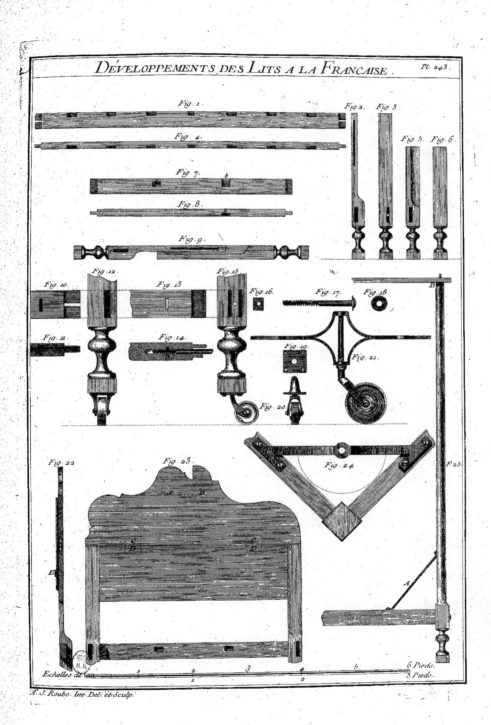

Fig. 1.
Fig. 2. Fig. 3.
Fig. 4.
Fig. 5. Fig. 6.
Fig. 7.
Fig. 8.
Fig. 9.
Fig. 10. Fig. 12. Fig. 13. Fig. 15. Fig. 16. Fig. 17. Fig. 18. B
Fig. 11. Fig. 14. Fig. 19. Fig. 21.
Fig. 20.
Fig. 22. Fig. 23. Fig. 24. F. 25.
B. L.
Echelles de 1 2/2 3 4/2 b 6 Pieds.
3 Pieds.

A. J. Roubo. Inv. Del. et Sculp.

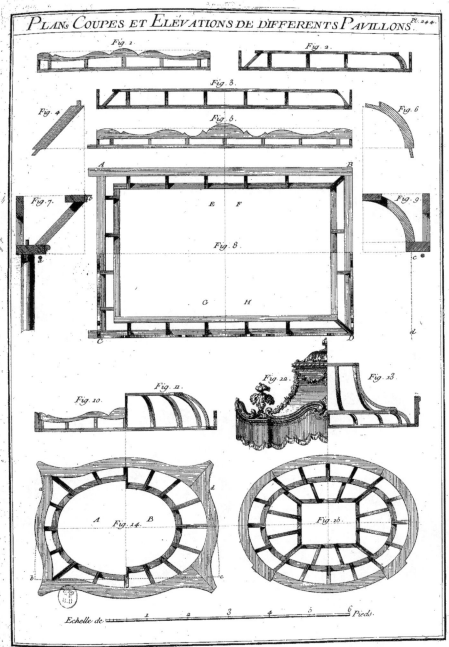

Fig. 1

Fig. 2

Fig. 3

Fig. 4

Fig. 5

Fig. 6

Fig. 7

A   B

E   F

Fig. 8

G   H

C   D

Fig. 9

Fig. 10

Fig. 11

Fig. 12

Fig. 13

A Fig. 14 B

Fig. 15

Echelle de   1   2   3   4   5   6 Pieds.

A. J. Roubo. Inv. Deliet Sculp.

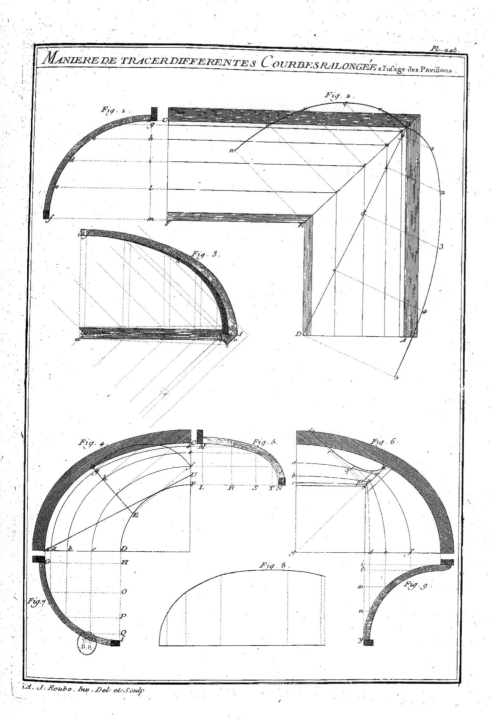

Pl. 245.

MANIERE DE TRACER DIFFERENTES COURBES RALONGÉE a l'usage des Pavillons.

Fig. 1.

Fig. 2.

Fig. 3.

Fig. 4.

Fig. 5.

Fig. 6.

Fig. 7.

Fig. 8.

Fig. 9.

B.R.

A. J. Roubo. Inv. Del. et Sculp.

Fig. 1.

Fig. 2.

Fig. 3.

Echelle de   1   2   3   4   5   6 Pieds.

A. J. Roubo Ew. Del et Sculp.

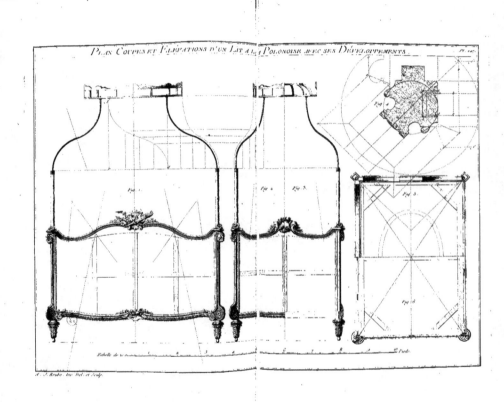

Echelle de 20

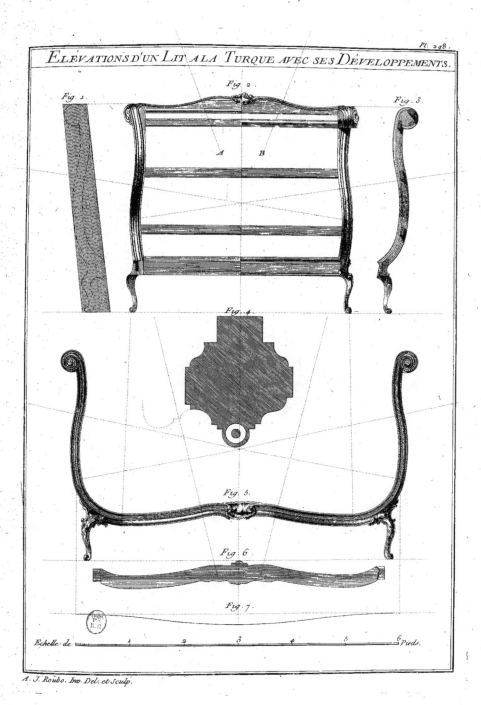

Pl. 248.

ELEVATIONS D'UN LIT A LA TURQUE AVEC SES DÉVELOPPEMENTS.

Fig. 1.

Fig. 2.

A   B

Fig. 3.

Fig. 4.

Fig. 5.

Fig. 6.

Fig. 7.

Echelle de ─────── 1 ────── 2 ────── 3 ────── 4 ────── 5 ────── 6 Pieds.

A. J. Roubo. Inv. Del. et Sculp.

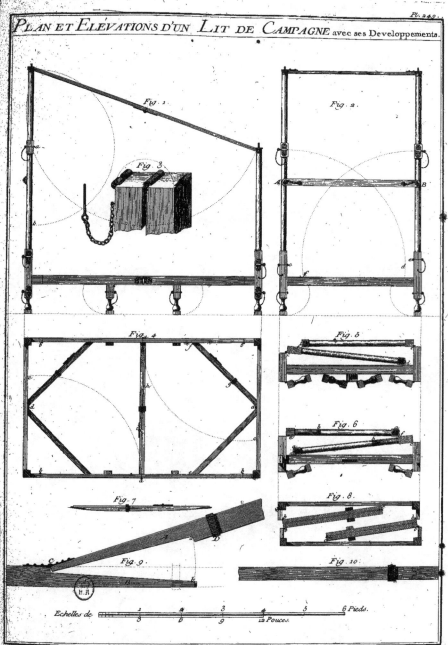

Pl. 249.

PLAN ET ÉLÉVATIONS D'UN LIT DE CAMPAGNE avec ses Developpements.

Fig. 1.

Fig. 2.

Fig. 3.

Fig. 4.

Fig. 5.

Fig. 6.

Fig. 7.

Fig. 8.

Fig. 9.

Fig. 10.

Echelles de 1 2 3 4 5 6 Pieds.
                3 6 9 12 Pouces.

A. J. Roubo. Del et Sculp.

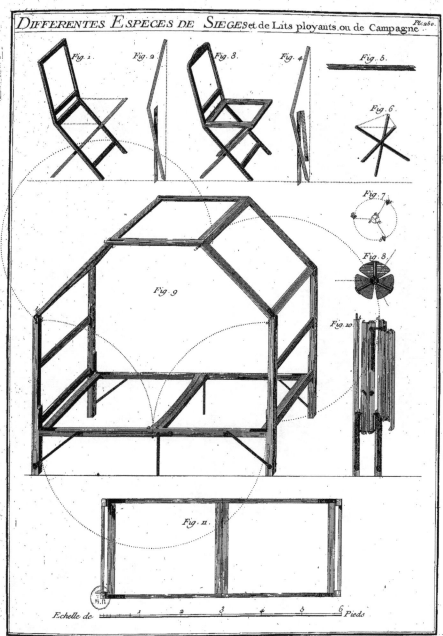

Fig. 1.   *Fig. 2.*   *Fig. 3.*   *Fig. 4.*   *Fig. 5.*

Fig. 6.

Fig. 7.

Fig. 8.

Fig. 9.

Fig. 10.

Fig. 11.

Echelle de   1   2   3   4   5   6 *Pieds*

A. J. Roubo. Inv. Del et Sculp.

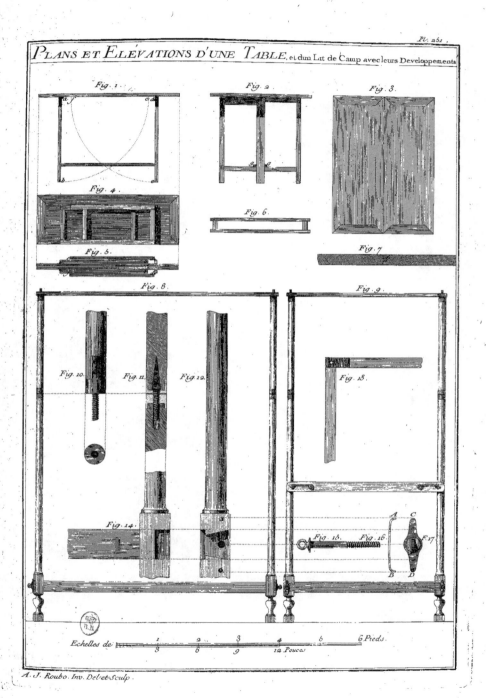

Pl. 261.

PLANS ET ELÉVATIONS D'UNE TABLE, et d'un Lit de Camp avec leurs Developpements

Fig. 1.

Fig. 2.

Fig. 3.

Fig. 4.

Fig. 6.

Fig. 5.

Fig. 7.

Fig. 8.

Fig. 9.

Fig. 10.

Fig. 11.

Fig. 12.

Fig. 13.

Fig. 14.

Fig. 15.

Fig. 16.

Fig. 17.

Echelles de .... $\frac{1}{3}$ $\frac{2}{6}$ $\frac{3}{9}$ $\frac{4}{12\,Pouces}$ 6 6 Pieds.

A. J. Roubo. Inv. Del. et Sculp.

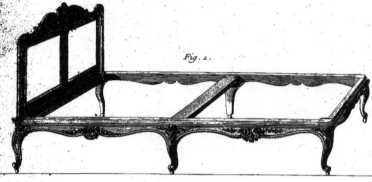

Fig. 1.

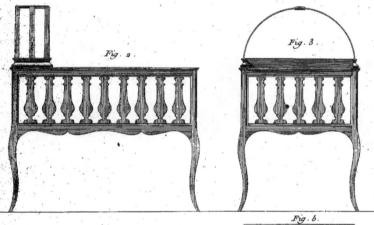

Fig. 2.

Fig. 3.

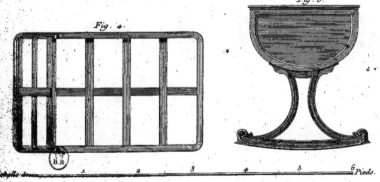

Fig. 4.

Fig. 5.

B.R.

1   2   3   4   5   6 Pieds.

Mabelle del. Delicet Sculp.

Pl. 253.

DIFFERENTES ESPECES DE PIEDS DE TABLES avec leurs Developpements

Fig. 1.

Fig. 2.

Fig. 3.

Fig. 4.

Fig. 5.

Fig. 6.

Fig. 7.

Fig. 8.

Fig. 9.

Fig. 10.

Echelle de .... 1 .... 2 .... 3 .... 4 .... 5 .... 6 Pieds.

A. J. Roubo. Inv. Del. et Sculp.

Pl. 254.

DIFFERENTES ESPECES DE DESSUS DE TABLES A MANGER et de Servantes.

Fig. 1.

Fig. 2.

Fig. 3.

Fig. 4.

Fig. 5.

Fig. 6.

Fig. 7.

Fig. 8.

Fig. 9.

Fig. 10.

Fig. 11.

Fig. 12.

Fig. 13.

Echelles de ... Pieds.

A.J. Roubo. Inv. Del. et Sculp.

Pl. 231

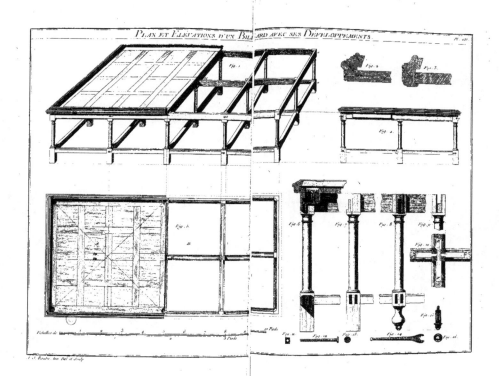

Fig. 1.

Fig. 2.   Fig. 3.

Fig. 4.

Fig. 5.   Fig. 6.   Fig. 7.   Fig. 8.   Fig. 9.

Fig. 10.

Fig. 11.   Fig. 12.   Fig. 13.   Fig. 14.   Fig. 15.   Fig. 16.

Échelles de

1.er Pieds.

3 Pieds.

J. J. Benabe. Arc. Del. et Sculp.

Pl. 256.

SUITE DES DÉVELOPPEMENTS d'un Billard, et les Instruments qui sont necessaire a ce jeu.

Fig. 1.

Fig. 2.

Fig. 3.

Fig. 4.

Fig. 8.

Fig. 11.

Fig. 5.

Fig. 6.

Fig. 7.

Fig. 9.

Fig. 10.

Echelles de   4   2   3   6   9   12 Pouces.
                    1   2   3 Pieds.

A. J. Roubo Inv. Del. et Sculp.

Pl. 267.

ELÉVATIONS D'UN GALET, ET D'UNE TABLE A QUADRILLE avec ses Développements

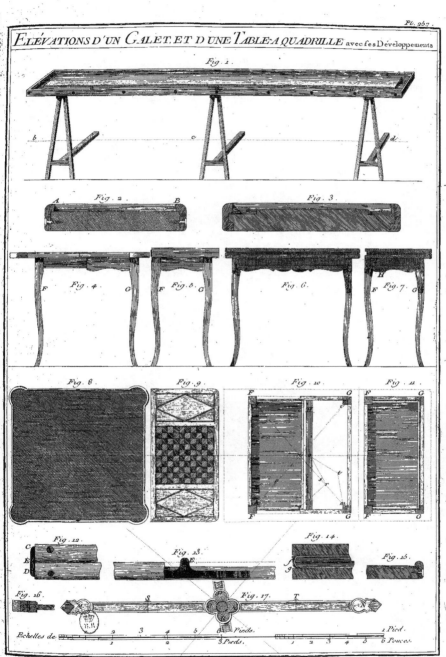

Fig. 1

Fig. 2

Fig. 3

Fig. 4

Fig. 5

Fig. 6

Fig. 7

Fig. 8

Fig. 9

Fig. 10

Fig. 11

Fig. 12

Fig. 13

Fig. 14

Fig. 15

Fig. 16

Fig. 17

Echelles de

A. J. Roubo. Inv. Del. et Sculp.

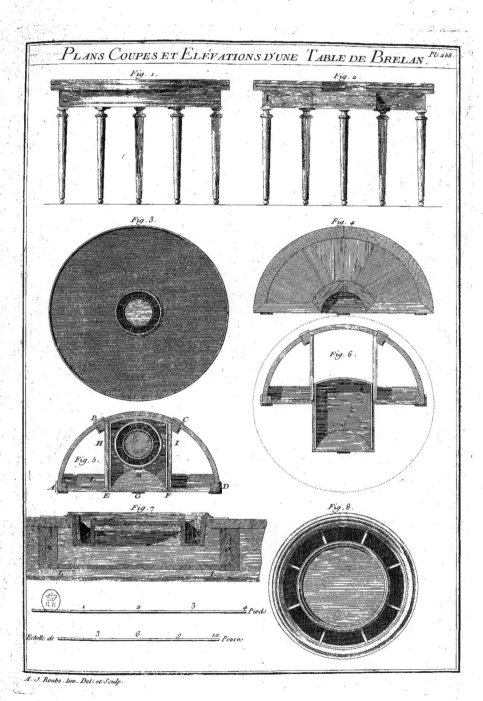

Fig. 1.

Fig. 2.

Fig. 3.

Fig. 4.

Fig. 6.

Fig. 5.

Fig. 7.

Fig. 8.

Echelle de

A. J. Roubo. Inv. Del. et Sculp.

Pl. 259.

AUTRES SORTES DE TABLES A JOUER AVEC LEURS DÉVELOPPEMENT

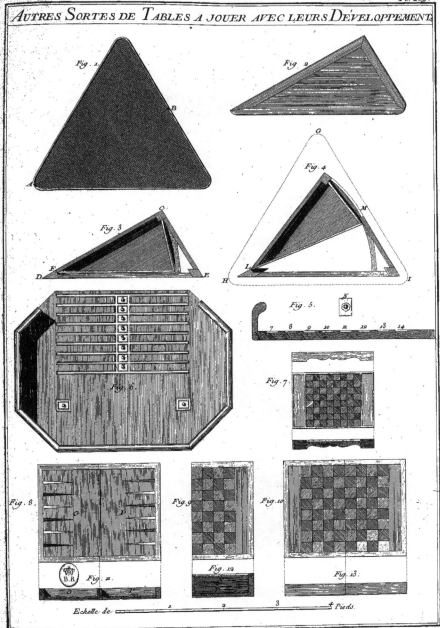

Fig. 1.

Fig. 2.

Fig. 3.

Fig. 4.

Fig. 5.

Fig. 6.

Fig. 7.

Fig. 8.

Fig. 9.

Fig. 10.

Fig. 11.

Fig. 12.

Fig. 13.

Echelle de 1 2 3 4 Pieds.

A. J. Roubo. Inv. Del. et Sculp.

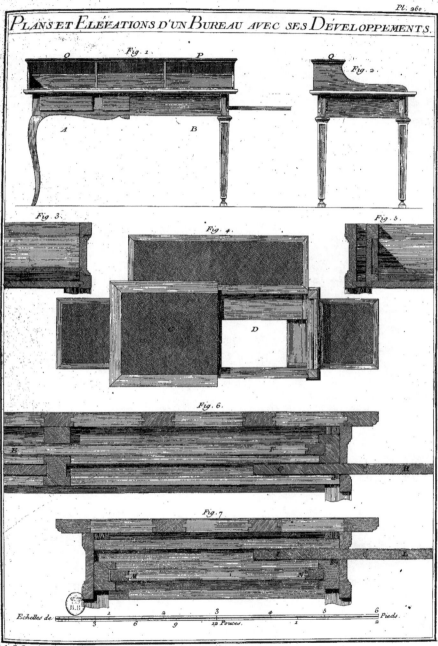

PLANS ET ÉLÉVATIONS D'UN BUREAU AVEC SES DÉVELOPPEMENTS.

Fig. 1

O   P

A   B

Fig. 2

Q

Fig. 3.   *Fig. 4.*   *Fig. 5.*

C   D

Fig. 6.

E   F   G   H

Fig. 7.

M   N   L

Echelles de ... 1 ... 2 ... 3 ... 4 ... 5 ... 6 Pieds.
3 ... 6 ... 9 ... 12 Pouces. ... 1 ... 2

Pl. 260.

A. J. Roubo Inv. Del. et Sculp.

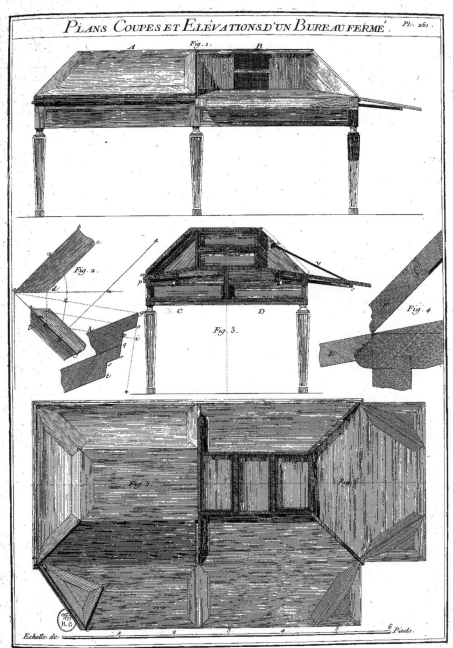

Fig. 1.

A B

Fig. 2.

Fig. 3.

C D

Fig. 4.

Fig. 5.

Fig. 6.

Echelle de   6 Pieds.

A. J. Roubo. Inv. Del. et Sculp.

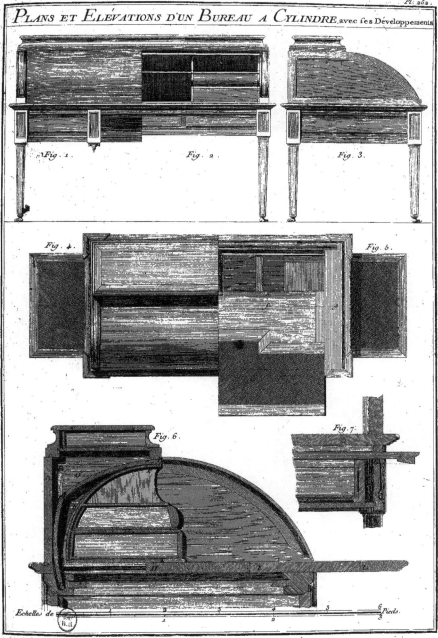

Pl. 262.

PLANS ET ELÉVATIONS D'UN BUREAU A CYLINDRE, avec ses Développements.

Fig. 1.

Fig. 2.

Fig. 3.

Fig. 4.

Fig. 5.

Fig. 6.

Fig. 7.

Echelles de

Pieds.

A. J. Roubo. Inv. Del. et Sculp.

Pl. 263.

SUITES DES DÉVELOPPEMENTS DES BUREAUX a Cylindres, et autres Tables a Ecrire

Fig. 1.

Fig. 2.

Fig. 3.

Fig. 4.

Fig. 5.

Fig. 6.

Fig. 7.

Fig. 8.

Fig. 9.

Fig. 10.

Echelles de 1 2 3 4 5 6 Pieds.

3 Pieds.

A. J. Roubo Inv. Del. et Sculp.

Pl. 264.

PLANS, COUPES, ET ELEVATIONS D'UN SECRETAIRE, avec ses Développements.

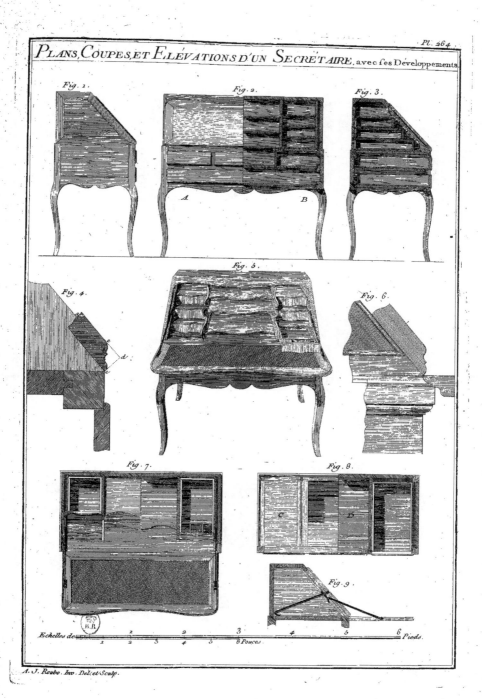

Fig. 1.

Fig. 2.

Fig. 3.

A   B

Fig. 4.

Fig. 5.

Fig. 6.

Fig. 7.

Fig. 8.

C   D

Fig. 9.

Echelles de   1   2   3   4   5   6 Pieds.
                   1   2   3   4   5   6 Pouces.

A. J. Roubo. Inv. Del. et Sculp.

Pl. 266.

AUTRE SECRÉTAIRE MOBILE, PUPITRE ET PETITE TABLE a Ecrire.

Fig. 1. Fig. 2. Fig. 3. Fig. 4.

Fig. 5. Fig. 6. Fig. 7.

Fig. 8.

Fig. 9. Fig. 10. Fig. 11.

Fig. 12. Fig. 13. Fig. 14.

Echelle de 1 2 3 4 5 6 Pieds.

A. J. Roubo. Inv. Del. et Sculp.

Pl. 266.

PLANS COUPES ET ELÉVATIONS D'UNE TABLE de Toilette, et d'une Table de nuit.

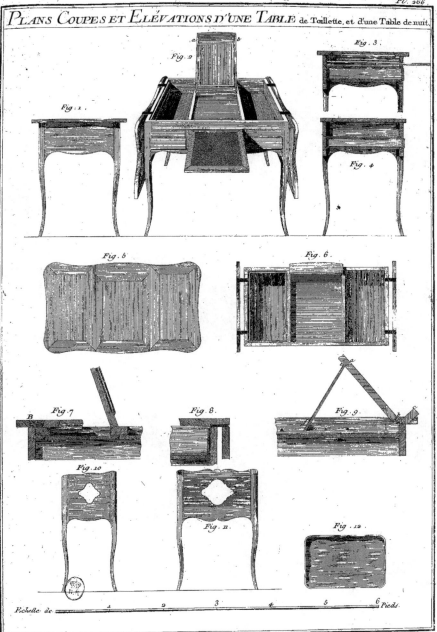

Fig. 1. Fig. 2. Fig. 3. Fig. 4. Fig. 5. Fig. 6. Fig. 7. Fig. 8. Fig. 9. Fig. 10. Fig. 11. Fig. 12.

Echelle de ___ 1 ___ 2 ___ 3 ___ 4 ___ 5 ___ 6 Pieds.

A.J. Roubo. Inv. Del. et Sculp.

Pied de Table d'usage à la fin du 17.e Siecle.

Pied de Table d'usage il y a environ 15 - à 20 ans.

Pied de Table a la Mode à present nommé à l'Antique.

Echelle de   1   2   3   4   5   6 *Pieds.*

A. J. Roubo Inv. Dél. et Sculp.

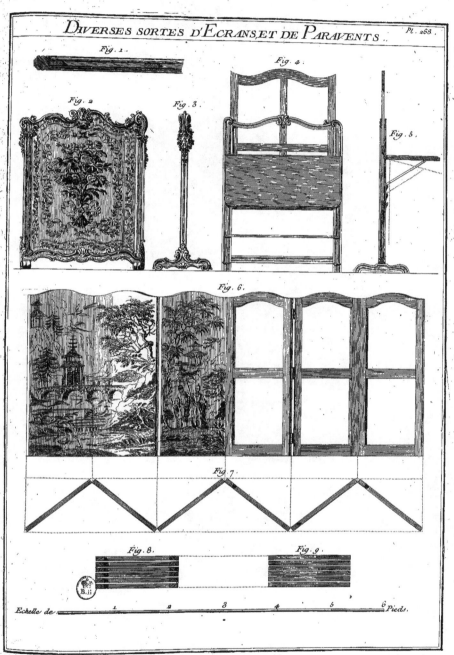

DIVERSES SORTES D'ECRANS, ET DE PARAVENTS.

Pl. 263.

Fig. 1.

Fig. 2.

Fig. 3.

Fig. 4.

Fig. 5.

Fig. 6.

Fig. 7.

Fig. 8.

Fig. 9.

Echelle de   1   2   3   4   5   6 Pieds.

A. J. Roubo. Inv. Del et Sculp.

Fig. 1.

Fig. 2.

Fig. 4.

Fig. 3.

Fig. 5.

Echelle de ⟶ 1 2 3 4 5 6 Pieds.

A. J. Roubo fils Del et Sculp.

Pl. 270.

COUPES ET DÉVELOPPEMENTS de L'armoire representée dans la Planche Precedente.

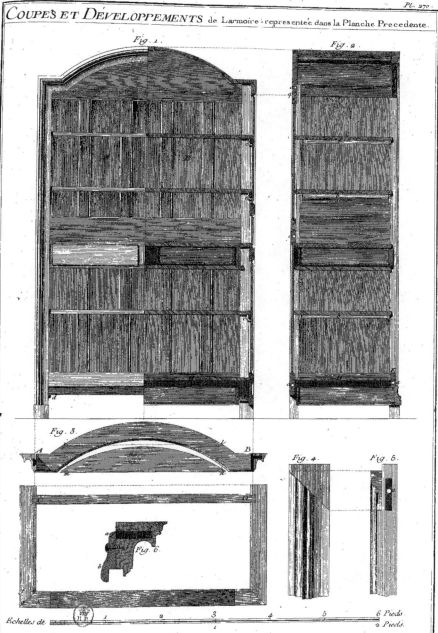

Fig. 1.

Fig. 2.

Fig. 3.

Fig. 4.

Fig. 5.

Fig. 6.

Echelles de   1   2   3   4   5   6 Pieds.
                                        2 Pieds.

A. J. Roubo. Inv. Del et Sculp.

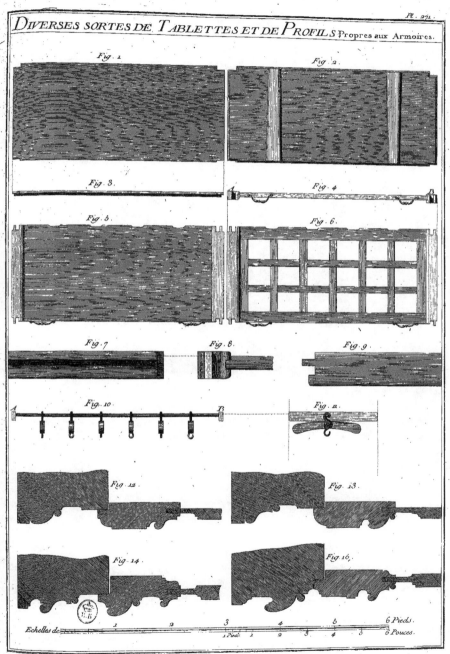

Pl. 271.

DIVERSES SORTES DE TABLETTES ET DE PROFILS Propres aux Armoires.

Fig. 1 · Fig. 2 · Fig. 3 · Fig. 4 · Fig. 5 · Fig. 6 · Fig. 7 · Fig. 8 · Fig. 9 · Fig. 10 · Fig. 11 · Fig. 12 · Fig. 13 · Fig. 14 · Fig. 16 ·

Echelles de · 1 · 2 · 3 · 4 · 5 · 6 Pieds.
1 Pied. 1 · 2 · 3 · 4 · 5 · 6 Pouces.

A. J. Roubo. Inv. Del. et Sculp.

Pl. 272.

PLAN COUPES ET ÉLÉVATIONS D'UN BUFFET.

Fig. 1.

Fig. 2.

Fig. 3.

Fig. 4.

Fig. 5.

Fig. 6.

Echelle de ⟩ ——————————— 1 ———— 2 ———— 3 ———— 4 ———— 5 ———— 6 Pieds.

A. J. Roubo. Inv. Del. et Sculp.

Pl. 273.

DÉVELOPPEMENTS DU BUFFET REPRESENTÉ DANS LA Planche Precedente.

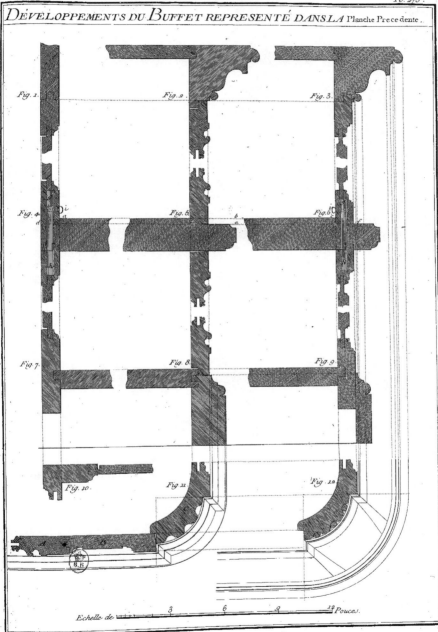

Fig. 1. Fig. 2. Fig. 3.

Fig. 4. Fig. 5. Fig. 6.

Fig. 7. Fig. 8. Fig. 9.

Fig. 10. Fig. 11. Fig. 12.

Echelle de   3   6   9   12 Pouces.

A. J. Roubo. Inv. Del et Sculp.

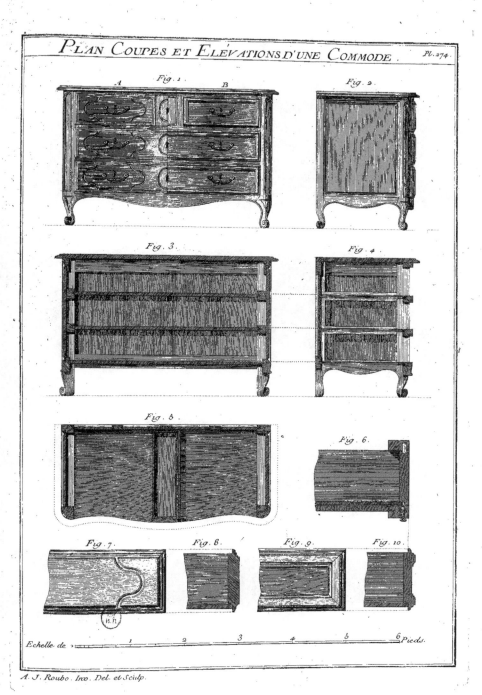

Fig. 1.

A   B

Fig. 2.

Fig. 3.

Fig. 4.

Fig. 5.

Fig. 6.

Fig. 7.

Fig. 8.

Fig. 9.

Fig. 10.

Echelle de   1   2   3   4   5   6 Pieds.

A. J. Roubo. Inv. Del. et Sculp.

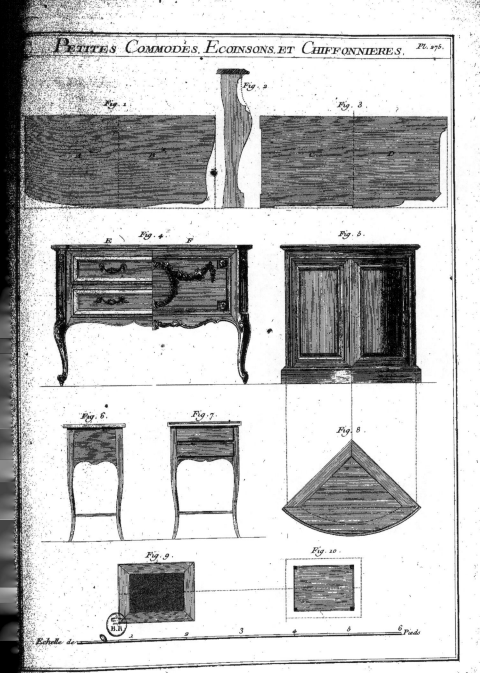

Fig. 1.

Fig. 2.

Fig. 3.

Fig. 4.

Fig. 5.

Fig. 6.

Fig. 7.

Fig. 8.

Fig. 9.

Fig. 10.

Echelle de 1 2 3 4 5 6 Pieds

Roubo. Inv. Del. et Sculp.

Pl. 276.

Plans Coupes et Elévations d'un Secretaire en forme d'Armoire.

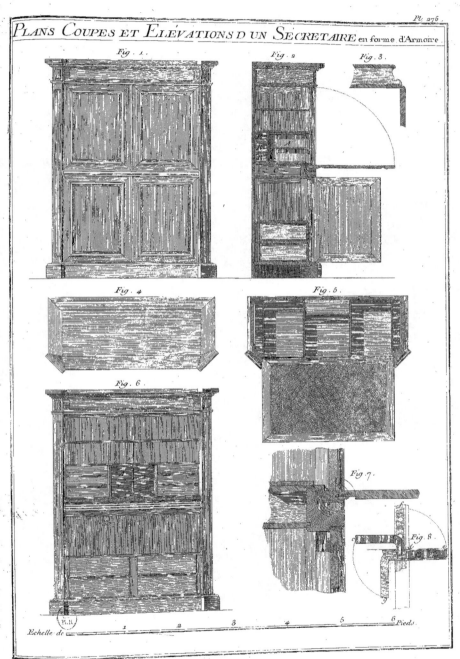

Fig. 1.

Fig. 2.

Fig. 3.

Fig. 4.

Fig. 5.

Fig. 6.

Fig. 7.

Fig. 8.

Echelle de   1   2   3   4   5   6 Pieds.

A. J. Roubo. Inv. Del. et Sculp.